彭林 嚴佐之 主編

方苞全集

第四册

儀禮析疑
喪禮或問

復旦大學出版社

本册總目

儀禮析疑……（一）

喪禮或問……（五〇三）

儀禮析疑

劉斌 整理

整理説明

儀禮析疑十七卷，是方苞三禮學的主要著作之一。四庫全書總目云方苞「晚年自謂治儀禮十一次，用力良深」。據程崟序，方苞晚年治儀禮而作儀禮析疑，在治禮記、周禮、春秋之後。方苞「七十以後，晨興必端坐，誦經、記本文，設爲身履其地、即其事者，而求昔之聖人所以制爲此禮，設爲此儀之意。雖疾病偃卧，猶仰而思焉。其有心得，乃稍稍筆記」。足見方苞於儀禮用力之勤且深，不僅熟讀覃思，而且身體力行。蘇惇元輯方望溪先生年譜載，方苞「年八十二歲，秋七月，儀禮析疑成」，「八月十八日，先生卒」，可見方苞自七十歲之後至卒前一月，傾力於儀禮，反復研治達十一次，終成儀禮析疑。

乾隆元年，方苞年六十九歲，充三禮義疏館，奏出秘府永樂大典，録取宋、元人經説十餘種，然而方苞以爲皆膚淺無足觀。方苞又以張爾岐之儀禮鄭注句讀、李光坡之儀禮述注皆發明甚少。故方苞治儀禮，對先儒之説擇善而從，不宗一家，主要依違鄭玄注、賈公彦疏、敖繼公儀禮集説，亦參酌張爾岐等人之説，主爲宣發己意。然而正如四庫全書總目所云，方苞立説「頗勇於自信」，多有失考不實之處。然而方苞亦有不少發明，「檢其全書，要爲瑜多於瑕」。

方苞於獄中撰成喪禮或問，卒前撰成儀禮析疑，則儀禮析疑的喪服部分當多有取自喪禮或問者。檢儀禮析疑卷十一喪服，凡一條末標有「或問」二字者，皆取自喪禮或問，其餘各條，則爲方苞對喪禮或問的增益。卷末所附考定儀禮喪服，即卷首及書考定儀禮喪服後所謂「今取經、記、傳内涉於『尊同則不降』者一一薙芟」者。

方苞文集中亦有文章講論儀禮，如與鄂少保論喪服注疏之誤書撰於方苞晚年，可參看。

清康熙、嘉慶間桐城方氏抗希堂刻抗希堂十六種本素稱善本，故儀禮析疑以此本爲底本。並參校文淵閣四庫全書本（校勘記簡稱「四庫本」）。底本各條之間無隔行，爲求閲讀方便，將各條之間加以隔行。在整理過程中，凡方苞所引經、傳、注、疏等，及所引前人之説，皆標引號，並校以十三經注疏原文及前人論著。若引文出處或内容有誤，則出校勘記説明。若爲意引，則引文不標引號。疏漏之處，敬請指正。

劉　斌

二〇一八年端午

目録

序……（七）
儀禮析疑卷之一……（九）
士冠禮……（九）
儀禮析疑卷之二……（三〇）
士昏禮……（三〇）
儀禮析疑卷之三……（六〇）
士相見禮……（六〇）
儀禮析疑卷之四……（七三）
鄉飲酒禮……（七三）
儀禮析疑卷之五……（一〇三）
鄉射禮……（一〇三）
儀禮析疑卷之六……（一三六）
燕禮……（一三六）
儀禮析疑卷之七……（一六四）
大射儀……（一六四）

儀禮析疑卷之八……（一九八）
聘禮……（一九八）
儀禮析疑卷之九……（二四一）
公食大夫禮……（二四一）
儀禮析疑卷之十……（二五八）
覲禮……（二五八）
儀禮析疑卷之十一……（二七四）
喪服……（二七四）
考定儀禮喪服附……（三一六）
儀禮析疑卷之十二……（三二〇）
士喪禮……（三二〇）
儀禮析疑卷之十三……（三五九）
既夕禮……（三五九）
儀禮析疑卷之十四……（三九二）
士虞禮……（三九二）
儀禮析疑卷之十五……（四二三）
特牲饋食……（四二三）
儀禮析疑卷之十六……（四五五）
少牢饋食……（四五五）
儀禮析疑卷之十七……（四七七）
有司徹……（四七七）

序

先生承學於父兄，易、詩、書、禮記、左傳，未成童即能倍誦。既冠，循覽注疏、大全，以諸色筆别之，用功少者亦四三周。崑山刻宋元經解出，句節字勾，删取其要，十年始畢。自唐、宋至明詁經之書，未有聞而不求，得而不觀者。任舉一節前儒訓釋，一一了然於心。然後究極經文所以云之意，而以義理折中焉。年三十以前，有讀尚書偶筆、讀易偶筆、朱子詩説補正。及以南山集牽連，被逮獄中，成禮記析疑。出獄，供事南書房、蒙養齋、武英殿公事之暇，畢力于春秋、周官者幾三十年。惟儀禮雖時與朋友生徒講論，而未嘗筆之書，以少苦難讀，未經倍誦，恐不能比類以盡其義。又世所傳，惟注疏及元敖繼公集説二書，故承修三禮時，特奏出秘府永樂大典，録取宋、元人解説又十餘種，並膚淺無足觀。國朝惟濟陽張爾岐、安溪李耜卿各有删定注疏，間附以己意，發明甚少。先生大懼是經之精藴未盡開闡而閉晦以終古也，七十以後，晨興，必端坐誦經、記本文，設爲身履其地、即其事者，而求昔之聖人所以制爲此禮、設爲此儀之意。雖疾病偃卧，猶仰而思焉。其有心得，乃稍稍筆記。至乾隆七年，得告歸里，治是經者，凡三周矣。先生治諸經，皆得海内宿學通人，與之往復其議論。至還山，而平生故舊無一存者，生徒散在四方，惟雲臺山人翁止園尚存，而病已篤，不能復問辨。崟春、秋買棹侍函丈時，舉是經疑義命思索，終不能得，然後發其覆。崟讀禮後所叩質尤多，每有剖析，輒心喻其然，而怪前儒何以皆習而不察也。自有先生之説，然後聖人之察于人倫而運用天理者，雖婦人、孺子聞之，亦犁然有當於其心。噫！先生之貞疾而壽考，蓋天欲留之以終是經之緒，而崟得與聞焉，乃此生大幸，足以補平生倫物事境之坎軻矣。丙寅冬，録先生六治儀禮説畢，爰詳記其始末如此。乾隆十一年仲冬門人程崟撰。

儀禮析疑卷之一

士冠禮

古者十五入大學，九年而後出學。冠者不宜有任職之士，其用士禮，與昏禮之墨車同，乃攝盛也。蓋公、卿、大夫、元士之適子，並入成均。即士之庶子，亦恒爲學士。舍不帥教而屏之遠方，鮮不登於天府者。故其始冠，俾攝用士禮。及三十而娶，則有九年出學而升於司徒、升於大學、升於司馬者，故攝用大夫之墨車。若農、工、商之子，雖能爲學士，而其父非任職之士，冠不得用士禮，其室居不足以陳服器，親、賓不足以展禮儀也。○疏義支離，皆緣鄭注「任職居士位」，必欲强伸其説，謂冠者身爲士，故援喪服小功章「大夫爲昆弟之長殤」以證之。喪服小功章「大夫、公之昆弟、大夫之子，爲其昆弟、庶子、姑、姊妹之長殤」，以兼公之昆弟、大夫之子，故不得去兄與姊。乃割截經文曰「大夫爲其昆弟」，而謂兄爲殤，則大夫之冠不以二十，其謬顯然，前儒莫辨，以未詳讀經文故耳。至小記之文，乃「丈夫冠而不爲殤」，而疏作「大夫」，則其誤又不待辨矣。既謂大夫冠不以二十，故據大戴禮公冠篇，謂「公冠四加」，又據家語冠頌，謂「王大子之冠擬公」。不知公冠篇四加玄冕，不過約此經三加爵弁而意爲之説，冠頌則又傅會公冠篇而爲之説耳。「天子之元子，士也，天下無生而貴者」，則其爲妄説，明矣。如其言，士三加用爵弁，其上服也，公、侯當以衮冕、鷩冕爲四加，而以玄冕，何義乎？陳氏祥道又謂天子之冠宜五加，皆無稽之言。據左傳諸侯十二而冠，因援尚書「王與大夫盡弁」，而以大戴記「文王十三而生伯邑考」證之。不知成王之時，周邦新造，三叔流言，多方攜貳，故禮以權制，既葬而冠。如家語所云，是不可知。若千八百國之諸侯，上統於天子，下監以方伯、連帥，夾輔以守卿，嗣子幼弱，正當從容督教，以徐觀其性行，必象賢而後繼世，不宜定爲十二而冠之禮，以長其驕惰也。秦王政年二十有一而冠，載在秦紀，則變易周公之典禮者至少，可知矣。魯襄公之冠，或衰周慝禮，晉侯不察而使魯行焉。至文王十三而生伯邑考，則理必無之。詩曰：「文王嘉止，大邦有子。」適當其年之謂也。周公自述父母之事列於雅歌，豈反有不信而可以尨言亂之乎？蓋漢平帝生九年而嗣立，三年而莽以其女配焉，故劉歆承其意竄此於大戴記，以示文王早婚，亦年十有二云爾。

筮于廟門。

凡朝、聘、饗、食及冠、婚之禮，事皆行於廟堂，而筮則於門外，何也？天子則普天之下，莫非先王之臣庶也。諸侯則二國之先君，固比肩王朝而同方嶽者也。士、大夫之姻親朋友，亦可以祖宗臨之。卜筮外神，故用事於廟門之外，以獨伸其尊，及「嘗、禘、郊、社，尊無二上」之義也。

主人玄冠、朝服、緇帶、素韠，即位于門東，西面。

主人，注謂父兄，非也。若兄可主，則將冠者不宜紒而迎賓。二弁非私家所服，故用玄冠。門東，閾外之東偏也，以筮人進受命於此知之。

有司如主人服，即位于西方。

注謂有司，主人「所自辟除，府、史以下」，非也。府、史、胥、徒乃庶人在官者，豈得與主人同朝服而即客位？蓋族黨内中、下士也。周官黨正職：「凡其黨之祭祀、喪紀、冠昏、飲酒，教其禮事，掌其戒禁。」則雖庶人之冠、昏，亦必使其屬監臨而教戒之，況士之子，既冠而得見於君，見於鄉大夫、鄉先生者乎？士喪禮公史讀遣。所謂筮人、宗人，即閭胥中明筮習禮者。所謂宰，即所屬之閭胥。所謂賓，即他族之師也。黨正掌冠、昏之禮事，正以有司莅事者可於五族中各擇其所知耳。敖繼公既覺注、疏之非，而曰「宰、宗人、筮人，皆公家所使給事於私家者」，不知春官所屬之筮人僅下士二人，豈能及私家禮事？而尚書、戴記所稱宗人，則官中之師與司，宰則六職中並無此官也。惟取於族黨中明筮習禮者，其人本中士、下士，故可假以筮人、宗人之稱，亦猶夏官之兩司馬、公司馬耳。二十五人之長，在鄉曰閭胥，在遂曰里宰，故命筮告期，皆贊主人。以主人則家之尊，閭胥則邑之長，男女始生，必書於閭史。故冠、昏之禮，莅事者必閭胥也。惟國中之士，賓、贊、有司，或取諸官中及他官之僚屬，若鄉遂、公邑、縣都，則舍同黨五族之士，安所取哉？如主人爲中士、下士之不命者，則宰、祝、宗人，當取諸隸子弟之曾爲學士而不升於司徒者，其禮無傳，然義不得謂之有司，故此經皆就上士之冠其子者而言。

筮與席、所卦者，具饌于西塾。

所卦者，注謂「所以畫地記爻」，似未安。土可以木畫，若地已甓，則木畫不能成文，且可分陰陽而不能别老少，又人所踐踏，畫爻於其上，非所以尊筮也。少牢饋食禮云「卦以木」，蓋以木爲小方，刻老陰、老陽、少陰、少陽於其上，各六方，四營成易，則釋一方，六爻備，乃以筆别書於大方以占玩耳。所卦者，謂所以爲卦之物也。若以木畫，則當稱名，如札、畢、籌、朴之類，不宜曰「以木」。曰「所卦者」，蓋以木爲四象，故不敢别爲之名。

筮人執筴。

易大傳：「乾之策二百一十有六，坤之策百四十有四。」筴乃蓍之正名也，句中有二「筮」，故實指其物而易以「筴」，言之法宜然。敖氏謂此傳寫之誤，證以特牲、少牢皆云「執筮」。按特牲「筮人取筮於西塾，執之」，少牢「左執筮」，於文義皆不必易「筮」以「筴」，則此非傳寫之誤也。

卒筮，書卦，執以示主人。

書卦，即卦者書之也。以緊承上文「卦者在左」，又特牲、少牢有明文，故不復言「卦者書卦」耳。至此始言「書卦」，則上文「所卦者」，謂刻識陰陽老少之木，而非以木畫地，明矣。

若不吉，則筮遠日，如初儀。

下始云「徹筮席」，明即於是日再筮也。不然，則當如少牢禮云「不吉，則及遠日，又筮日如初」。

主人再拜，賓答拜。主人退，賓拜送。

鄉飲酒、鄉射，主人戒賓，賓拜辱。主人退，賓又拜辱。疏謂此篇文不具，禮則宜同，非也。鄉大夫興賢能，州長禮先於學士或州之公士，自當拜其辱。以僚友而請賓以冠其子，何爲拜其辱哉？義各有當也。

前期三日，筮賓，如求日之儀。

戒賓於十日之前，而前期三日始筮賓，何也？以三族之不虞，近其期庶可保也。筮賓已定，又至前夕乃宿之者，至前夕則知可無奪於國事矣。若更出意外而奪於國事，則當擇於衆賓以攝之。以事不常見，故經不具耳。宿賓，賓對曰「敢不夙興」，則以前夕爲期，明矣。

乃宿賓。

注云「宿，進也」，疏謂義與「速」同。案祭統「前期旬有一日，宫宰宿夫人」，似不宜以進與速爲義，蓋先事而與之要也。

擯者請期。宰告曰：「質明行事。」

筮日請命於主人而宰贊焉，爲期則宰專命而主人不與，何也？擇日以行禮，主人之家事可自專也。爲期，則期衆賓、兄弟、有司以時至，以里宰命之，則儼若承黨正之教戒矣，閭胥、里宰，凡事掌觵撻罰。使宰命告者，亦所以肅禮事。故主人不敢與也。昏、冠掌於黨正，國法行焉，故筮日宰亦贊命。

擯者告期于賓之家。

正賓或有國事、喪疾，不及更筮，必以擬筮之次賓攝，則次賓亦宜告。主人親宿贊冠者，禮同於賓，亦宜告。獨舉賓，則兄弟、有司既告於其位，不復告於家矣。

陳服于房中西墉下，東領，北上。

贊者立於房中，負東墉。將冠者房中南面，當户，近於西。故服陳西墉下，取之便也。凡著衣必挈其領，故東領，亦取之便也。

玄端：玄裳、黄裳、雜裳可也。

此爲緇布冠陳之。緇布冠乃庶人所常著，始加用之，明身本庶人也。三加而至爵弁，亦「宵雅肄三」之義。〇黄裳、雜裳，有司及衆賓可用。主人、正賓、冠者，必冠、裳同色。

緇布冠，缺項，青組纓屬于缺。緇纚，廣終幅，長六尺。

下經賓受緇布冠，「右手執項，左手執前」，則缺項即謂緇布冠後當項處缺之。敖氏謂：「以緇布一條圍冠爲缺項，别以一物貫之兩相，又以纓屬。」皆非也。既有紒以束髮，無爲又以緇布圍冠。據經文，乃以青組爲纓，後屬缺項，而前繫於兩相，以結於頤下耳。今幽燕士大夫燕居之冠，後多兩岐，以組屬之，以便或卷而高，或垂而下，閭巷閒人，則出入皆冠之，疑上古之緇布冠制類此。

爵弁、皮弁、緇布冠，各一匴，執以待於西坫南，南面東上，賓升則東面。

「待於西坫南」，賓升自西階，負西序而立，取之便也。賓未升，執匴者南面，賓升時面宜鄉之也。「賓既升則東面」，以賓自筵前降取冠、弁，在西階上之東，宜東面以授之。若早東面，則賓升時背之矣。○服可以陳於筵，爵可以奠於筵，而冠、弁必執以待，示將冠者以自敬其身之義也。

主人玄端、爵韠。

不言冠者，篇首朝服用玄冠，則玄端之冠，不待言矣。

兄弟畢袗玄。

玉藻「無君者不貳采」，謂未仕及去位者衣裳上下同色也。此「兄弟」蓋未仕者。「袗玄」，即所謂「不貳采」也。衆皆袗玄，即閒有已仕者，亦降服以從同，故曰「畢」也。敖氏謂「盡服玄端」，則經文宜曰「畢玄端」。此經於主人、擯者玄端之中特揭「袗玄」，而昏禮於從者曰「畢玄端」，於女從者曰「畢袗玄」，則異制明矣。○伯叔父不與，何也？不可與主人同位於序端，不可與兄弟同立於洗東也。

贊者玄端從之。

敖氏謂：「贊者以下之衆賓，皆俟於賓之門從之，立於主人之門外。」非也。鄉大夫興賢，州長習射，國政也，故群士承之而有此禮。冠則賓贊之外，執事者皆私臣也，即親黨中有來觀禮者，亦不宜俟於賓之門。

主人揖贊者，與賓揖，先入，每曲揖。

主人當與賓讓而入，故揖先贊者後賓，然後每曲與賓揖，而贊者從之也。

主人升，立于序端，西面。

冠者筵於東序少北，則主人惟序之北端可立。敖氏謂：「不立於東序，辟子之坐，且不參冠禮。」非也。使主人立於東序，則迫近冠者之筵，而礙執事者之往來。立於序北端，正臨視冠者之禮儀，而曰辟其坐，義無所處。

贊者盥於洗西，升，立於房中，西面，南上。

贊者一人，而云「南上」，故注、疏皆謂與主人之贊者序。但主人贊者陳衣後，更無房中之事，則此經「南上」，乃所立之地宜近南，非與人列序也。猶下經設篚，一物而曰「南順」，注云「北爲上」。蓋冠者在房中南面，贊者西面，必立於其南，乃可相覿。如立於北，則冠者非側身不能見。又「席東鄉西鄉，以南方爲上」，則無席而立者，亦宜上南。

主人之贊者筵于東序。

不舉「冠者之筵」，經、記有明文也。賓、贊之事條舉之，則布冠者之筵、陳服、執冠弁與徹之，不目其人，並屬主人之贊者，可知矣。

贊者卒。

不言「卒纓」，以兼治其屬於缺者。統言「卒」，乃可以該之。

冠者興，賓揖之，適房，服玄端、爵韠，出房，南面。

據經文，似冠者自服而出。蓋被服、束帶、納屨事褻，且自成童，已習爲之，故不敢以煩贊者。敖氏謂「皆贊者爲之」，未知何據。

服素積、素韠，容，出房，南面。

賓之容在始加之先，示冠者以威儀，宜於冠之始也。冠者之容在再加之後，示衆人以威儀，宜於服之盛也。

服纁裳、韎韐。

始加舉「玄端、爵韠」而不言裳，以陳服時雖列三等之裳，而冠者正服必玄裳，不待言也。再加、三加不言衣，以皮弁之色白，爵弁之色赤而微黑，則衣冠同色，不待言也。周頌「絲衣其紑，載弁俅俅」，則弁、服皆絲，亦不待言也。不言帶，緇帶三加所同也。不言屨，後有明文。

○周頌孔疏云：「惟爵弁絲衣。」後儒從之，皆據此經爵弁純衣耳。但三加皆不言衣，以冠則衣用布，弁則衣用絲，二弁同服，不言可知。若皮弁衣仍用布，宜特文以表之。

徹皮弁、冠、櫛、筵入于房。

初加入房，服玄端、爵韠以出，則采衣委於房矣。次加服素積、素韠以出，則玄端、爵韠委於房矣。三加後徹皮弁、冠、櫛、筵，以冠者不復入房，俟門内之禮終，而後易服也。而再加、三加後，贊者捧緇布冠、皮弁與櫛，並奠於筵，具見矣。

贊者洗于房中。

洗在北堂，而曰「房中」者，自房中入洗，故蒙其稱。以此推古之廟制，北堂宜隔取東夾室之半而廠其北，房之東北隅有户以通於堂，然後祭之日，主婦、宗婦、女賓可自北堂入於東房。鄭注「北堂，房中半以北」，賈疏「房無北壁，故得堂名」，非也。棟以北僅兩架，取一架以爲室、房，復隔房之半以爲北堂，則祭之日，籩、豆、鉶、敦具陳於此，主婦、宗婦及子婦襄事觀禮者畢集於此，主人且入獻内賓，何所容其席位乎？況無北壁，則嚴冬凛冽，婦人豈能終日待事於此？爲此説者，蓋未達於士之廟皆有東西夾室耳。室、房所取惟一架，亦臆説，非事理之實也。

側酌醴。

凡尊必有玄酒，惟冠獨陳醴，故云「側」。凡酌未有使人助者，不宜言「側」，蓋傳寫誤衍。

冠者筵西拜受觶，賓東面答拜。

鄉飲酒、鄉射，主人乃鄉大夫、州長，賓其所莅士民也，故北面以答。此以父之行爲賓而答子弟之拜，故東面。

冠者奠觶于薦東。

或醴或醮，皆啐而不飲，何也？未見於尊親，恐不勝飲而或愆於儀，即此示以成人之禮也。

降筵，北面坐取脯，降自西階，適東壁，北面見于母。母拜受，子拜送，母又拜。

冠者無見父之禮，何也？父爲主而親臨之，故冠後無庸更見，即見贊者而不見賓之義也。凡以爵相授受必拜。父不可與子爲賓主之禮，故藉手於賓，猶燕禮君不可與群下交獻而以屬宰夫也。祭於廟中，則父可以答子之拜，何也？弟子之舉旅以廣神惠，故長賓、長兄弟答焉。嗣舉奠，尸且答拜，故爲上養而拜酳爵，父亦答焉，以示宗祊付託之重也。父子主恩，自孩提以後，視其寒燠而加之衣，賜以餘瀝而使之飲，數數然矣。使親以冠加而醴之，則習爲故常，而無震動恪恭之義。不若使賢者臨之，有所感發，而是則是效也。子未拜送，而母先迎拜，何也？肅拜也。禮成於廟中，故迎拜以示宗祊之重，而拜止於肅，則雖無改俠拜之儀，而不爲過禮也。少儀：「婦人吉事，雖有君賜，肅拜。」其頓首，惟見舅姑與祭獻爵；稽顙，惟主夫及長子之喪與臨君、夫人之喪耳。

庶子之冠，母答之無異禮，何也？設長子死，舍庶子無從，故不容有異也。○凡内事，主婦位於房中，冠則受脯於東壁，何也？將冠者房中南面，尊、甒、服、屨陳於西墉，贊者負東墉而立，則無地以位之。其不可待於北堂，何也？三加畢，贊者將入洗觶，男子、婦人無禮不相接。祭之日，主婦出獻賓、祝、佐食，主人入獻内賓，義不容已，故禮答焉。冠子而母與贊者數相面則義無取，而禮與辭亦無可施，是以出待於闈門外也。其不於内寢，何也？母喪疾則使人受脯於西階，西階無受者，而母不在東壁，則疑於父存而母歿爾。

入見姑、姊，如見母。

不目其地，何也？姊必於母之寢，姑必於大母之寢，遭變則通焉，不目其地，然後辭約而義該。不言「妹」，文闕也。兄弟、姑、姊妹皆見，則伯叔父、大父母不待言矣。父歿而冠，見伯父、叔父，而大父母無文，亦此義也。伯叔父或異居，則見君之後，見於其家，然後見於鄉大夫、鄉先生，時義宜然。

乃易服，服玄冠、玄端、爵韠。

弁服可攝而不可常也，故易之而後出。

乃醴賓，以壹獻之禮。

士惟祭備三獻。鄉大夫賓興，州長教射，雖國政，賓不過一獻，故冠、昏不得逾也。○注謂「醴當作禮」，非也，與昏禮「醴婦於房中」同義。

贊者皆與。贊冠者爲介。

此贊者，謂主人之私臣也。贊冠者，賓之贊也。篇首但列兄弟、有司之位而不見衆賓，蓋姻黨中行輩，或來觀禮，無多人，當與兄弟列序。其餘執事者皆有司也。又於此見冠禮姻黨中尊行不與，使與，則宜特見衆賓之位。

若不醴，則醮用酒。

周公制禮，以宰制群衆，宜定一尊，使知所遵循，而或醴或醮，或殺牲或否，並著於禮典。疏以爲夏、殷之禮，非也。五方之民異性，循而習之者異俗。「修其教不易其俗，齊其政不易其宜」，聖人之道所以曲成萬物而平易近民也。或醴或醮，因其國故焉爾。或殺牲或否，稱家之有無焉爾。

若殺，則特豚，載合升。

曰「若殺」，則三醮之乾肉折俎非特殺，明矣。冠，重禮也，而醮之終乃加乾肉，總一醴，則惟脯醢降及庶人，禮物尤殺，是以比户可行也。若不殺，即禮賓止脯醢、乾肉，而酬必用束帛、儷皮，又以見古人薄於飲食之奉而特重交際之禮也。○注云「明亨與載皆合升」，下文「離肺實於鼎」，不宜預闌入載俎事。疏云「鼎直有升名，俎則升載兩稱」，不過以經文連「載」與「升」，曲爲之解，義無所取。敖氏以「載」爲衍文，乃定論也。吉祭用右體，虞祭用左體。此合升，蓋半用於冠者之俎，半用於賓俎。

三醮，攝酒如再醮，加俎，嚌之，皆如初，嚌肺。

疏謂再醮之薦不徹，三醮因之而加俎。敖氏謂不宜相因，是也。疏蓋因再醮不言徹薦，三醮不言加籩豆，而臆爲是說，不知殺牲之再醮未言攝酒，經乃遥承不殺之再醮而曰「攝酒如再醮」，則再醮之徹薦，三醮之更陳籩豆，皆包於「其他如初」内矣。經文之簡而有法類如此。

卒醮，取籩脯以降。

有折俎而取籩脯者，執以見母，濡肉非所宜，且脯非一脡可取其完者，牲體則皆所嚌之餘也。

若孤子，則父兄戒宿。冠之日，主人紒而迎賓。

周官黨正：「凡祭祀、喪紀、昏冠、飲酒，教其禮事，掌其戒禁。」則有司宜與事者，皆官紀之。大夫、士之子，雖孤，得用士禮。有司，皆本族中、下士，或共黨别族之士，皆將冠者之等夷儕輩也，故筮日、筮賓、爲期可自主之。若賓，則必其父行，不可以不冠而與爲禮，故戒與宿必諸父、諸兄主之，直至冠之日，然後紒而迎賓，以接時而加冠也。○父兄可戒宿而不可迎賓，何也？未與賓接而自往戒，不若父兄戒宿爲安。若爲主而命冠，則父之事不忍以諸父、諸兄攝也，故寧使孤子自爲主而迎賓。猶娶有日而父母死，哀痛方深，自致命於女氏，不若伯父致命爲安。若饗婦而授之室，則父母之事不敢以伯父、伯母攝也，故寧使老醴婦而饗則廢。

禮于阼。

父在則冠于阼，暫筵於主人之位，以著代也。醴、醮於户西，暫筵於客位，以昭敬也。孤子自爲主人，冠加于阼，而復就客位以受禮，則義無所處矣，故醴、醮並於阼。禮有父母而賓客之者，遣之包牲是也，所以重孝子之哀也。有子孫而賓客之者，冠之醴、醮是也，所以責成人之禮也。

若殺，則舉鼎陳于門外。

注、疏：孤子尊，得伸盛禮。非也。孤子爲主，而以盛禮自伸其尊，非義所安。或謂不忍仍父在之故地，亦非也。鋪筵席、設服、陳器，一仍其故，而獨不忍於陳鼎乎？蓋鼎陳於門外，賓燕之禮也。冠而殺牲，本爲其子，故不敢陳於賓燕之地。孤子自主冠，則陳於門外，示特殺以盡敬於賓而非爲己也。不於賓燕之地，以見情也。禮之忠，質也。於賓燕之地，以義起也。禮之敬，文也。其他立於序端、拜於阼階下，乃義之不得復仍其故者爾。

若庶子，則冠於房外，南面，遂醮焉。

敖氏謂：「此指父在者，父殁則禮同。」似未安。古者期之兄弟未有不同宫者，適兄在而庶弟冠於阼，其義何居？觀庶婦之不饋，則知庶子不得冠於阼矣。必庶子孤而無兄弟，然後禮同於適耳。

冠者母不在，則使人受脯于西階下。

不在，或以疾，或冠有期而歸視父母、伯叔父、兄弟、姑、姊妹之疾，或出而不肯改適以待夫之命，或有期、九月之喪未卒哭，不得反夫家也。疏謂「歸寧」，不應迫冠期而歸。敖繼公謂「出母」，如已改適，或雖未改適而志有他，義不得受子之脯。

某有子某，將加布於其首，願吾子之教之也。

冠加三弁，乃攝用有位者之服，使冠者自砥於德行、道藝。然是乃未然不可必之事，故禮辭告賓，但據緇布冠以爲言，言不過物，且使庶人可通用也。故祝、醮之辭，惟勉以德，祈以福壽，皆貴賤所同。

兄弟具在，以成厥德。

初加，祝辭曰「棄爾幼志，順爾成德」，略以冠而成人之義示之也。再「加」，曰「敬」，曰「淑」，曰「慎」，内外交養，樂善謹幾，成德之實事也。三加，曰「兄弟具在，以成厥德」，脩身以及家，成己以成物，所包之義益深以廣矣。蓋必如是，而後成人之德備也。

始加元服，兄弟具來。孝友時格，永乃保之。

注詁「格」爲至，與「具來」義複。敖氏云：「兄弟皆來，乃汝孝友之德，有以感格之，無爲不相戒勉，而先漫爲讚美之辭。」推經意，似言兄弟具來，汝必能以孝友相感格，乃可永保同氣共族之恩耳。凡人百行之敗，多由兄弟恩薄，大傷祖考心，而睦、婣、任、恤皆推之無其本矣。故於始醮即此戒勉，而再醮、三醮惟祝其承福慶也。祝辭則以是終，而欲其兼成兄弟之德，義更深遠矣。

屨，夏用葛。玄端：黑屨，青絇，繶純，純博寸。素積：白屨，以魁柎之，緇絇，繶純，純博寸。爵弁：纁屨，黑絇，繶純，純博寸。冬，皮屨可也。不屨繐屨。

退屨在後，又不言設之之人、所陳之地，何也？與冠事者多群士，主人之僚屬也，冠可使之執，服可使之設，以屨煩焉則瀆矣。必主人之贊者陳服，而別使御者置屨，其人微，不可登於典册也。不言其地，既加冠，適房，易服而出，則並易屨，不待言矣。

無大夫冠禮，而有其昏禮。古者五十而後爵，何大夫冠禮之有？公、侯之有冠禮也，夏之末造也。天子之元子猶士也，天下無生而貴者也。繼世以立諸侯，象賢也。以官爵人，德之殺也。死而謚，今也。古者生無爵，死無謚。記

首言大夫有冠禮之非，次言諸侯之有冠禮見於夏之末造，則虞、夏以來，諸侯之子必既冠成人，能象賢，而後立之以繼世，殷、周聖王，革而正之久矣。次言天子之元子冠用士禮，則諸侯、大夫別爲冠禮之謬，不待言矣。然推其所由來，則以諸侯世國而不論其賢，大夫世官而不論其德，故有不安於童稚者而爲此僭禮耳。「繼世以立諸侯」，本爲其能象先君之賢，故誓於天子，然後爲世子，免喪類見，然後命爲諸侯，安得有諸侯之冠禮乎？任官然後爵之，以德爲等殺。初試爲士，其德未成，其業未著，故必待五十命爲大夫，然後有爵有謚。今士無爵而有謚，其悖甚矣。大夫有冠禮，士有謚，不言周之末造，而第言古者無此，此聖賢之言語氣象也。

儀禮析疑卷之二

士昏禮

親迎，昏以爲期，蓋必既成夫婦，而後可見於舅姑。若早至而不見所尊，則嫌於慢。且未成夫婦而坐對一室，語言不接，面目難施，故緣情制節，必近夜爲宜。

下達。

敖氏謂：「自天子下達於庶人，納采皆用雁。」非也。臣下之贄乃用膳物，大國之孤則更以皮帛矣，然則惟卿以下宜用雁耳。天子穀圭以聘女，諸侯大璋，合之以幣，安用參以食物之細微者？下經序納采之禮，自主人筵、使者至始，則達於媒妁而有成言明矣，注不可破。即用敖說，亦宜謂下達於庶人，皆備六禮。

納采，用雁。

納采、問名，本一事也。媒妁通言而未見女之父母，故使人執贄以請，示已見采擇，俟受雁而後問名，以漸而進也。○鴻雁性難馴，且非時非地，不可必得。昏禮及大夫所執皆舒雁耳，蓋取其潔白而安舒。

主人筵於户西，西上，右几。

設几、筵以依神而無奠告，何也？祭禮繁重，不可與昏禮並日而行。且先嫁之三月，教於祖廟、宗室，既有祭矣。女至壻家，必三月而後成婦，故始歸亦無祭告也。傳稱伍舉之辭曰：「圍布几、筵，告於莊、共之廟而來。」而士昏禮無文，何也？納吉之辭曰「加諸卜，占曰吉」，則必告於祖禰，其節當在問名之後，而文略耳。冠禮不設筵、几，何也？以冠者立於房西，受醴於户西也。且禮行於禰廟以著代，則不待設席以依神，而已洋洋如在矣。

使者玄端至。

按周官庶尹爲上士，則其屬有中士、下士，中士亦然。注、疏以使者爲屬士，據此但約婚非冠子之比，不宜以僚友爲使。又注云下士之屬亦有下士，更不可通。敖繼公以爲家臣，非也。士無家臣，其室老不過與胥、史在官者等耳，而可使與僚友、執友分庭抗禮乎？宜以姻黨士友中齒少而分卑者爲之。

主人如賓服，迎于門外，再拜。賓不答拜。

主人再拜，致敬於壻之父，非拜賓也，故不答拜。猶諸侯之臣，相爲國客，主君拜逆、拜至，皆避而不敢答，以其致敬於君，而非爲己也。

賓升西階，當阿，東面致命。主人阼階上北面再拜。授于楹閒，南面。

注以阿爲棟，敖氏曰「未詳」，蓋以主人立阼階上，賓不宜深入堂中以致命。疏釋今文，謂「楣前接簷爲庪」[一]，似得之，蓋致命於簷前，而後進授鴈於楹閒也。敖氏謂「授」當作「受」，蓋以主人之受無文。然下文「主人降，授老鴈」，則北面再拜後，進受鴈於楹閒，具見矣。經所以不言受者，鴈非使者之物，主人無儀之可展，無辭之可致，故以下授鴈見之。問名之鴈，亦但言賓授，蓋使者受醴取脯以反命，則主人受鴈，不待言也。

[一]「庪」，原本、四庫本原作「庋」，張敦仁本儀禮注疏作「庪」，據改。

主人迎賓于廟門外，揖讓如初，升。主人北面再拜，賓西階上北面答拜。

前此門外再拜，拜壻父之以禮先也。阼階上再拜，拜所致之命也。至此乃正拜賓之勤，故賓答拜。

主人拂几，授校，拜送。賓以几辟，北面設于坐，左之。

授几以安賓，主人不自設而授賓使設，何也？敷筵設几而不授者，於喪於祭，所以事鬼神也。天子、諸侯之禮事，則有司所以奉君也。公食大夫，則君之所以禮臣也。主人筵賓，擬以事神之禮則不倫，比於臣之奉君，則非受者所安，比於君之禮臣，則非施者所宜。故自儐尸以及賓客之事，莫不親相授受。○疏謂：「冠賓輕，故無几。」非也。冠賓與主人敵體，豈得反輕於昏賓？蓋冠賓乃主人朋好，猶鄉飲、鄉射及燕賓皆本國之人，故禮從簡略而几可不設。昏賓則來自壻家，致舅姑之命，猶聘賓來自他邦致其君命，禮宜嚴重，而几不可不設也。公食大夫，内兼本國之臣而有几，何也？大夫有勳勞德望，然後禮食焉，左傳：晉悼公將使魏絳佐新軍，與之禮食。故雖設几而不授，所以别於聘使也。

賓即筵坐，左執觶，祭脯醢，以柶祭醴三，西階上北面坐，啐醴，建柶，興，坐奠觶，遂拜。主人答拜。賓即筵，奠于薦左。

受醴於筵前，復位於西階，升筵以祭醴，反西階而啐醴，奠觶於西階，復即筵而奠於薦東，皆易以敬也。賓啐醴奠觶而不飲，與聘禮醴賓同，非飲酒之禮，無卒爵也。

降筵〔一〕，北面坐，取脯。主人辭。

辭其坐而取脯也。

納徵，玄纁束帛、儷皮，如納吉禮。

致幣之儀不具，何也？士庶人所通行，人皆知之。又使者執一兩以致辭，其餘從者執之，儷皮陳於庭中，不言可知，與冠禮不言設屨與著之同也。

尊于房户之東，無玄酒，篚在南，實四爵、合卺。

四爵、合卺，爲夫婦之酳，而設於房户之外，何也？尊設於室中北牖下，正當户，婦立於尊西，

〔一〕「筵」下，原本、四庫本皆衍「西」，據儀禮注疏删。

則尊之南，正執事者出入往來所由，不可置篚以隘之。室中有玄酒，示禮有初，兼兩尊相配也。外尊，贊以自酢以酳媵、御，則無取焉。

主人爵弁，纁裳，緇袘。

爵弁、纁裳、純衣、緇帶，已見冠禮，故獨舉「緇袘」，而繫於「纁裳」，見以緇緣裳，惟親迎之服爲然，猶女之緣衻也。

乘墨車。

古者三十而娶，則宜有升於司徒、司馬，及任官而身爲士者矣，故得攝大夫之車。

婦車亦如之，有裧。

注以裧爲裳幃，即周禮所謂容，有容則有蓋，是也。敖氏乃謂「在上曰裧」，未知何據。婦人出門，必擁蔽其面，況始嫁加景以禦塵，乃有蓋而無幃乎？

姆纚，笄，宵衣，在其右。女從者畢袗玄，纚，笄，〔二〕被纈黼，在其後。

注於宵衣、纈黼，並以「領」詁，疏曲爲之解，似未安。敖氏謂皆指衣言，是也。據少牢、特牲，宵衣次於褖衣，女衣褖則姆衣綃，宜也。獨舉領而不言其衣，何義乎？纈黼曰「被」，示覆於袗玄外也。領而曰「被」，則辭不當物矣。

主人玄端迎于門外，西面再拜。賓東面答拜。主人揖入，賓執雁從。至于廟門，揖入。三揖，至于階，三讓。主人升，西面。賓升，北面奠雁，再拜稽首，降，出。婦從降，自西階。主人不降送。

記曰：「古之君子，不必親相與言也，以禮樂相示而已。」儀禮中此類甚多，必各求其所以然，然後知先王依人性以作儀之意。凡主賓初接，必有禮有辭。惟壻親迎，主人、主婦之與壻接，則無辭可致。故壻至門外，使擯者請事傳辭，而主人出迎賓，升堂奠贄，主人西面，主婦南面，相視而不爲禮，不交一言，壻降出，婦自從之，以明授受養廉恥，皆體性而爲之儀則也。主人不送賓，仍立西階〔三〕，蓋俟女出而面戒之。又女與壻相從，父母不宜參，故惟庶母送之及大門

〔二〕「玄」下，原本、四庫本皆脱「纚，笄」，據儀禮注疏補。

〔三〕「西」，四庫本同，疑「東」之誤。

以內。○稽首，非君父無所施，以雁授婦，曷爲有此禮？娶婦以承宗祀，奉粢盛，供盥饋，祖宗、父母、子姓皆將託焉，故重爲禮於其祖禰，以示待之厚望之深也。女不親受，其義有二。未成夫婦，不可親授受。又以避夫之稽首，即舅降洗，婦避於房之義也。主人之不答，其義有三。壻出女從，不可參也。又以示稽首之禮，乃致敬於己之祖禰，而非己所敢當，猶聘禮主君拜逆而使者不敢答也。且禮之有報，所以相稱也，納采以下五禮，主人皆拜於門、堂者再，而使者不答，故於壻之重禮一不答，亦所以爲稱也。○納采但言「授雁」，問名門外言「執」，登堂但言「授」，惟此言「執雁從」，則餘皆使人奉雁俟於堂下，而後賓取以授也。婦見舅姑及廟見，皆言下堂取笲，而不言執笲以待事者。蓋四禮皆賓致主人之命，親迎則壻以爲贄於女，義不得使人代執。記云：「執贄以相見，敬彰別也。」○壻攝盛，主人則不可以朝祭之服即私事。

壻御婦車，授綏。姆辭不受。

姆爲婦辭，蓋從女而歸於壻家也。七出中惡疾，惟母家可歸，五者皆身爲不義，可聽其所之。惟五十無子者，情可矜憫，其不肯再適人者，或母家貧不能相養，則使姆教他人之女而依以終世，得自完其從一而終之節。凡此皆聖人所以盡人之性，贊天地之化育也。○「姆辭不受」，壻宜執而拖諸軫閒，俾女自取之，然後御輪三周而下。

婦乘以几。

升以漸，則體安。尸乘以几，尊之，故欲其安也。婦乘以几，恐失容於壻前，使其升易也。

媵布席于奧。夫入于室，即席。婦尊西，南面。

親迎以前六禮，皆男先於女。入寢門之後，媵先布夫席，婦久立以待，則女下於男，咸、恒之義也。媵布夫席，沃盥，示服事其君之禮也。婦入門則壻稱主人，入室則稱夫，而閑家之義具矣。○婦立於尊西，然後設俎豆、醬湆、黍稷者得自展布。即早設對席，陳饌者往來，非獵席必避席，故直至啓會告具，而後揖婦即筵也。御謂夫家内御者，不必改讀爲訝。

贊者徹尊冪。

贊者乃姻黨中老婦，與冠之贊同，非内御者之比，故主人及婦皆與交拜。

舉者盥，出，除冪，舉鼎入，陳於阼階南，西面北上。

喪奠陳鼎於阼階前，將匕載而後除鼏，以陳鼎於未斂之前，俟斂畢而後載俎，時久，不可以早除鼏也。昏禮則陳鼎與匕載同時，旋用之，故除鼏而後舉。少牢亦然。少牢鼎陳於洗西，當東序，以在廟，主人、子姓、兄弟並立於阼階下也。此陳於阼階南，以階下無立者，近堂室，便陳饌也。二斂將舉，阼階亦無立者，故鼎可陳。

俎入，設于豆東，魚次，腊特于俎北。

特言「俎入」，明別有以入者，不言其人，蓋男不入內，內御者以入可知。

設黍于腊北。

對饌不言豚、魚，何也？席東西相對，夫之豚俎設於菹豆東，魚在豚東，腊特於豚、魚之北。婦之豚俎設於菹豆西，魚在豚西，腊特於豚、魚之南。菹、醢、黍、腊之位具，則魚、豚二俎可知矣。黍、豚、腊三俎相次，黍設於豚北而云於「腊北」，何也？腊特於魚、豚二俎之間，南北不正相直，故因此以見東西之節也。

御布對席。

筵席皆不言布之者，惟媵與御目其人，義存焉爾。

贊爾黍，授肺、脊，皆食以湆、醬。皆祭舉食舉也。

「皆食以湆、醬」爲句，黍久陳，宜温以湆，肺味淡，宜擩於醬。重言「祭舉」，嫌前既祭肺，食時不再祭也。舉言「食」，以别於嚌也。○凡獻酬，肺、脊有嚌而無食。即公食大夫禮，但以湆、醬食，惟尸食舉，以祭主於養尸也。婦始入室而食舉者，夫婦之道，以直以誠，晨而興，至是宜夕食矣，故從質也。大羹湆，惟飯食用之。鄉飲酒、鄉射、燕、大射皆不設湆，以有牲酒而無黍稷也。惟昏禮及公食大夫義主於牲、黍，故食以湆、醬。士虞、特牲湆雖設而尸不嘗，以將飯已嘗鉶羹也。少牢正祭無湆，乃簡殘文闕，宜與士虞、特牲禮同。儐尸設湆而不嘗，以正祭既飯，時則肺、肉及燔，皆嚌而不食也。○饋食禮祭舉而後飯，尸象神，禮多文也。此既飯乃祭舉，與朝夕恒食同，從質也。

三飯，卒食。

自朝食待事以至於昏，不再食則饑矣。而飯止於三，緣婦之情，不能飫也。

三酳，用卺，亦如之。

飲酒之禮，雖一獻，賓主人各既三爵。冠之醮、昏之三酳，皆取義於三爵也。酳以安食，故祭禮惟主人稱酳，昏則再三皆稱酳，承夕食之後，非飲酒之禮，不可以稱獻也。

贊洗爵，酌于户外尊，入户，西北面奠爵拜。皆答拜。

贊自酢，以婦始至，未見舅姑，不得用主賓常法。出户，洗爵以酢贊也。酌於户外尊，示房中之尊專爲合巹設也。疏云：「三酳，乃酌外尊以自酢，乃略賤者。」非也。冠禮亦三醮具舉，而後主人別醴賓，則非輕賓，可知矣。禮辨於微，裼、襲不相因，校、足不襲執。贊自酢，自不宜酌於合巹之尊。以爲略賤，則贊非賤者。

主人出，婦復位。

復位，避徹饌，并改筵而布衽也。

御衽于奧，媵衽良席在東。皆有枕，北止。

奧，室西北隅。夫衽席在東，外方也。婦衽在西，内方也。外内正位之義具焉。北趾，並南首也。卧未有無枕者，而曰「皆有枕」，嫌男女共枕也。○前布於奧，飲食之席也，故曰「夫」。此所設，寢寐之衽也，故曰「良」。其辭彌親，稱名之當如此。

主人入，親説婦之纓。

説服於房，復稱主人，對媵而言。此復稱主人，示婦之纓非主之者不可説也。

媵侍于户外，呼則聞。

媵習於女，異日當與女君分夕而敘御，凡陰事所徵求，無所嫌也。

夙興，婦沐浴，纚、笄、宵衣以俟見。

婦歸之次日，即著事舅姑之常服而親盥饋焉。以示昏禮既成，即宜操作，而無事於容觀，家人之初，「閑有家，悔亡」之義也。

席于阼，舅即席。席于房外，南面，姑即席。

姑之席不敢正對舅，即主人席於奥，婦尊西南面之義。婦饋，舅姑同席東面，蓋並坐則上下已别也。

婦執笲棗栗，自門入。

此言命士父子異宫者。不命之士，其出自寢室，直升西階與？

北面拜，奠于席。

拜舅不言東面，以拜姑之「北面」見之，「拜，奠於席」下遺「如初禮」三字。冠禮母受子脯猶俠拜，以其禮重也，莫重於始昏而見於姑，無不俠拜之義。觀三月廟見俠拜與舅同，則此爲闕文無疑。

姑坐，舉以興，拜，授人。

注「授有司」，非也。祭祀助主婦薦徹者必婦人，而況受婦之贄乎？舅使宰徹，則姑舉必授内御者；婦以脯授人於門外，則所授必丈夫送者。皆曰「授人」而不目其人，以其人不待目而辨耳。

贊醴婦。

舅姑不自醴婦而使贊代，注以爲「親厚之」，敖氏以爲「示尊卑之禮」，皆非也。婦未盥饋而舅姑先醴焉，非理也，故使贊代之。且女之父母急望其當於舅姑，俟婦既盥饋，舅姑饗之，而後以受禮歸報，非情也。贊代醴，使婦先取脯以授送嫁者，然後情安而理得。

贊者酌醴，加柶，面枋，出房，席前北面。婦東面拜受，贊西階上北面拜送。婦又拜。

婦人相爲禮，有不俠拜者。云「婦又拜」，明贊者止一拜也。

北面坐取脯，降，出，授人于門外。

以授送嫁之人，與饗而歸俎同義，以安其父母也。不言歸，脯簡微，故略之。問名，賓取脯降授人而不出門，以禮行於廟，從者在階下庭中也；婦取脯授人於門外，以禮行於寢，送女者在寢門外也。

特豚，合升，側載，無魚、腊，無稷。

惟夫婦牲牢可共。祭祀則神俎、尸俎必用右體，且設同几，各有配享，故祖考不可共牲牢也。始婚則同俎，男女初合而親之；婦饋則異俎，外内正位而別之，亦具咸、恒之義。○婦始饋而「無魚、腊，無稷」，示朝夕盥饋惟在忠養潔敬，而無取於備物也。卒食，一酳，無從肝，義與此同。

並南上。

婦見則舅姑别席，示男女正位之義也；婦饋則舅姑同席，循朝夕侍食之儀也。

御贊祭豆、黍、肺、舉肺、脊，乃食。

先祭醢，次祭黍，於醢舉器，於敦舉實，以豆兼菹、醢，二者皆祭，敦兼黍、稷，而所食惟黍也。昏之夕，贊惟爾黍而不及稷。先列「肺」於「舉肺、脊」之上，示别有婦祭之肺，而非姑所舉之餘也。

姑所舉肺、脊，御並以授婦，使嚌之，而後食食。○據祭禮，餕者皆祭，婦饋舅姑而餕亦祭，則曲禮「餕餘不祭」，謂子婦朝夕侍食之餕，明矣。蓋餕食鬼神之餘，故可以祭，饋則侍食於舅姑之始，故禮變於常。

姑酳之，婦拜受，姑拜送。坐祭，卒爵。姑受，奠之。

婦受贊醴俠拜，受姑之酳不又拜者，大親不文，不敢以答贊之禮行於姑，即受饗，不敢辭洗，舅降，辟於房，不敢拜洗之義也。

婦徹于房中。媵、御餕。姑酳之。雖無娣，媵先。于是與始飯之錯。

使媵、御餕，不敢使媵、御徹，則凡饍飲、百物進於舅姑者，必躬必親，毋或疏忽而假手於他人，義已見於此矣。媵、御之卑，而姑親酳之，國君燕射，獻及於庶子、有司、内小臣，上之接下以禮，故下之事上以誠也。○媵賤，無特見舅姑之禮，故婦始饋，舅姑始飯，則使從婦，以觀錯置俎、簋、湇、醬之儀法，故曰「與」也。

舅姑共饗婦以一獻之禮。

昏義云「厥明」，此不言，蓋既見舅姑，受醴，婦盥饋，則饗爲明日之事，不言可知。

姑饗婦人送者，酬以束錦。

别有婦人送者，而合巹之夕，布壻席者媵，侍於户外者媵，其義益著矣。「婦人送者」，女行時不見於經，歸猶得饗酬，「姆」與「女從者」始見於經，而饗酬不及，則并依女以終，具見矣。○婦人送者、主婦及壻猶與爲禮，而所以待姆者無聞焉，何也？女與壻合巹之夕，主婦必賓而食飲之，盥饋之後，女必私奉養之，以無關於昏禮之正，又雖不言，而知其必然，故可略也。

若異邦，則贈丈夫送者以束錦。

敖氏謂「古者婦人不越疆而送嫁」，但送女與慶弔異。姆及娣姪皆留壻家，父母之心，必念悲女行之遠，使婦人送嫁，以察其當於舅姑與否也。婦人送者，饗與酬宜一同於同國，丈夫則別加贈幣，以勞其辦護之勤。

若舅姑既没，則婦入三月乃奠菜。

廟見，重禮也。無鼎、俎、豆、籩而奠以菜，何也？正祭必夫婦共之，廟見，婦事也，夫不可從而獻薦，婦又不可以自獻薦，故惟奠菜爲安。然則父没而冠，何以可祭於禰也？孤子免喪而未娶者可自舉時祭，則雖因冠而特祭可也。但已冠而祭，已祭而見伯父、叔父，而後饗冠者，則其禮必略，或如聘使歸之以脯醢釋奠，或如朔奠之陳三鼎而無獻酢，可知矣。○崔靈恩云「若舅姑偏殁，則厥明饋食於生者，三月又廟見於亡者」，是也。注謂舅存姑殁，則姑無廟。然姑雖無廟，必祔於祖姑，官司一廟者祖禰共廟，而廟見獨舉「舅」，則姑祔於祖姑，而廟見獨舉「姑」可也。即有繼姑與舅同饋食，同饗婦，而三月奠菜於前姑可也。

席于廟奥，東面右几。席于北方，南面。

吉祭考妣共席而設同几，以不設女尸也。廟見不設尸，故可别席異面，以象其生，而姑無几，蓋祀於廟而設同几舊矣，「未知神之所在，於彼乎？於此乎？」所以微别於生也。○婦始見，舅席於阼，正位乎外也，姑席於房外，正位乎内也。饋食則舅姑同席，將授之室，則婦爲主而舅姑同居賓位，故皆東面也。合巹，夫婦同俎而異席，同者情之親，異者位之辨也。饋食則舅姑同席而異俎，同席者傳代之義宜變，異俎者夫婦之位有常也。至廟見則用生時始見之位，舅東鄉，姑南鄉，匪是則姑有二三人不可以叙列矣。○婦朝饋及廟見，夫未有不與之偕者，而經、記無文，何也？朝夕侍食於父母，春秋致享於祖禰，子之事而婦從焉，宜也。始婚而朝饋，廟見而釋菜，婦之事而子從之，則非宜，故雖與之偕而不與其事。其義與舅没姑老，子婦承祭，姑未有不在廟者，而經、記無文，以無事可記耳。

祝盥，婦盥于門外。婦執笲菜，祝帥婦以入。

祝當爲婣黨中老婦習禮事者，或巫女也。周官王后有女祝，則民間禱祈宜有女巫。在禮，男女不同巾櫛，祭禮夫人薦豆執校，執醴授之執鐙，尸酢夫人執柄，夫人受之執足。使祝非婦人，豈可與婦共洗而盥，相隨以入乎？

某氏來婦，敢奠嘉菜於皇舅某子。

某子，注舉姓，敖氏舉謚。士無謚，宜舉姓。若大夫，則宜稱謚。

婦拜扱地，坐奠菜于几東席上，還又拜。

婦始見，拜奠笲，舅撫之，婦還又拜，此事死如生，若舅撫其奠而俠拜也。廟見拜扱地，而生見舅姑拜不扱地，何也？猶祭禮陰厭，及尸傳神嘏[一]，主人皆再拜稽首，而事尸不稽首，至敬之中又有差焉，幽明之體異也。此獨表「扱地」，則凡祭祀及父母舅姑生時，拜皆頓首也。左傳晉襄公夫人穆嬴頓首於趙宣子，蓋過禮以逼之。父母、舅姑而不稽首，蓋不敢用拜君之禮，猶大夫之臣不稽首，不敢同於國君也。而陰厭受嘏則稽首，廟見則拜扱地，幽明之體異也。喪拜則稽顙，吉凶之體異也。同等之拜皆空手，所謂「手拜」也。君答臣拜亦然，婦人吉事則肅拜，餘可以類推之。戴記：「婦人吉事，雖有君命，則不手拜，肅拜。」「雖」宜作「非」，文譌。

婦降堂，取笲菜入。

以是知廟門之外，娣姪與御者各執笲以俟。婦既盥，執一笲以入，則笲者皆從立於堂下以俟

〔一〕「嘏」，原本作「蝦」，據四庫本改，下同。

再取。厥明見舅姑於寢之禮亦然。始見及盥饋，禮事甚繁，非合巹之比，媵不能獨供，故送女者不一人。

敢告於皇姑某氏。

注謂以「舅尊於姑」，未安。生時婦始見，奠笲，舅撫之，姑舉以興，授人，從姑言之，不敢自同於舅，則義之宜。若禮辭有輕姑之意，是導婦以悖也。同時而告於舅，既曰「敢奠嘉菜」，則於姑從略，而曰「敢告」，乃設辭之法宜然，非有所輕重也。

老醴婦于房中，南面，如舅姑醴婦之禮。〔一〕

男女之辨嚴矣，而使老醴婦，何也？贊醴婦，以舅姑之命。父母没，若使伯叔父母、諸姑主其禮，是以他人代己之父母，心不安，義不可也。惟使老攝，則儼若考妣之靈臨之在上。故婦受醴於贊者，舅姑不與焉，而正其名曰「舅姑醴婦之禮」也。胡不使婦贊者若女祝之類掌之也？舅姑存，親饗婦，重禮在後，故可使婦贊者先之。贊者，贊舅姑也，舅姑没，則無所贊矣。

〔一〕「房中」下，原本、四庫本皆脱「南面」，據儀禮注疏補。

故親饗之禮廢，而醴則使老攝焉，所以重其禮也。王后不與祭祀、賓客之祼，不使春官世婦攝而使大宗伯攝，即此義也。不曰「宰」而曰「老」，何也？容下士無宰，則以隸子弟之老者任之。不受醴於堂上，何也？贊醴婦在寢，寢門内惟贊及媵、御有事焉，則受醴於堂可也。奠菜於廟，有司皆待事於堂階，則醴婦於房中爲宜。

受諸禰廟。記

舉「禰」，示具二廟、三廟者。昏、冠之禮必行於禰，又以見官師以下庶人無廟者，雖舉昏、冠之禮，而不得備其儀物也。

腊必用鮮。

獸難於鮮，猶爲必然之辭，則魚不待言。敖氏之説非也。

祖廟未毁，教于公宫三月。若祖廟已毁，則教于宗室。

宗室，即别子廟也。詩「于以奠之，宗室牖下」，謂大宗之廟。以此記推之，則别子之子爲百世不遷之宗，别子之廟亦宜百世不毁，蓋雖天子、諸侯之子孫，有親未絶而列於庶人者矣。如宗子爲庶人而無祖廟，則卿、大夫、士之女當教者，其家可久舍乎？又或有同時而教者，其家能兼容乎？惟大宗之廟不毁，然後可各止於旁舍而並教於宗室耳。內則曰：「若富，則具二牲，獻其賢者於宗子，夫婦皆齊而宗敬焉，終事而後敢私祭。」乃大宗之法也。若别子之廟毁，豈惟宗子爲庶人，卿、大夫、士之牲鼎無地可陳，即宗子爲卿、大夫，不過私立三廟以祀其祖禰，而上祖之宗祏無存，安得受族人之宗敬哉？疏以「宗室」爲宗子之家，敖氏遂云「别子之廟必三四世而毁」，不亦蔽於理乎？

問名。主人受雁，還，西面對。賓受命，乃降。

問名主賓之面位，及親迎，擯者出請入白，主人出迎，經皆無文。蓋雖微記，按事之節，可知其必然。

祭醴。始扱壹祭，又扱再祭。賓右取脯，左奉之，乃歸，執以反命。

疏謂贊醴婦之禮，非也。再扱三祭，即納采、問名後醴賓，賓「以柶祭醴三」也。「右取脯，左奉之」，即爾時賓降筵取脯之儀耳。是以所記節次，上承問名，下接納徵。如謂醴婦之祭，則不宜閒厠於此，且與賓取脯不相屬。

執皮，攝之，內文，兼執足，左首，隨入。

攝之而內文，以便致命時釋外足而文見也。

主人受幣。士受皮者自東出于後。

執皮幣隨賓者不目其人，人微不足言，與布筵席、設几、陳屨之不目其人同也。受皮者稱「士」，其在鄉邑，則比長、里宰之屬，其在官中之士，則如卜師、卜人所屬下士十有六人，否則隸子弟始嘗爲學士而未升於司徒者，故以禮之重者任焉，異於群隸也。

父醴女而俟迎者，母南面于房外。女出于母左，父西面戒之，必有正焉，若衣，若笄。

不言父出，以女出，父西面戒之，則與母同出，不待言矣。女出於母左，就父位，以便戒而正之也。於時母先至西階上，俟女至，乃戒焉。

母戒諸西階上，不降。

母不降，以既戒之後，於女更無辭之可申也。庶母則送至門而申父母之戒，則禮意之彷徨周浹也。使女降階至門，惟婦人送者從，則於父母之心猶若有歉焉耳。

贊者徹尊冪，酌玄酒，三屬于尊，棄餘水於堂下階間。

凡賓祭，齊酒、牲體、黍稷，無虛陳而竟不一薦者。故記曰「明水涚齊」，又曰「祭齊加明水」，則祭之時以明水注於五齊之尊。此曰「酌玄酒」，則注於飲酒之尊，明矣。如注、疏所云，則記文宜曰：「贊者徹尊冪，以外器新涚水三注於玄酒之尊。」其事乃明。凡酌酒，以爵就尊而承之，故無餘瀝淋濺。酌明水以注酒尊，亦必有小器以承之，故棄其餘瀝。注、疏蓋疑明水不宜棄於階間，故曲爲之解，獨不思隋祭尚可措諸地，掃而埋之，尊中之明水終豈能不棄於地哉？

笲，緇被纁裏。

笲有被有裏。棗、栗、腶脩〔一〕，皆惡塵也。婦執此以進，象父母、舅姑晨興朝饋以前，子婦所進以待先嘗者。自饘、酏、酒、醴至滫、瀡、脂、膏，皆非新婦所能猝治，故惟用其中棗、栗而佐以腶脩也。

〔一〕「腶」，原本作「服」，據四庫本改，下同。

婦席、薦饌于房。

醴婦、饗婦之席與薦皆預饌于房中，待事至而後設於户牖閒。薦脯醢於席前，猶特牲、少牢，豆、籩、鉶、敦並預陳於房中，及時而後薦設耳。

婦洗在北堂，直室東隅。

與室東隅遥相對，兼明房之開户於東北以通北堂也。言「東」而不言北，何也？房東南之墉，立者負焉，曰「隅」，則北已見矣。不以户識所直，何也？東房有二户也。

婦入三月，然後祭行。

注「助祭」，謂入廟觀禮習事耳。疏曰「舅在無姑」，或「舅没姑老」，非也。古者宗子雖七十無無主婦，非宗子，無主婦可也，則艾耆鮮不更娶者。若舅没姑老，則子婦承祀不得曰「助祭」矣。敖氏謂夫家之祭，待婦入三月而後行，尤謬。禮過時不祭，設婦以正月、二月入，則春祭可遲至孟夏、仲夏乎？

問名曰：「某既受命，將加諸卜，敢請女爲誰氏？」

請問女爲誰氏，必辨其伯仲及夫婦之所生，或妾婦之子，又或兄及弟之孤女也。春秋傳晉請繼室於齊，公孫蠆尚以其子更公女，故昏禮必謹焉。卿、大夫以下所主及兄弟之女而止，諸侯則上兼先公遺姑姊妹，以伯叔父皆人臣，不敢上干也。

吾子有命，且以備數而擇之，某不敢辭。

女所自出及行次年齒，或别書於方，或口對，而記者略之耳。注、疏皆曲義，不可通。

吾子有貺，命某加諸卜。

有貺，謂受雁而許嫁也。問名之辭曰「將加諸卜」，女父以名告，是命壻父加之卜也。注以下記曰「賜命」，因以「貺命」斷句，未安。

父醮子。

醮子乃昏禮大節，而不見於經，何也？古者記事記言，多分而爲二。春秋傳曰：「先王之禮辭有之。」或别有一書，其事已見於昏辭，其義又見於冠醮，故略之耳。敖氏云：注謂昏醮在寢。果爾，則事異於冠，經、記宜特著之。疏謂：「醴女之禮重，故於廟。醮子之禮輕，故於寢。」益失之。迎婦以延先嗣，主廟祭，乃輕於遣女乎？禮辭云「承我宗嗣」，「先妣之嗣」，似皆命於廟中之辭。

若則有常。

若，順也。順家則而有常也。家人象傳：「順以則也。」又曰：「失家則也。」春秋傳曰：「不若於言者，人絶之。」

吾子命某，以茲初昏，使某將。

「將」訓不一。「無將大車」，扶持也。「仲山甫將之」，奉以行也，又奉而出也。此「將」與將軍、將子、將雛同義，謂奉持以行。

勉之敬之，夙夜毋違宫事。

父戒以「毋違命」，順於舅姑之大綱也。母戒以「毋違宫事」，服勤忠養之細目也。雖命不敢違，而盥饋、灑掃、縫紉事違其節，亦將失舅姑之意而遺父母之憂。爲婦之道，備於此矣。命之違，多由於不戒。事之違，多由於不勉。而不戒不勉，皆起於不敬。是謂言近而指遠，守約而施博也。

視諸衿、鞶。

父戒揭其大綱，母戒詳其細目，人情不忘於大者易，而不忘於細者難。故獨舉「衿、鞶」，爲時取以備用，可觸目而警心也。若笄關於首，衣被於身，如曰「視諸衣、笄」，轉不若「衿、鞶」之切著耳。

支子則稱其宗，弟稱其兄。

此謂無伯叔父，則使者致命稱小宗之兄，又無宗兄，則衆兄屬親者皆可稱也。曾子問：昏禮有吉日，而父母死，伯父爲致命。則叔父視此矣。「宗子無父，母命之」，則無父母，有大父者可知矣。經、記無文，不待言也。冠禮言「見姑、姊」〔二〕，而不言祖父母、伯叔父母，義亦如此。曾子問：已孤而冠，埽地而祭於禰，既冠而見伯叔父母。

〔二〕「姊」下，原本、四庫本俱衍「妹」，據儀禮注疏删。

若不親迎，則婦入三月，然後壻見。

不親迎，必已及期，父母暴疾，子不敢離也。大父母及母之父母疾篤，禮亦宜然。蓋一姓族姻皆集，事難再舉。父母之心，亦望子婦昏禮早成，故使人迎，亦禮之可以權制者。女當趨舅姑之所，與子同齊玄而養。「親迎女在塗，而壻之父母死，女改服，布深衣，縞總，以趨喪」，亦此類也。父母疾愈而昏，禮事必每簡焉，以既見於舅姑也。齊衰、大功之喪，壻及女各改服以就其次，除喪則不復昏禮，亦此類也。

儀禮析疑卷之三

士相見禮

所載不獨士禮，而統曰「士相見」，何也？自卿、大夫至於士，惟所贄之物及受贄、還贄、辭讓之節、相與之辭異，而所贄之飾、執之之儀，以及士見於大夫、卿大夫交相見、卿大夫見於君、異國之臣見異國之君、凡爲臣者燕見於君、傳言之法、相與言之事、侍大人侍父言與視之宜、侍君子進退之度、侍飲食於君之禮、自稱於君之辭、先生異爵者之禮先於士，無一不與士同，故依類列叙而以「士相見」名篇。

贄，冬用雉，夏用腒。

凡請見，皆使人奉贄以從，及致辭於將命者，及奠贄，然後親執焉。但入門升階必揖讓，不可以授人，又不可委於地，豈古之揖止推手而少下之，故無妨於執贄耶？〇雁與羔皆索維，故知雉不用生也。曰「夏用腒」，則冬用鮮可知。左傳「惟君用鮮」，謂所得上殺之禽，非謂生得者。

某子以命命某見。

雖有先，容主人無願見之言，義不得漫相就，故禮辭首揭焉。

某也不依於贄不敢見。

初辭曰「不以贄」，再則曰「不依於贄」，何也？贄以達禮而將其敬，「不依於贄」，謂不依於禮也，正與「不足以習禮」相應。但正言「不依於禮」，則似以主人爲失辭，蓋言之體宜然。

出迎于門外，再拜。賓答再拜。

主賓相見之禮，或一拜，或再拜，各有義存焉。冠禮戒賓，主人再拜，以卑幼之事勤尊長也。昏禮主人再拜，重先人之遺體，而拜其以好來命也。故使者不答，以拜非爲己。鄉射戒賓，則賓先再拜，長吏以國政而親臨焉，故重拜其辱也。此篇主人再拜，以賓自屈而禮先也。特著「賓答再拜」，以見凡答再拜者之通例也。故他篇「答再拜」者，第云「答拜」，以既於相見禮舉其凡，其三拜、再拜而答一拜者，又特著於經也。惟鄉飲酒主人爲鄉大夫，其禮先於士，再拜者六，而士之禮先於鄉大夫皆一拜，義尤大且深，詳見本篇。

賓奉贄，入門左。主人再拜受，賓再拜送贄，出。

先言「受」而後言「送」，與受爵同，蓋執贄以授，必既受而後送者可拜也。賓主相見皆受贄於大門内，惟士昏禮受雁於堂，以筵、几設户牖間，臨之以先祖，與致禮於生人異也。聘禮私面，大夫亦受幣於堂，以賓所將乃友邦君之命，不可於堂下受也。送贄即出，待主人之請而後反見者，示交有道而不可暱就，記所謂「小讓如僞」也。

主人請見，賓反見，退。主人送于門外，再拜。

注謂「賓反見，即有燕禮」，非也。物不可以苟合，「裼、襲之不相因，示民以毋相瀆也」。主人未報禮，而以飲食留賓，是瀆也。賓遂留，是自輕也。康成蓋因後有燕見於君之禮而云然，不知燕見乃君以事召，或有復於君，非必有飲食之事也。其或燕見而適會君之膳與稍事，亦於下賜食、賜飲之禮包之。賈氏乃多爲之徵，而於君在堂升見，亦云兼反見之燕，益誤矣。

主人復見之，以其贄。

不别用贄，以贄本卑者見君長之禮，故主人固辭，然後暫受而即以其贄還，不敢易也。聘之享幣可易以報禮，而圭璋則還，亦此義也。

賓對曰：「某也非敢求見，請還贄于將命者。」

已得見矣，以不敢更煩主人之接待爲恭，故設辭云爾。

賓奉贄入。

注云：「異日則出迎，同日則否。」賈疏比類推説，義皆無當。敖氏謂「賓不待迎而自入」，亦近似而非也。不迎而入奠贄，曾爲臣者見其大夫君之禮也。主人而以待其舊臣者施於賓，賓而以事其故主者下其友，無時焉而可。同日、異日，義何所別，而以此亂禮之大經，不亦悖乎？蓋迎拜如前儀，而簡殘文闕焉爾。

出。主人送于門外，再拜。

以是知古人之交不苟合也。以恒情言之，賓還贄而出，主人宜如初見，請賓復入，以示昵好，乃聽其别而不留，蓋不敢遽相親附也。交接之禮有相趨而不相揖者，有相揖而不相問者，有相問而不相見者。至相見，進此則爲朋友矣。志之同，道之合，非久與相處不能知其真，故有相見而不爲朋友者，慎之至也。

士見于大夫，終辭其贄。于其入也，一拜其辱也。賓退，送再拜。

士與大夫比肩事主，而相見不出迎，入而拜乃一答，送賓不出門，不已倨乎？蓋侯國三卿、五大夫，兼攝六職，凡有聯事，他官之士亦相臨長，平時必使明於等威，然後體統肅而教令行。觀晉先縠不用元帥之命以喪晉師，薰隧之盟，鄭公孫黑犞君之位，包藏亂心，子産亦無如之何，則知禮嚴於爵等，所以大爲之坊也。大夫於士之見不親答，士朝不坐，燕不與，所以遏賤妨貴之萌也。黨正以飲酒正齒位，六十者坐，五十者立侍以聽政役，所以防少陵長之漸也。履之象曰：「君子以辨上下，定民志。」履者，禮也。禮以消患於未萌，蓋可忽乎？

若嘗爲臣者，則禮辭其贄。

敖氏謂：「因此知士大夫相見用贄，不獨始見爲然。」非也。此乃家臣始升於公而見大夫君之禮，猶周官射人職，三公、孤、卿、大夫因射而朝，則有贄耳。若每朝而有贄，士、大夫每見必有贄，不勝其擾矣。

賓入，奠贄，再拜。主人答壹拜。

嘗爲臣者乃以一拜答，則外此皆答再拜，不必言矣。

某也命某，某非敢爲儀也。

嘗爲臣而稱名以辭贄，何也？既升於公，則宜以公士待之矣。不迎不報謁，存故義以循其本，而辭贄稱名，重自下以厚於終，主人之辭益恭，故賓自謂賤私以效其情，禮之所以曲得其次序也。

下大夫相見以雁，飾之以布，維之以索，如執雉。

雉不可生服，鴻雁尤難馴，雖布纏其翼，索維其足，能禁其首之揺、喙之啄乎？奠授之際，何以爲儀？以是決其爲舒雁也。

上大夫相見以羔。

記曰「諸侯之上大夫卿」，以周官小宰、小司徒，類皆中大夫而推之也。此云「下大夫相見以雁，上大夫相見以羔」，則王朝、侯國之卿、大夫、士，其贄同，與后勞諸侯及卿、大夫案列惟分二等同義，以難一一區別，禮窮則同也。○春秋定公七年：「公會晉師於瓦。」左傳：「范獻子執羔，趙簡子、中行文子執雁，魯於是始尚羔。」

如士相見之禮。

士之類非一，國中與鄉遂異地，已升與修業者異向，聞聲相慕，朋友爲合其交，故有相見之禮。若由士而大夫，由大夫而卿，則涉公事，及以鄉黨之禮接者，非一日矣，而復有見禮，蓋始進爲大夫爲卿，必就見同列之先進也。

庶人見於君，不爲容，進退走。

古者天子、諸侯，耕耤、巡方、省耕、省斂、大詢、時田，皆與庶人接，故庶人有見君之禮。疏專以庶人在官者言，未安。

士大夫則奠贄，再拜稽首。君答壹拜。

覲禮諸侯稽首，王皆不答。周官司儀：「土揖庶姓，時揖異姓，天揖同姓。」傳謂：天子於宋，有喪拜焉。則餘無拜禮。諸侯於其臣，燕、食及射皆答拜，則執贄以見，答拜宜矣。舊説「君拜以空首」，蓋以敵者頓首而差之。○君於士不答拜也，而受爵始見則答焉。父至尊也，而嗣舉奠爲養則拜焉。舅至尊也，而婦始見饗之則拜焉。蓋過禮以致敬，使卑者震動恪恭，以職思其居也。

賓對曰：「君不有其外臣，臣不敢辭。」再拜稽首受。

凡敵者之辭讓，必至再三，惟異國之君則曰「不敢辭」者，以事君之禮事異國之君，則於禮爲過也。春秋傳季孫宿如晉，有加籩，辭曰：「下臣，君之隸也。」其甘自屈辱，乃欲固外援以内制其君，觀此可以知先王制禮之意。

凡燕見於君，必辯君之南面。若不得，則正方，不疑君。

「疑」當作「擬」。立必正方，非徒自正，亦欲君因而自檢也。若便辟側媚之臣，必擬君之欲其就己而邪嚮之。此正心術邪正之辨，君子小人之分岐也。○辯，辨别也，注訓正，敖氏訓視，不若本文切著。

凡言非對也，妥而後傳言。

曰「傳言」，則義與出言異。周官小臣「掌三公、孤卿之復逆」，御僕「掌群吏之逆、萬民之復」，侯國制亦宜然。復者，君有詢而覆對也。逆者，己欲有言也。所覆對，則小臣、御僕轉達之。所欲言，則必俟君聽政畢，安坐無事，而後白。掌復逆者入告「某欲有言」，或轉達其言，乃所謂「傳言」也。

與君言，言使臣。

人君治政成民，一日萬幾，而要道莫如使臣。能使大臣、群臣皆稱其職而各盡其材，則萬事得理而民無不安矣。孟子草芥、寇讎之喻，後世或以爲過言，不知此正對君之禮經，戰國諸君之鍼石也。

與大人言，言事君。

事君獨與大人言，何也？始仕者雖有職事，尚未得自達於君，故曰「出則事公、卿」，必能以忠信自達於其長，然後能獲上治民。故與居官者言，但言忠信，至於大人，則忠信不必言，當勉以事君之大義，所謂「以道事君」是也。

與衆言，言忠信慈祥。與居官者言，言忠信。

「忠信」足以包「慈祥」。居官而偏於慈祥，則容奸引惡而反爲民害矣，非衆人之比也。

凡與大人言，始視面，中視抱，卒視面，毋改，終皆若是[一]。

毋改者，毋倏而上下其視也。抱，謂袷之下，帶之上，蓋俯首而聽大人之裁度也，故卒復視面以觀其意色。「終皆若是」，謂自進見以至於退，即疊言數事，儀法終始如是也。古文作「衆」，豈一人與君言，則同見及列侍者，視皆以爲式與？

若父，則遊目。

視父遊目，以當微察意色，所謂「視於無形」也。

凡侍坐于君子，君子欠伸，問日之早晏，以食具告，改居，則請退可也。

或御者告食已具，或君子遷坐他所，則侍者宜請退也。

[一] 「終」，儀禮注疏作「衆」，鄭玄注曰：「今文衆爲終。」

若君賜之爵，則下席，再拜稽首，受爵，升席，祭，卒爵而俟君卒爵，然後受虚爵。

燕禮無算爵，君賜之爵，受爵而後降席拜，以急欲傳君之賜徧於衆人，惟恐時之不逮也。此偶侍君飲，君獨賜己爵，則降席而後受爵，升席而祭，然後卒爵可也。燕之受賜爵也，將傳致於衆人，故不敢先君而飲，俾君知宜要節而卒爵。此獨受君賜，則義比於侍食之先嘗，而君之卒爵則遲速惟君可矣。燕則受執爵者以酌行，此受虚爵，則其事本異，非相變也。○賜食不祭，何也？君已祭，臣先飯而徧嘗膳，至食時又祭，則褻矣。酒異爵則祭無嫌，饋食禮尸每獻必祭，祝、佐食、主人、主婦又各祭酒是也。

君爲之興，則曰：「君無爲興，臣不敢辭。」君若降送之，則不敢顧辭，遂出。

古者君臣之禮，自一命以上，其始見也拜必答，其燕見也飲食可共，其退也必興，其辭也猶降送，士所以守官臨難而不敢讓其死也，故曰「體群臣則士之報禮重」，非報君之恩賜也。上經「與君言，言使臣」，即告以使臣之禮。○「臣不敢辭」，預以後「不敢顧辭，遂出」之情告也。以士之卑而君禮之如此，所以厲士節而養人君禮下懿恭之德也。○燕禮孤、卿與焉而無送法，侍食、侍飲，則士亦降送，何也？燕雖以示慈惠，而爲國典，專送賓則嫌簡於孤、卿，偏送公、卿、大夫則非人君之體。若侍、飲、食，則君之燕私，故可伸存故尊賢之義耳。

大夫則辭退下，比及門，三辭。

君臣、朋友皆以義合，故聖人制君臣之禮，坐起、揖拜、迎送、辭讓略與朋友同。蓋必如此，然後上下交而其志同，言可以盡其誠，道不至有所屈。自秦變周禮，尊君抑臣，限隔堂陛，專恃爵禄，以招延趨勢慕利之庸臣，是以人臣自視若徒隸，罔上行私，恬然而不知耻。此萬事所以墮壞於冥昧之中，雖有賢者，亦爲所掣曳而不得行其志也。

辭不得命，則曰：「某無以見，辭不得命，將走見。」先見之。

「無以見」，謂無道術可資諏度也。「先見之」，謂不俟辭贄，先出門拜見也。

非以君命使，則不稱「寡」。大夫、士，則曰「寡君之老」。

「士」當作「使」，以音同而誤也。春秋傳：天子之老，不得爲寡君老。皆公、卿之辭，士安得爲此稱？蓋以君命使，則擯者稱「寡」，大夫以身將命，不必稱君，而知其爲君事也。若以私事遣使，則使者稱「寡君之老」，蓋其身不在焉，必以君統之。注引檀弓，多「之老」二字，兼失本義。

執玉者則唯舒武，舉首曳踵。

展足僅一武，而踵又不離於地也。

宅者，在邦則曰「市井之臣」。

「者」疑「若」字之譌。

儀禮析疑卷之四

鄉飲酒禮

將興賢能，其德之蓄，行之恒，藝之習，惟鄉先生教之久，知之深，故就而謀焉。若州長習射，黨正正齒位，則賓之爵、齒、德久著於衆，無待於謀。注謂鄉大夫興賢能，不可易也。習射正齒位，乃平時所以教士，故可遵用其禮。敖繼公乃謂「此士與其同鄉士、大夫會飲於鄉學之禮」，誤矣。三者皆國政，故有司掌之。若大夫、士會飲，無爲著於國典，亦不宜行於鄉學。賈疏謂鄉飲酒義乃黨正正齒位之法，不知通篇皆正解鄉大夫興賢能。習射正齒位，有賓而無介也，中間覆舉鄉飲酒之禮，「五十者立侍以聽政役」，特約略黨正之正齒位以附之耳。至黨正職曰「飲酒於序」，鄉飲酒義曰「主人迎於庠門之外」，不過字形相近而譌，或庠序乃鄉學之通稱，群儒辨説紛綸，存而不論可也。○此禮不得爲士、大夫會飲，其徵有三：先生異爵者請見，士必終辭而先走見，此則禮辭即出迎，以興賢能乃國典，上以誠求，下以實應，無庸辭至再三也。鄉大夫戒宿，再至其門而不往答，以賓興之禮未成，不敢預拜其賜也。士、大夫會飲，徵惟所欲，所徵者宜各自其家而至，此則介與衆賓並集於賓之門而從賓以入，正以鄉大夫興賢能乃功令，非私招，不可或先或後耳。○注謂專指侯國之鄉大夫，亦未安。蓋冠、昏、士相見、鄉飲酒、鄉射乃鄉黨之通禮，王畿與列國宜通用之，士相見禮附載見國君、侍食於君，周官司士「掌擯仕者，膳其摯」，則雖見天子，當無異法。惟大射、燕、聘、公食大夫、士喪禮、祭禮十篇，經有明文，爲侯國之禮耳。王朝之射、聘、燕、食諸侯，天子之喪、祭，儀物數度截然不同，當别見邦國禮。若喪服，則自天子達於庶人，皆具焉。覲禮惟王朝有之。而先儒臆決，謂前五篇爲侯國之禮，不知事在鄉黨，不獨大體略同，即儀物數度亦不容有異。即如此篇，賈疏據有磬無鐘，決爲諸侯之鄉大夫，不知此非鄉大夫之燕飲也。興賢能，義起於士，士爲賓，即以天子之鄉老、鄉大夫舉之，止宜用士禮。觀燕，雖諸侯舉之，而以大夫爲賓，樂亦無鐘。惟大射以有事於宗廟，故備金石耳。至大夫以上之無冠禮，則記已明辨之。昏禮攝盛用墨車，則雖王朝之大夫，亦不容有加矣。若孤、卿再娶，必廟見之後乃請於君而命之，其始嫁亦不得遂乘夏縵、夏篆也。記曰：「夫人之不命於天子，自魯昭公始。」周官：外命婦之服，亦王官共之。禮經殘缺，學者宜折衷義理而證以群經，不可以舊説自錮也。

主人就先生而謀賓、介。

先生，鄉之致仕而教於黨庠、州序者也。周官：黨正書德行道藝，而州長考之，以贊鄉大夫廢興。其法必二十五家之塾，歲升其秀民於黨，而庠之師聚教焉，是黨正所憑以書其德行道藝而待州長之考者也。序之師，則時會而問試省察焉，是州長所憑以考其德行道藝而贊鄉大夫之興者也。故三年大比，鄉大夫就之而謀賓、介，即周官所謂「使民興賢，出使長之，使民興能，入使治之」也。古者官得其人而事無不治，皆由於此。○禮終息司正，以告於先生、君子，而始不與君子謀，何也？鄉大夫致仕者及庠序之師，鄉必有之。有大德行而不仕者，則未易數覯也。即有之，亦不敢以謀賓、介煩其往來酬應。觀禮成之後，以所興之賢能告而不敢以燕請，則知尊賢之體宜然。

主人戒賓，賓拜辱。主人答拜，乃請賓。賓禮辭，許。主人再拜，賓答拜。

主賓往來無稱「拜辱」者，惟此篇戒、宿再言「拜辱」，示所舉不稱，恐爲舉者之辱也。賓拜賜，主人報禮，亦稱「拜辱」，示功罪榮辱彼此共之也。始出迎，賓主各一拜。既請而許，則主人再拜，示爲國求賢之重，使士進身之始，即知不可苟於自待也。鄉射禮主人戒宿，賓不言「拜辱」，而賓拜賜，主人答之，則稱「拜辱」，何也？習射，國政也，以公事相戒，非私禮於賓，無爲稱「拜辱」。射禮或公士爲賓，則非其屬也，不可不拜其辱，而既有此禮，即學士爲賓，亦不容異同。蓋其德行道藝，異日宜與賓興之選，以貴下賢，辭過於恭，亦所以勵士節也。

乃席賓、主人、介。

不言所席之地，何也？自聘、饗、燕、射，下及冠、昏，賓席於户牖之間，乃一定不移之位也。下文云「衆賓之席皆不屬焉」，鄉射禮曰「衆賓之席繼而西」，則位與賓並明矣。下文又云「尊兩壺於房户之間」，鄉射禮曰「尊於賓席之東」，則尊當房户之中，賓席於户西牖東，而遵席於尊東，具見矣。蓋以尊爲節，三賓則繼賓而西，諸公與大夫則相繼而東，位正相配，地始可容也。尊之左右既無地可以席介，自當席於西序而與主人相對矣。少牢下篇，席主人於東序，席侑於西序，義亦然。介之位不繼於賓，所以伸賓之尊也，不與三賓同列，又所以伸介之尊也。

衆賓之席皆不屬焉。

鄉射禮「衆賓之席繼而西」，彼州民習射，故席相屬，以示鄉黨齒讓之風。此國興賢能，故不相屬，以彰朝廷尊賢之義。又於此經見鄉射之賓席相屬，於鄉射見此衆賓之席亦繼而西也。

尊兩壺于房户間。

房户間，東西之度。鄉射禮曰：「尊於賓席之東。」則在户外，而南北淺深之度具見矣。○疏：冠醴子、昏醴婦，尊皆在房隱，見其質；冠醮子，及鄉飲、鄉射、特牲、少牢，尊皆在顯處，見其文。非也。房中、户外，辨於賓之親酌與否，與酒醴文質何涉乎？冠、昏洗在北堂，故尊於房中，以便事也。房中、北堂，皆婦人所有事。醴惟一舉，使贊者洗酌以授賓於户外可耳。醮則三洗三酌，賓皆親之，使賓數出入於房中、北堂，則幾於瀆矣。鄉飲、鄉射，獻酬皆在堂階，自無尊於房中之義。特牲、少牢，則尸、祝、賓、侑、主人、主婦之籩、豆、鉶羹皆陳於房，尸之黍敦亦陳焉。而主婦、宗婦、贊者、女賓皆立而待事，故尊於户外，寧使主婦時出而酌獻，即長賓、長兄弟非獻尸薦俎，不得出入於房户，況衆賓、衆兄弟之獻酬無算而可使入酌於房中乎？凡此乃禮以義起，顯著而無可疑者，不可以曲義汨之。○見於經傳，祭先聖先師及有道有德者，皆於國學。周官州長「以禮會民而射於州序」，黨正「飲酒於序以正齒位」，不聞有祀事，韓氏愈云：「鄉先生没而可祭於社。」雖未知語所從出，而可知鄉學無祀事。而堂、室、房、户略同於廟制，何也？必如此，然後習射習鄉，席位、禮器陳設具宜，而士之升降、揖讓，及執事於其閒者，皆可以預習宗廟、朝廷之儀法。且州黨庠序之師與學士講習於堂，燕休於房，而寢息於室，亦體嚴而事便也。

賓及衆賓皆從之。

戒與速，注、疏言至賓門而不言其所，賓、介或取於一黨一庠之中，而衆賓散布五州二十五黨之内，若戒速於其家，不惟異黨異州之士不能群萃以待於賓之門，如賓、介各處一偏，則亦不能同日而戒，況羹定而後速乎？其法，必州黨之師、賓介之當興、衆賓之觀禮者，前期聚於某州之序，而後鄉大夫就問焉。及期，則賓、介、衆賓次於近序之庠，故可俟羹定，鄉大夫躬速而賓及衆賓皆從之也。鄉不設學，何也？鄉大夫以六卿攝，不能親教事，且以便學子，俾各近其家而省勞費耳。

主人、一相迎于門外，再拜賓，賓答拜。拜介，介答拜。揖衆賓。

主賓之禮，交擯傳辭，故聘禮上介問下大夫，尚以三介從。鄉大夫，國卿也，而一相，以賓乃鄉民之秀，無擯可陳，承鄉大夫之命而相厭以入，無辭可傳。若陳擯以臨之，則非降尊以下賢之義，故惟用一相也。其不曰「擯」而曰「相」，以主於相禮，非接賓也。鄉大夫不可以獨出與賢士接，又不可使胥、史閒廁，故惟以相禮者從。〇賓主獻酬、進退、拜興之節會，有目視不能及者，皆相者詔之，故於出門迎賓特著「一相」，以見凡禮皆相贊也。冠、昏、相見無此文，其禮皆目視所能給，擯者特傳辭耳。〇祭祀之衆賓半主人之屬吏，而主人拜送於門外，飲、射之衆賓終不拜送，始則揖之而使自入，何也？祭者，主人之私事，故大夫雖尊，衆賓長之獻則交拜焉，衆賓之出則拜送焉，同之於賓，所以報其勤也。興賢能、教射，則國政也，賓、介乃德行道藝之越衆者，故特申其敬。屈貴貴之禮以尊賢，而衆賓不得與之儕，異之於賓，所以厲其德行、道藝也，然皆得獻於堂下，而主人汜拜之，以其亦後此之賢能，又所以别之於有司贊者也。○敖氏云：主人於介亦再拜。非也。介於戒、速，禮壹同於賓，故並曰「介亦如之」。惟迎賓再拜，而介一拜，故特文以著之。蓋戒、速於私家，故同之，以見用貴下賤之常；迎於公所，故異之，以示爲國選賢之序。義兩行而不相悖也。

主人揖，先入。賓厭介，入門左。介厭衆賓，入。衆賓皆入門左。北上。

惟鄉飲酒、鄉射，賓、介、衆賓有相厭而入之禮，何也？賓、介、衆賓皆鄉大夫、州長所治所教之士民也，故主人先入而相引以從之，非主賓之常禮也。賓主獻酬交拜，無少退之禮，亦惟鄉飲酒、鄉射有之，何也？學士見賓禮以致身，故重其禮以答主人；主人得賢才以報國，故重其禮以厲賓也。鄉射之禮雖較輕於興賢能，然獨立一賓而無介，故賓主之交相重，不異賓興，亦所以淬礪群士，觀示鄉民也。君臣之禮更嚴於師長，而燕無此儀，何也？燕禮之主人代君獻也[二]，若賓見其拜而少退，則疑於當君之禮矣。賓之拜，拜君賜也。若主人見其拜而少退，則

[二]「代」，原本作「伐」，據四庫本改。

疑於代君受禮矣。故主人之無變，乃自比於舉觶；賓之無變，乃自比於受酬也。○既曰「介厭衆賓，入」，又曰「衆賓皆入門左」，見介引手以招衆賓而衆賓序入，不復自相厭也。鄉飲酒義「至於門外，主人拜賓及介，而衆賓自入」，可與此相證。

賓復位，當西序，東面。

但云「當西序，東面」，猶未見南北之節也。上言「賓進東，北面辭洗」，下言「主人坐取爵，沃洗者西北面」，則知賓階下之位在洗之南矣。蓋主人南面而洗，賓宜面嚮之，不宜退立其後也。

主人坐取爵，沃洗者西北面。

沃者西北面，以洗者南面也。主人南面洗，以賓復位，當西序東面，在洗篚之南也。鄉飲酒之洗爵别有沃洗者，而鄉射則無之，何也？鄉射之賓或以公士，則州長之匹儔也。獨立一賓，即取諸州之君子及群士，必德行、道藝迥出於衆者，主人執自洗之常禮可也。鄉大夫則國卿也，雖親洗以下賢能，而别有沃洗者，使衆著於貴有常尊之義也。至於冠，則贊者洗酌而賓不與，以賓乃冠者之父行，不惟洗不親，酌亦不必親也。輕重之權衡蓋如此。

賓西階上疑立。

「疑」當作「凝」。

賓西階上拜，主人少退。

獻則主賓皆少退，酢與酬皆於拜受爵時少退，禮備於初，以漸而殺也。拜受爵時既少退，則拜送爵無庸再退矣。

主人阼階上拜送爵。

主人拜送爵，轉在賓拜受爵之後，何也？爵既實而以授人，非若未洗之先既受之後，可因事之閒而奠之也。故受者必先拜而後受，授者必既受而後拜，雖尊如尸，貴如君，其禮皆同。酬則先奠爵而後拜，自酢亦然，以其爵乃自飲而不以授人也。舉觶、媵爵，亦奠於薦側而不授，蓋燕與大射乃不敢煩君之受，而鄉射、鄉飲酒，因用於賓、大夫以致異敬，故賓、大夫必辭而坐受，以示不敢當也。

賓升席，自西方。

自西方，乃不與主人背。

主人阼階東，南面辭洗。

鄉射、燕、大射皆賓盥洗而後主人辭，惟鄉飲酒主人辭於賓盥之先，何也？燕與大射，膳宰以君命禮賓，自當待其盥洗而後禮辭。鄉大夫爲國求賢，故賓未盥而先辭，過禮以示下士之誠也。若州長習射，即賓爲公士，亦州中有位於朝者，則循禮之常可矣。

面，而盥洗亦如之。

階下之位，主人在洗北，賓在洗南。故賓辭洗，少進東北面，而盥洗亦如之；主人辭洗，西南

賓東北面盥，坐取爵，卒洗，揖讓如初，升。

主人坐，奠爵于序端，阼階上北面再拜崇酒。賓西階上答拜。

鄭注辭意蒙晦。敖繼公謂：「賓崇重己酒而飲之既，故拜謝之。」其然，則其節宜在賓卒爵，主人答拜時，無爲拜於賓酢主人之後也。周官酒正職：「大祭三貳，中祭再貳，小祭一貳。」注疏：「五齊以祭，不敢副益，三酒，人所飲，故就其尊而益注之。」義取獻酢既畢，則尊中酒

減，而益注以崇之。柳宗元文：「載肉于俎，崇酒于觴。」則唐之中葉，學者已不用注疏所詁矣。惟賓、介有崇酒之文，正所謂「再貳」，蓋比於中祭也。賓、介獻酢，所減無幾，而以此爲崇酒之節者，旅酬、無算爵，皆因賓、介而及之耳。

卒拜，進，坐奠觶于薦西。

燕、大射薦西之酬觶，賓時不舉而相授受，備其儀以觀示衆人也。少牢儐尸之酬爵亦然。惟鄉大夫興賢能，州長教射，則主人奠觶於薦西，賓移置薦東而不相授受，以當其時不舉則略其儀，教士以信直也。主人已奠觶，賓復遷之，以此觶終當取酬主人，故更奠以示已受耳。

主人以介揖讓升拜，如賓禮。

疏言「主人與賓三揖至於階，時介與衆賓亦隨至階下，無庭中三揖」，非也。主人與賓三揖至於階，三讓以賓升，此時介與衆賓尚在門左，繼乃「以介揖讓升拜如賓禮」，則自門左三揖三讓，皆與賓同可知矣。凡賓主同升，有讓無揖。此篇及鄉射主人揖升，燕及大射賓揖升，皆獨升也。使無庭中三揖，則曰「以介讓升拜，如賓禮」可也。鄉射無介，主人於衆賓初無三揖，是以與賓獻酬既畢，然後汎拜衆賓。

主人介右北面拜送爵。

主人獻介及答拜皆就西階，何也？必正主人之位以拜者，惟賓一人，故禮介必少異於賓。又賓、介、衆賓、工、笙、大師，序進爲禮，而主人徧獻酬，使一一反其位而拜，不勝其勞，故自賓以外漸損趨走之節，以息主人也。

不嚌肺，不啐酒，不告旨。

示禮爲賓設，而己不敢當也。

介降洗。主人復阼階，降辭如初。

凡自酢，多由受獻者自卑，而不敢抗敵者之禮以相酢也。自酢者皆自洗自酌，惟鄉飲之介不敢抗禮以酢主人，又不敢煩主人親洗，故降洗而後以爵授主人。蓋燕與大射，主人獻公而自酢，則更爵而自洗，宜也。特牲饋食禮，主人、主婦交致爵，則仍其爵以自酢，宜也。賓致爵於主人、主婦，更爵而自酢，亦宜也。介之義，則宜洗爵以酢主人，主人之義，則不宜洗爵以自酢，故其儀獨異焉。

介降，立于賓南。

在禮離坐離立，毋往參焉。況鄉大夫興賢能，州長教射，賓主相爲禮，而以無事者參其間，則無以爲儀。故將延介而賓降，將延衆賓而介降。設不降而凝立於堂，以視衆賓之交拜，則近於汏。故獻酢甫畢，即降以自儕於以次而升受爵者。

主人西南面三拜衆賓，衆賓皆答壹拜。

衆賓長而外，皆獻於堂下，故於堂下偏拜之，如賓升堂而主人拜其至也。

主人揖升，坐取爵于西楹下，降洗，升實爵，于西階上獻衆賓。

主人揖，兼堂下不升之賓，故實爵後特言「獻衆賓」以揭其義。既實爵，然後賓長三人升拜受耳。疏謂「一一揖之而升」，似未安。衆賓之長升，拜受者三人。

主人拜送。

不言其地，介之獻猶就西階而拜於其右，則衆賓可知。○注云「於衆賓右」，非也。主人在堂，衆賓在堂下，當作「賓長」。

衆賓獻，則不拜受爵。

不拜受爵，不敢煩主人拜送也。獻爵而不拜，可乎？主人之拜衆賓，衆賓皆答一拜，正爲衆賓儀略，故總行拜獻、拜受之禮於階下。主人三拜，所以達其意於衆賓。衆賓各答主人，所以止於一拜耳。○衆賓並無拜受爵之禮，則上文「主人拜送爵」，乃於三賓之右益明矣。

主人以爵降，奠于篚，揖讓，升。賓厭介，升。介厭衆賓，升。衆賓序升。即席。

覆言「衆賓序升」，猶入門時覆言「衆賓皆入門左」，以示衆賓不相厭耳。

一人洗，升，舉觶于賓。

此觶用於樂畢之後，而舉於工、笙未入之前，何也？工之升降拜興也艱，故歌畢即獻，所以達情而便事也。衆賓既獻，樂宜作矣，而賓介與主人酬酢未畢，衆賓皆未受酬，故先舉後酬之觶，以示工先受獻，乃禮以權制也。

工四人，二瑟，瑟先。相者二人，皆左何瑟，後首，挎越，内弦，右手相。

左手挎越，則弦自向内矣。相瑟者以有荷瑟之儀，故著之。瞽必有相，故於歌者不言。

樂正先升，立于西階東。

燕及鄉飲、鄉射，樂正皆先升，大射則從工師而升，何也？鄉飲、鄉射，工與笙之入及獻各分先後，燕則中有閒事。使從升歌之工師而升，則似堂下之樂事非其所掌，故先升而並監視之。大射惟堂上之工師有獻，則從之而升，與之俱降，以監視堂下之工可矣。所以然者，燕及飲、射，時暇則儀可展，大射事殷，則節必殺。觀下管之無獻，則其義益顯矣。燕及飲、射並稱「樂正」，而大射乃「小樂正」，何也？大射禮重，相工者僕人正、僕人師，而掌樂事者小樂正，則燕不待言矣。蓋惟宗廟社稷之祭，大樂正乃與焉，與周官祀五帝及大神示，享先王，冢宰贊玉幣、玉爵，而餘皆小宰贊之義同。以事實按之，惟鄉大夫興賢，或公家之小樂正與焉，州長習射，必有司假其名以攝事，如司馬、司射、司士之類耳，况黨正之蜡祭乎？〇獻工而不及樂正，何也？長官不得與工同獻也。終篇無獻樂正之文，何也？樂正、司正、凡有司及弟子，並包於衆受酬者。記曰「主人之贊者，無算爵然後與」，則公有司、弟子皆與酬明矣。

工飲，不拜既爵，授主人爵。

祭酒、祭薦，皆使人相，則工執爵而相者以適阼階可知。

大師則爲之洗。

大師乃爲之洗，則衆工實爵而不親洗，終則使人以爵奠於篚，而主人不親，具見矣。

主人獻之于西階上。

以獻笙，見獻工亦於西階上，以獻工，見獻笙亦於阼階上拜送爵，各舉一節以互相備也。於笙不言「相」，不言「受獻」，不言「相祭」，義同。

乃閒歌魚麗，笙由庚；歌南有嘉魚，笙崇丘；歌南山有臺，笙由儀。

堂上樂歌具存，堂下笙歌皆亡，何也？樂歌乃學士所循誦，雖經秦火，口授耳熟。笙則有聲而無辭，與陔夏同，惟矇瞽識之。周衰，疇人子弟散亡，其音調不可復識也。若本有其辭，則當日何不以笙應詩如堂上之瑟，而六篇中竟無一爲學士所傳誦哉？

工告于樂正曰：「正歌備。」

觀此，則無算樂不限於閒、合之所歌，明矣。必於正歌中取之，則不得爲無算。如以疊奏爲無算，則複而厭矣。

主人降席，自南方，側降。

疏謂：「主人側降，賓、介不從，以方燕禮輕。」非也。樂以樂賓，故主人爲大師降洗，賓、介從。遵者爲賓興而至，故主人迎，賓、介從。若立司正以監酒儀，則主人之事主人自命之可矣，與賓無與，何爲而從降哉？

作相爲司正。

易相爲司正者，前此雖飲酒，而義主於相禮，後此雖行禮，而義主於謹酒。賓筵之詩曰：「其未醉止，威儀抑抑。曰既醉止，威儀怭怭。」祭之末尚有跛踦以臨者，況獻酬樂備之後乎？故以董正爲名，使皆震動恪恭，以赴禮之節會也。

司正洗觶，升自西階，阼階上北面受命于主人。

時尚未請安於賓，賓尚未許，而預洗觶者，司正之立，本以警怠察儀，以罰其不如法者，故執觶以請於賓。賓既許，即實之自飲，以爲儀法也。

司正立于楹間以相拜。

自主人與相迎於大門之外即主賓交拜，而至此始言「相拜」者，前此揖讓、進反、拜興、辭對之節繁，相者無不贊，至旅酬以後，則所相惟拜耳。○敖氏云：「凡相拜皆有相之者，經不悉見。」似未安。曰「立於楹閒」，則所相惟賓、介、主人之拜。於衆賓曰「相旅」，則呼受酬者而進之，不相其拜之辭也。

司正實觶，降自西階，階間北面坐奠觶，退共，少立。

燕與大射，奉君命以糾儀法，故司正奠觶皆南面。鄉飲、鄉射，以屬吏共事於長官之前，故皆北面也。

坐取觶，不祭，遂飲，卒觶，興。坐奠觶，遂拜，執觶，興。洗，北面坐奠觶于其所。退立于觶南。

自此以後，司正、賓、主人皆不祭，蓋主人、賓、介、衆賓畢飲，而以餘酒祭，則褻矣。司正先自飲而拜，非爲酒謝也。如謝主人之酒，則主人宜答拜。蓋自退共，少立，取觶，卒觶，奠觶，洗觶，坐飲，拜興，退立，皆以爲受酬者儀法，俾既醉而知其秩，故主人義不得答拜耳。○奠虚觶於其所，欲衆無失儀，此觶終虚而不用也。鄉射記「射者有過則撻之」，則飲而失儀，罰以觥觶可知矣。詩曰：「既立之監，或佐之史。」必史書其過，越日而行法，以正日禮殷，無暇及此，又事分彰癉，不宜相干也。周官閭胥掌觵撻罰之事，則鄉之飲、射，掌罰者必閭胥。經不言行法之地與時，必已見於春秋四時所讀之法也。燕、大射掌罰者亦必別見於邦國禮，而今皆無考耳。祭祀獻酬尤繁，而不立司正，以非德性安重而謹於儀者，不得與於祭，詩所謂「奏假無言，時靡有争」是也。

不洗，實觶，東南面授主人。

賓，鄉民之爲士者也，以己所飲觶授鄉大夫而不洗，何也？法之行，必自貴者始，而後可以畏民志；禮之行，必自貴者始，而後可以感人心。度時量事，旅酬以後必不能以洗爲禮，故不洗而授觶自鄉大夫始，而興教勸學之誠惬乎上下矣。一事之中，禮有相反而適相成者。賓、介相厭以入，主人之贊者不與於酬，禮之兼乎法以辨名分者也。有順乎情以通和樂者，拜無不答，酬皆不洗之類是也。凡此，皆聖人運用天理之實也。

司正升，相旅曰：「某子受酬。」

此專呼受酬者，必受之於介無疑也。鄉射曰「某酬某子」，或大夫，或賓長，酬者無定，故必目其人。○衆賓、工、笙畢獻，主人以一人而儔數十人之拜興，雖强力者亦倦矣。故自介以下酬爵必遍相致，然後衆賓、有司、弟子可徧，而主人得自息也。後此舉觶，皆使人代，非惟禮殺，亦主人之力不能繼耳。

辯，卒受者以觶降，坐奠于篚。

「辯」後不言「遂酬在下者」，與鄉射禮異也。鄉大夫，國卿也，以君命興賢能，則參用朝廷之禮。堂下之賓，皆賢能之待興於再舉者，故得升堂受酬，而有司執事者不與，以示國之重典，非賢能不得與獻酬也。若州長習射，黨正正齒位，主人位非甚尊，而其禮爲教法之常，其事爲少長貴賤所能習，故獻酬終於沃洗者，以洽衆情而示禮教之無不徧，亦所以興起之也。若謂與鄉射禮同而文不具，則執事者之受酬與否，乃禮之大閑，鄉射、鄉飲酒義、饋食記，公有司私臣皆獻酬。宜詳其受酬於此經，而鄉射從略，以見其皆同，非若面鄉、行由之小節，可以彼此互見而昭然無疑者。以此知賓賢能之禮無遂酬在下者之事也。祭之末，煇、胞、翟、閽皆有畀焉，故主人之贊者無算爵亦得與。

使二人舉觶于賓、介。

俎尚未徹而觶先舉，何也？脱屨升堂後，拜興、受送之儀皆不可展，惟受爵於公乃拜。故先舉觶於賓、介以行酬，賓、介不飲而奠焉。至無算爵，則仍令二人舉此觶也。凡舉爵而奠之，必下事更端。使請安、徹俎之後，舉觶而行之，於事甚順，而必先舉，何也？君子勤禮則不敢緩，求安則不敢急，亦三揖而進、三讓而升之義也。鄉飲則舉觶於賓、介，射則舉觶於賓、大夫，示主人不敢專惠，且遞酬而交錯，主人力不能徧，俾得少自休息焉耳。二人舉觶，不於諸公而於介，何也？此禮爲賓、介而舉，諸公雖尊，乃爲觀禮而來，自不得主舉酬之事。鄉射無介，則大夫與賓各舉一觶可矣。俎實則特存臑、肫以薦公、大夫，而介薦以胳，又以明貴有常尊之義也。

賓辭，坐，取觶以興。介則薦南奠之。介坐，受以興。

敖氏據鄉射禮，言「介亦宜辭，與大夫同，特文不具」，非也。鄉飲酒之所興，群士也，故凡事不敢與正賓同。若鄉射則無介，大夫之重過於賓，無所嫌而並辭，故經特著之。介不辭，所以尊賓也。不舉觶於遵，所以尊介也。

退。皆拜送。降。賓，介奠于其所。

司正所司，旅酬之儀也，故前此卒受者以觶降奠，然後司正可降復位。若舉觶者，則拜送觶而事畢矣，故先降，而後賓、介自奠觶。

惟賓之俎以授司正，鄉民之秀者可以出而長之，故重其禮以厲群士也。

賓取俎，還授司正。司正以降。

若有諸公、大夫，則使人受俎，如賓禮。

敖氏據鄉射禮云「人亦謂弟子」，非也。鄉射之大夫，不過本州中爵列少尊者，一州仕者寡，習射禮輕，故諸公不與。故俎授弟子，與主人同。鄉飲酒之遵者，諸公之下尚有諸卿，故使公士受俎，特異其文曰「使人」，又申之以「如賓禮」，謂如賓之俎使司士受，乃公士而非弟子也。若使弟子，則一與主人、介同，更無所謂「如賓禮」者，而經贅設此文，義無所處矣。

說屨，揖讓如初，升，坐。

燕、大射但言賓、諸公、卿、大夫說屨升，則君說於堂上明矣。排闥說屨於户内，惟長者一人。卿、大夫爵齒並尊，以興賢能，與賓同說屨於階下，蓋降爵齒以明尚德之義也。

無算爵。

此篇爲鄉禮之首，而無算爵之儀，乃見於鄉射，何也？恐人疑州長教射不得用鄉大夫之禮，故於此篇揭其名，而於鄉射詳其事，則凡鄉之禮事皆舉無算爵之禮明矣。蓋使群士預習其儀法，惟鄉射爲宜。興賢能三歲而一舉，秀民之與於衆賓者亦希。蜡祭歲終而一舉，以聽政役，且與衆爲一日之澤耳。惟州射，則族黨之學士歲再與焉，使數與於禮，則有所感興，而益厲於德行、道藝，閭里慕之，則風教寓焉矣。

無算樂。

舊説仍用前歌與閒，但疊用數篇，周而復始，亦比於慢矣。疑若春秋傳所載，賓各賦詩，工以瑟與笙應之，其不歌者亦聽，以無定數，故謂之「無算」耳。以不出太師所陳十五國之風，故曰「鄉樂」。

賓出，奏陔。主人送于門外，再拜。

主人禮先於賓者十有三，其大節六，賓許、出迎、拜至、崇酒、立司正、拜送。皆再拜，一拜者惟獻酬耳。賓之禮先於主人者十有二，皆一拜。蓋鄉大夫興賢能，士當以道自重，不敢重拜，疑喜於得舉而翕翕相附也。周公制禮，教士以難進易退，而公卿爲國求賢，致敬盡禮，以相勖厲者，可謂切著矣。○戒、速賓、介禮同，至拜送則介不與焉，以是知賢能之書所獻惟賓也。蓋介乃德行、道藝次於賓而可備後舉者，故戒、速壹與賓同，所以異之於群士也，而登於天府者惟賓。至於後舉，則群士之德行、道藝或有先於介者矣。故禮終，惟賓得拜送，而介與衆賓不與焉。又所以儕之群士，俾介與群士皆有所觀感而興起也。○鄉射：「賓出，衆賓皆出，主人拜送於門外。」蓋習射乃有司之學政，凡在列者皆宜加禮，不可以分差等。此則送賓而不及介，以賓乃所興之賢能，而介仍鄉之學士也。敖氏乃謂此士大夫私飲於學中之禮，固哉。

主人迎，揖讓升，公升，如賓禮。辭一席，使一人去之。

遵者宜先次於門外。一人舉觶，相者使人告，而公、大夫遂入，主人乃降而迎。迎而不拜，以遵有主道也。必要其節者，使早入，則主人之禮不得專於賓、介，故入於一人舉觶之後，示衆賓之酬爵既奠，禮之連而不相及，此類是也。去席宜公之從者，大夫辭加席，義與公辭一席同，任其委於席端而主人不徹，則公自使人徹之可知矣。

大夫則如介禮。有諸公，則辭加席，委于席端，主人不徹。

疏謂如賓厭介而入之禮，非也。鄉之學士宜從鄉大夫以入，蓋主人雖敬執賓主之禮，而賓、介則不敢抗禮也。大夫與鄉大夫比肩事主，不宜使厭而升，尤不可使公厭大夫以升。「如介禮」，謂不拜洗，不嚌肺，不啐酒，不告旨，送爵、崇酒，拜皆不於阼階之類，與介同耳。蓋介不敢正當禮以讓於賓，大夫不敢正當禮以讓於諸公，其義正同。經乃總言諸公之禮壹如賓，大夫之禮壹如介，惟加席及辭席有異，而疏誤以爲升階時禮異，又見升階時主人揖讓升降，介壹與賓同，故轉而爲賓厭介之説，不知其決不可通也。

明日，賓鄉服以拜賜，主人如賓服以拜辱。主人釋服，乃息司正。

據經文，乃特著賓之鄉服，與鄉射之朝服異也。主人爲國興賢，朝服不言可知，故經略焉，而記乃詳之。而賓之服宜辨，故特著其爲鄉服，即修業於鄉之服，玄端是也。蓋冠禮可攝盛，即鄉射亦可攝盛，惟鄉大夫興賢能，則朝士與鄉民之分界也，故雖升於司徒，未入於國學，則仍鄉服。而鄉大夫之拜辱亦如之，蓋報禮於賢士，與之同服，示不敢以貴臨也。鄉射大夫爲下耦，禮一同於士，義正類此。息司正，則改朝服以即事，示國政以嚴終也。若鄉射之賓，則宜多公士，即閒用學士，亦可假以朝服。蓋春秋學政之常，假以朝服，亦以騶虞爲射節之意耳。習射禮輕，故玄端以息司正，與鄉飲相變，義各有當也。注謂服鄉者所服之朝服，似未安。賓之服，經未前見，而以前所服爲義，則不可通矣。記獨補主人之服，正以賓之鄉服已見於經耳。○經、記玄端與朝服每分言之。士冠禮三加朝服，既冠，改服玄冠、玄端以見於君，則其别顯然矣。特牲饋食禮「冠端玄」，注「玄冠，有不玄端者」，蓋謂朝服則緇衣也。六入爲玄，七入爲緇，衣色稍異，而冠則同。故注、疏或混而一之，如士冠禮「主人玄冠、朝服」，注謂「衣與冠同玄」是也，豈對文則有别，散文則可通與？

無介。

據經文「以告於先生、君子」，兼召知、友。蓋先生、君子，既不可屈爲司正之介，知、友又不可爲介，而先於先生、君子，故無介爲安。

以告于先生、君子可也。

但以告而不敢請，來與否聽焉，敬老尊賢之義也。鄉先生外别有君子，以是知先王興賢育材，有不敢强以仕者，必如是，而後禮賢之義備也。孟子曰：「大有爲之君，必有所不召之臣。」「周之春秋、戰國猶有周豐、段干木、泄柳之儔，爲時君所不能屈，周公之教思可謂無窮矣。士也肆」，其此之謂與？○遵者亦不告，以禮輕，不敢復煩尊者。

賓、介不與。

不與者惟賓、介，示衆賓尚有與者。上經曰「徵唯所欲」，則必德行、道藝爲主人所心許，然後召之，非衆賓皆與也。人情於得失榮辱之界，可徵其器量，使周旋於鄉先生、君子之前，則有不能自掩者矣，此與「以五物詢衆庶」之義同。鄉先生、君子微辨其德器，衆庶明徵其行藝，皆所以振興群士，以爲後舉所依據也。若賓、介已受正禮，而又以飲食之道召焉，則褻矣。

鄉朝服而謀賓、介。記

注「鄉人，謂鄉大夫」，非也。記曰：「習射尚功，習鄉尚齒。」又曰：「觀于鄉而知王道之易易。」蓋古者惟飲酒之禮名曰「鄉」，以鄉大夫興賢能，退而以五物詢衆庶，黨正正齒位，皆鄉禮，獨言「鄉」乃可以該之。若鄉射之得名，則以别於大射耳。其不言主人，何也？以經有明文，兼明所就謀賓、介之先生亦朝服也。

皆使能，不宿戒。

興賢能，國政也，惟其人之可，無事宿戒，故及期而速之，賓惟禮辭。

尊綌冪，賓至徹之。

凡事皆於諸篇互備，此經通例也。尊有蓋，蓋上加冪，冪上加勺，又反之以覆勺。大射禮：「冪用錫若絺，綴諸箭，蓋冪，又反之。」此篇及鄉射皆賓至即徹，自獻酌至禮終不再覆，祭則陳饌時徹冪，酌奠隨覆之，神事尤宜潔敬也。少牢：「啓二尊之蓋冪，奠於棜上，加二勺於二尊，覆之。」故酳尸之後，獻酢相繼，無復神事，則徹而不覆。特牲記：「明日卒奠，冪用綌，即位而徹之。」賓祭之尊，惟有司以時啓冪而已。燕、大射更有執冪者，每酌於膳尊，旋啓而旋覆之，敬君之禮，不異於饗神也。觀散尊冪徹則不再覆，其義顯然矣。燕禮至無算爵，君命徹膳冪，亦不再覆，以酌無算，不可以旋啓而旋覆也。

賓俎，脊、脅、肩、肺。主人俎，脊、脅、臂、肺。

先脊、脅而後肩、臂，何也？鬼神不享味而貴氣臭，故骨體以次升。生人所食惟肺、脊，故婚禮夕食及朝饋舅姑，所舉惟肺、脊，從其質也。賓禮所嚌惟肺，而骨體之陳亦以平時所舉爲先，用别於神享也。

樂正與立者皆薦以齒。

舉樂正、司正之薦而不及弟子，何也？此日之弟子，即他日可爲賓、介，列衆賓者也。有司與酬，則弟子可知矣。不言「與酬」而言「薦」，何也？言薦則酬見，言酬則薦不見，而或疑於無薦也。

凡舉爵，三作而不徒爵。

此謂無筭爵也。「古者於旅也語」，既受三爵，則必以善言相告戒，或歌詩以見志。如以不徒爵爲薦，則衆賓辯有脯醢，立者皆薦，安得以獻賓、獻大夫、獻工爲三舉爵，且又去介而著工乎？○又以見爵雖無筭[一]，而一人受爵亦不過於三，故詩曰：「三爵不識，矧敢多又。」

主人、介，凡升席自北方，降自南方。

主人及介升席自北方，經有明文，而記復舉此，何也？主人之降席無文，介之降席雖見於受獻，而將徹俎，賓、主、介降席皆不目其方，故舉此以著升降之凡例，而賓降席之方，亦可於升席自西方比類而得之矣。

〔一〕「爵雖無」下，原本脱「筭」字，據四庫本補。

凡旅，不洗。

與酬者衆，每人而洗，日不暇給矣。注云敬殺，未安。

主人之贊者，西面北上，不與，無算爵，然後與。

特牲饋食記「公有司獻次賓」，此則與酬而不獻，何也？彼以公有司而助己之私祭，義近於賓，此以公有司給公事，義不得比於賓也。特牲「私臣獻次兄弟」，此無獻，并不與酬，何也？士之私臣，隸子弟也，義同於兄弟。此所興賢能，則將使出長之入治之者也。賓興之日，可使私臣與賓、介同獻酬乎？事各異，則義從而變也。鄉飲酒義「旅酬終於沃洗者」〔二〕，與此經異，何也？彼所釋黨正之飲酒於序以正齒位也，故曰「六十者坐，五十者立侍以聽政役」，而豆之數各以年爲差，安得以混賓興之禮乎？

〔二〕「沃」，原本作「汏」，據四庫本和禮記改。

儀禮析疑卷之五

鄉射禮

鄉射及正齒位無介，而立三賓，與興賢能同，何也？教射則考德行、道藝，正齒位則書德行、道藝，皆以爲鄉大夫興賢能之據，故立三賓，示將以充後舉之選，俾群士有所觀感也。

主人戒賓。

冠之賓、贊，始汜戒之，前期三日筮之，既筮而宿之，前期一日告之。鄉飲、鄉射則並戒、宿於即事之日，何也？冠子私家之事，雖前期宿、戒，尚恐奪於公事。興賢能、習射，則國政也，鄉大夫既就先生而謀賓、介，則衆賓之當與、諸公卿大夫之來觀者預備之矣。春秋習射，其法有常，其人有定，故可以及期戒、速，同日而畢事也。

賓出迎，再拜，主人答再拜，乃請。賓禮辭，許。主人再拜，賓答再拜。

凡賓主以禮事相見，必再拜，貴賤同之。惟鄉飲酒賓出迎一拜，俟主人再拜而後答焉。比事以觀，而先王教士以自重，教公、卿、大夫以下賢之義耿著矣。○州長教民習射，故賓不宿戒，不固辭，一同鄉飲酒，但不言「拜其辱」，蓋此賓或在朝公士，或不仕之君子，與鄉大夫所舉賢能不同。即或用庠序中學士，亦奉長吏之教令而習禮，無所爲拜其辱也。

無介。

注謂「義主於射，故略於序賓」，敖氏謂「介尊次於賓，同於大夫，射時難爲合耦」，皆近似而未得其情也。謂「略於序賓」，則賓長三人皆得受獻，而獨略於介，何義乎？謂「難與合耦」，則「大夫雖衆，皆與士爲耦」，介必學士之越其曹者，乃不得儕於群士而與大夫耦乎？蓋大射、鄉射、公食大夫、燕禮，皆有賓無介，有介者獨鄉飲酒耳。五州之中，德行、道藝相比次者，必有數人，故立賓及介，而介之禮亞於賓，俾衆賓觀感而益自矜奮焉。若州長習射，則立賓以與主人行禮，而倡衆耦足矣，無所用介。鄉射無介，則黨正之正齒位可知。大射、燕禮，則有位者皆在列，賢者衆多，不可以賓介盡之。公食大夫，則異國之臣，惟正客當此盛禮，而介不與。禮以義起，各有所當耳。

乃席賓，南面，東上。

鄉飲酒、鄉射皆不言席賓之地，何也？燕禮「司宮席賓於户西，東上」，昏禮「主人筵於户西，西上」，將醴賓，「改筵，東上」，則凡賓席皆在户牖間可知矣。注、疏謂州射於序，序無室，故不言户牖，非也。果爾，則宜特著布席之地，下經「尊於賓席之東」，則在户牖間之常位明矣。

衆賓之席繼而西。

鄉飲酒禮「衆賓之席皆不屬」，此則「繼而西」，蓋賢能以獻於君，將出使長之，入使治之，故於興之之日即辨其等列。若春秋習射，即公士爲賓，亦宜與鄉之學士齒，無庸過爲區别。

乃張侯，下綱不及地武，不繫左下綱，中掩束之。

凡經文彼此互見者，其見之各有所宜。如畫物者司空之屬，埽所畫者司宫，其升降皆自北階，義當於大射見之。大射既詳，則丹墨尺度、升降所由，不容有異。而鄉射之畫者、埽者，或州之有司，或州長之私人，不言而可知。侯綱去地之數、掩束左下綱之度、説束繫綱之節，義當於鄉射見之，俾學士私居習射，具知其儀法。鄉射既詳，則大射惟著三侯之高下，與設張者量人與巾車而已。聖人制禮，審則宜類而使人曲得其情；聖人之文，隨事異形而措之各有其地。凡互見者，皆可以是推之。

乏參侯道，居侯黨之一。

遠於堂而與侯近，故曰「侯黨」。

羹定。主人朝服，乃速賓。賓朝服出迎，再拜。主人答再拜。退，賓送再拜。

興賢能，國之重典也，故戒賓、宿賓皆不言所服，舍朝服無可服也。會民習射，疑可以常服，故於速賓特舉朝服，則前此皆常服可知矣。鄉飲酒戒、速賓皆拜辱，此不拜辱者，以己爲賢能，將獻於君而禮先焉，故拜其辱，習射乃春秋常法，賓或公士，或州之學士，無爲稱「拜辱」也。

賓少進。

少進而東，以獨與主人揖讓也。鄉飲酒之賓、介禮宜同。

主人以賓三揖，皆行。

主人接賓，前後儀法皆與鄉飲酒同，惟此言「皆行」。鄉飲酒主人與賓揖讓而升，介及衆賓徐進至階下，事不相連。鄉射則衆賓皆隨賓而行也。興賢能，則全用賓主之禮，故聽其自行。教射則兼用有司之法，故使之隨行。黨正之正齒位，賓入而衆賓從之，亦此義也。鄉飲酒之衆賓，主人不酬，而鄉射則衆賓長亦受酬，以大夫不與，則長正當介位也。敖氏似謂賓與主人同行，果爾，則宜稱「並」，不宜曰「皆」。

及階，三讓。主人升一等，賓升。

凡敵者讓登，主人先登，客從之，謂舉步少有先後耳。以下文「拾級聚足，上於東階則先右足，上於西階則先左足」知之。此賓州民也，故州長先升一等，而後賓升。燕禮則賓升，公降一等而揖之，義亦類此。

降席，坐奠爵。

「席南鄉北鄉，以西方爲上。」升席自下，賓不宜由西，以不欲與主人相背，變其常，故特著之。降席本宜自西，故不言。

賓坐取爵，適洗，北面坐，奠爵于篚下。

注疏：主人自内出，故南面洗；賓自外入，故北面洗，非也。古者爲長之道通於師。鄉飲酒、鄉射之主人，長也，師也；賓，民也，弟子也。故雖執賓主之禮，而兼存師弟子之義也。有大夫，然後以公士爲賓。公士於大夫，屬吏也。大夫爲遵，則有主道，公士亦宜屈。然則主人之獻賓西北面，賓酢主人東南面，何也？尊賓之義，既明著於户牖間之面位矣，其餘儀節又各有時措之宜。主人實爵於尊南而進獻賓之席前，自宜北面；賓實爵於尊南而降至主人之席前，自宜南面。然則燕與大射，主人代君賜爵，而洗皆北面，何也？君雖使膳宰爲獻主，而膳宰所執則爲賓舉觶之禮。若南面，則嫌以主人自居。其升也，從賓之後而由西階，亦此義也。

賓西階上拜，主人坐奠觶于薦西。

賓酢主人，主人拜，賓少退，與鄉飲酒同。主人酬賓，賓拜，而主人不少退，與鄉飲酒異。何也？習射以明教，即公士爲賓，致敬於州長，亦宜與鄉大夫同。鄉大夫爲國求賢，故於賓、介受酬之拜皆少退，蓋過禮以明尊賢之義也。以施於習射之賓，則義無所取，故無此節。

主人西南面三拜衆賓，衆賓皆答一拜。

注「獻賓畢，乃與衆賓拜，敬不能並」，近似而實非也。禮有宜分致者，有宜合致者，賓、主獻酢，自不宜使無事者立於其側。如謂「敬不可並」，則四時朝覲，諸侯旅見天子，與天子大合諸侯，爲壇於國外，五等之君，傳擯將幣饗禮，同時而卒事，君與臣皆爲相瀆矣。

舉觶者西階上拜送。賓反尊于其所。舉觶者降。

特牲、少牢之禮，異者詳之，同者則互見。此篇自獻賓至舉觶於賓，與鄉飲酒同，而一一復見，何也？士、大夫之祭禮，衆所習知，故可互見。若鄉飲酒三年而一舉，士不預教，則始與於衆賓者或愆於儀。如春秋傳鄭孔張失位立於縣間之類是也。惟於州長教射詳之，則進而與於賓興者，可益深於禮意，下而與於蜡賓者，亦衆習其節文矣。

大夫若有遵者，則入門左。

周官以三公爲鄉老，鄉之地廣，興賢禮重，故諸公樂道化之行而臨觀焉。春秋習射，即有居是州者，亦無爲來觀，故遵者惟大夫耳。尊者之禮不詳於鄉飲酒而具於是篇，何也？獻酬、揖讓，大夫即與賓同，諸公雖貴，禮無以加，故獨著其加席、辭賓、去席之特異者。至所自執之禮，視賓、主人每殺，爲遵之道則然，公、大夫一也。○鄉飲酒禮言遵者之入而不見其方，亦未著入之深淺，故互見於此，以明主人之降正當遵者入門時也。

席于尊東。

鄉飲酒禮「尊於房户之間」，遵「席於賓東」，或疑繼賓席而東。此曰「席于尊東」，然後東西之位次顯然。並遵席與賓正相對，而尊之設也少南，亦具見矣。蓋賓與遵之席必偪近於室，尊必少南，然後出入於房户者可通，而酌以獻酬亦便耳。○鄉飲酒遵者之禮綴於後，此則與賓及衆賓相次，何也？鄉大夫興賢能，三年而一舉，國之重典也。公、大夫雖尊，特來觀禮，故正禮既終，而後以接之之禮附。州長習射乃政學之常，大夫即州人也，本當在衆賓之列，可與衆賓列序而無嫌，以遵有主道，故序在衆賓之後。若諸公而列序衆賓之後，則非言之體。

升，不拜洗。

大夫之不拜洗，與介不拜洗、酬而賓不拜洗同，恐重勞主人之答拜，非以其尊也。鄉大夫之尊猶拜洗於學士，州長與大夫位相近而以尊廢禮，非所安也。工則并不辭洗，義可參觀。

再拜崇酒。

無介則於遵崇酒，亦再貳之義也。蓋惟大祭三貳，賓禮雖隆，不敢逾中祭，故鄉飲酒雖公與大夫，不崇酒。

席工于西階上，少東。

鄉飲無射位，工升自西階，即北面坐，故不言「少東」。

乃合樂。

獨奏、合樂，不惟志在射也。鄉飲酒以興賢能，故升歌、閒歌，備陳君臣相悦、上下志同之樂，使觀感而興起焉。學士習射，則歌二南，使盡志於修身、齊家之要可矣。

工不興，告于樂正曰：「正歌備。」

鄉飲酒之樂四，缺其三，而曰「正歌備」，何也？凡樂歌必與禮事相應，鄉大夫爲國興賢，必爲忠爲孝，使民物安阜，上下和樂，然後可爲邦家之基。故必備升歌、笙歌、閒歌、合樂，而其義始全。修業於鄉學之士，則所以養其德性而烝於門内者，二南備矣，故正歌不過合樂也。

大師則爲之洗。

州長習射，不宜有大師。或大師即其州之人，會公事之閒，樂與於斯禮。又或公卿有賜樂而從以工師者，使來襄事耳。

賓降，主人辭降。

凡辭而終降者必有對，對後必更見降者階下之事。惟主人爲工洗，賓降，則有辭而無對，並不見賓階下之事。蓋賓以降表意，主人辭焉而遂止也。使三賓、大夫皆不降而賓獨降，則其升也不可與主人同，又不可後於主人。與主人同升，是與身受主人之獻無別也；後主人而升，則主人無以自安。故惟辭焉而遂止爲宜。

不洗，遂獻笙于西階上。

示即無大師，獻升歌之工必洗也。

主人以爵降，奠于篚，反升，就席。

注謂兼以賓及衆賓升，非也。賓雖欲降，以主人之辭而止，三賓則並無欲降之文，則反升就席者惟主人耳。樂以樂賓，故大夫、三賓不言欲降，不敢與賓同受禮也。蓋賓及三賓之爲大夫而降，不獨以其尊也。主人將與大夫爲獻、酢、崇酒之禮，賓及衆賓席位偪介於大夫，不宜無事而相參。若獻工與笙，則賓與大夫、三賓位在户牖間，而主人别獻工於西階之上，絶不相礙。且其儀甚簡，賓、大夫、衆賓何故又相牽率而辭降讓升，費時失事以促正射之節，使旅酬、舉觶、升堂無算爵之禮皆汲汲若不可逮乎？

主人降席自南方，側降，作相爲司正。

惟賓酢主人，主人升席自北方，用升席之正禮，尊賓也。立司正及將徹俎，主人降席自南方，臨屬吏及弟子，乃特變其方，以尊主人。注皆曰「由便」，似非禮意。○具樂以樂賓，故主人洗獻工而賓從降，不敢坐視主人之勤而自安也。立司正以旅酬，則主人側降，而賓不從，不敢謂禮專爲己也，義不宜降，而注以大夫尊爲義，失之矣。鄉大夫尚爲工降洗，大夫乃不可從降與主人爲禮乎？

西階上北面請安于賓。

立司正以糾儀，而曰「請安於賓」，蓋指「不祭，立飲，不拜卒觶，不洗」而爲言，禮辭之體然也，而此篇更有隱義焉。教射禮嚴，司射執扑以臨不勝者，以觥代扑，賓、大夫皆就不勝者之位而飲。方是時，賓、大夫酬主人之禮未備，衆賓皆未受酬，先舉罰爵而後舉酬，所以愧厲之者切矣。故先以主人之意請安於賓，以示主人急於酬賓，而會有司之請射。禮之旁徨周浹曲得其次序，類如此。

未旅。

司正所奠，旅酬之觶也，直待三射事畢，然後賓取所奠之觶以行酬，故於此曰「未旅」，以明射事未舉而預請安於賓之義。○鄉飲酒立司正之後即舉旅，故此言「未旅」以別之。若不言「未旅」，直承以「三耦次於堂西」，則事之節次不明，而辭氣亦不相貫。敖氏之説，前後皆失之。

司射適堂西。

注於相曰「主人之家臣」，於司射曰「主人之吏」，辭未别白，以義裁之，皆非也。周官：王朝大禮皆大宗伯相。戴記：「有發，則命大司徒教士以車甲」，「司徒搢扑，北面誓之」。州長會民而習射於序，亦禮事之大者，相與司射必於黨正取之，主人之吏與家臣可使與賓、大夫相揖讓，且搢扑以莅群士乎？

司馬命張侯。

司射所掌皆射之威儀節會，所以觀其德也。司馬所掌，張侯説侯、唱獲釋獲之節，獲者負侯去侯、執旌倚旌、舉旌偃旌之宜。至乏無停聲，唱獲應宫商。乃以預習師田之事，所謂「習射尚功」也。

降自西階，阼階下之東南，堂前三笴，西面北上坐。

鄉飲酒禮著工之降而不見所坐之地，故互見於此。彼注云「降立於西方」，誤。

有司左執弣，右執弦，而授弓。

經於前後弟子所有事皆質言之，而別言有司、獲者，則非弟子明矣。注、疏並以爲弟子，非也。禮必有義。弟子所有事皆簡便而易供。若授弓矢、唱獲，必有司習事乃能無愆於儀度。使以弟子任之，設倉皇失措而取觥撻，非所以誘教也。

不去旌。

注謂「以不獲」，敖氏謂「不主於中」，皆非也。發而不中，尚可以教射乎？疑旌之高不揜正鵠，倚於侯之中央，在正鵠之下。惟司射發必中的，不失分寸，故不去旌以爲表儀，使人則傚。是以誘射畢，始命獲者執旌以負侯，三耦射則去之，正恐矢或集於旌而貫於侯也。

遂適階西，取扑，搢之，以反位。

「扑作教刑」，平時庠序之所用也。至習射則必有大過而後撻，其不中者飲之而已。而司射非有事於堂上必搢扑，正以示衆射者，容體不比於禮，節不比於樂，皆由平時不盡志於此，本當用扑而姑以觥代也，而賓、大夫、主人亦因此各繹己之志矣。周官閭胥掌「觥撻罰」，蓋功事役事，庶人則以撻罰，禮事則吏士以觥罰耳。

司馬適堂西，不決遂，袒執弓。

教射而會鄉民，儀可略。不與射，則不決遂，執弓而不挾可矣。大射則擇士以祭，君親臨之，故不射而決遂，執弓而右挾，禮宜嚴也。

右執簫，南揚弓，命去侯。

命去侯，則揚弓，揮之使行，故高舉以爲招也。命取矢，則揖弓，俯拾於地，故下指以示意也。

司馬出于下射之南，還其後，降自西階，反由司射之南，適堂西，釋弓，襲，反位。

司馬升降皆紆道而由司射之南，何也？升降徑由堂東西者惟賓、主人、大夫，不敢上擬。又司馬位在司射之南，三耦、衆賓卒射而降，皆由司馬之南適堂西，釋弓，説決、拾，故司馬先爲之儀。○司馬命去侯，升由上射之後，立於物間，故降還下射之後，以適堂西，與再射命去侯，升自右物之後，降還左物之後同，理當如此，别無深意。注、疏推説似迂遠。

獲而未釋獲。

州長習射，黨正以下皆即事，司馬、司射宜取於黨正，有司、獲者、釋獲舉觶者宜取於族師，薦脯醢、執爵者宜取於閭胥，惟敷席、設器乃主人之私臣耳。

若矢不備，則司馬又袒執弓如初，升命曰：「取矢不索。」

必餘於所用之數，以備鈎折，不可索盡，及時求之而莫給也。至此而後發命，何也？初射惟三耦，矢有定數，再射則衆耦皆辯。又初射之矢或有鈎折，故宜多取以備乏匱也。

大夫雖衆，皆與士爲耦。

士當爲學士之有德行、道藝者，注、疏必以爲在官之士，非也。鄉大夫之尊，可與所興之學士爲賓主。州之良士，即異日所賓興也。大夫雖尊，而爲遵則有主道焉，故可與學士耦而爲下射。若在官之士而居大夫之右，則悖矣。

衆賓將與射者皆降。

衆賓，謂三賓也。主人教射，賓以德行爲表儀，三賓亦尚德、齒，大夫來觀禮，不欲射者宜聽之。若群士，則先期師長必稽之，詰其不能射者而督責之，不使即事於射宫。其來集者，非適有暴疾，不聽不與也。經、記無文，蓋宜見於州長所讀之法，而今無考耳。

賓、主人與大夫皆未降。

主人較射，宜於堂上監視之，賓及三賓爲射者表儀，大夫來觀禮，三耦升射，無爲久立堂下以相待，故俟射事及己而後降也。此與獻工，賓、大夫不降之義相發，蓋賓、主人、大夫之席位與射位亦不相參。

順羽，且興。

以兼矢於弣，因順羽而興，從便也。大射則興而後順羽，在君所，儀詳也。

後者遂取誘射之矢，兼乘矢而取之，以授有司于西方，而后反位。

古者甲劍多有銘識，至弓矢，則各因其人之志慮血氣以辨安危。誘射之矢必别有識，非然，則與三耦同射，何由知其爲誘射之矢哉？此時司射方比衆耦取矢，隨作射，若中輟其事，自取矢以反於其所，則義無所取。而將再射，初誘射之矢仍委於楅旁，又非所以爲儀。故使最後之下射兼取以授有司，蓋節文必如是而後稱也。

衆賓未拾取矢。

「未」、「不」字之譌。

司射作射如初。

射事畢，皆以弓矢授有司於堂西。誘射之矢，三耦之後者以授有司，則司射之射事畢矣，故再射第舉「作射如初」，示不復誘射也。三耦三射皆與，賓、主人、大夫與再射、三射，司射則一射而止，何也？誘射者，教之射也，賓、大夫、主人與焉則不敢教也。弟子筋力方進，故三射皆與，以强教之，賓、大夫、主人三賓則有年長者矣，故射止於再，而不欲與者亦聽焉，皆禮之曲盡乎人情也。

不貫不釋。

注謂「不中正不釋」，是也，而於「貫」之義尚未切著。蓋必射甲革、椹質而後可貫，必矢貫於鵠的，而後有白矢、襄尺、剡注、井儀之形，故詩曰「四鍭如樹」也。王制：「鄉簡不帥教者。習射尚功，習鄉尚齒。」州長之習射、黨正正齒位，正「簡不帥教者」之法也。曰「尚功」，則當以貫的爲賢。尚書傳所云貫革之射閑於蒐狩者，謂甲革也。周宮圉人充椹質，以習射於澤宮。州長習射宜用澤宮之禮，則所貫者椹質也。疑士、大夫雖畫布爲侯，必以木爲匡，蒙以布，實草於其中而著於侯之背面以受矢，故以剪草之工充椹質也。若但畫布以爲正，則數貫之後，不可復射，且所謂貫者，特穿之而過，無所爲白矢、襄尺、剡注、井儀之式矣。

大夫袒決遂，執弓，搢三挾一个。

賓、主人、大夫皆自取矢，不敢如國君使人授也。三耦之弓矢則有司授之，以其爲弟子，并教以授弓矢之儀。

大夫爲下射。

大夫雖尊，爲遵則有主道，故於衆賓亦遜焉。

勝者之弟子洗觶，升酌，南面坐奠于豐上。

注謂「耦不酌，下無能」，非也。非獻非酬，本無親酌之義。投壺禮「勝者曰『敬養』」，而亦使他人酌，則非下無能審矣。蓋勝者張弓而先升，不勝者弛弓而先降，彼此相形，實有難爲情者，雖法行於有司，而同儕猶略見獻酬之意，故使子弟洗酌坐奠於豐，亦「曰敬養」之義耳。

司射遂袒，執弓，挾一个。

不言「決遂」，下「適階西，釋弓矢，説決遂」，有明文也。

不勝者進，北面坐，取豐上之觶，興，少退。

投壺禮不勝者奉爵，「勝者跪曰『敬養』」，主賓相歡，無所謂榮辱也。此則同耦相視，絶無禮與辭，有司行法，私禮無所施。

有執爵者。

尚有三射，弟子多與焉。如每耦之弟子皆升洗酌，費時而失事矣。故别使執爵者代之，惟於初升之一耦見其義。執爵與獲者同稱，則亦州之屬士耳。

賓、主人、大夫不勝，則不執弓。執爵者取觶，降洗，升實之，以授于席前。

雖優尊者，實與不勝者同罰。蓋古者武事莫重於射，君臣長幼莫不盡志於此，無事則以習禮樂，有事則以決戰勝，所以保國衛民，將於是乎在。大夫、州長，即有事時之軍帥、師帥也，故老疾不能射者可辭於請射之初，而與於射則不敢寬其罰，蓋法不行於貴者則無以肅其下也。○媵酬爵以奠而不敢授爲敬，舉射爵則反之，何也？以飲爲罰，非獻酬以將愛敬之比，故奠於豐，俾自取飲。使尊者自降而取飲，則義不安，故又使執爵者升授也。

獻獲者于侯。

獲者不宜得獻且有俎，獻於侯，示以侯而得獻也。大射則服不先受獻於侯之西北，設薦俎，而後轉以祭侯，示不寧侯本不當祭，而服不私獻之也。示獲者以侯得獻，宜於鄉人校射見之。明不寧侯本不宜祭，宜於諸侯之大射見之。禮之變必有義，而置之各有其所如此。

獻釋獲者于其位，少南。薦脯醢、折俎，有祭。

未射之先，獲者傳呼至乏，舉旌偃旌，聲中宫商，以習武節也。故受命於司馬，而獻之者亦司馬。既射之後，釋獲者從容釋算，所共禮事也，故受命於司射，而獻之者亦司射。○賓、主人、大夫而外，衆賓薦惟脯醢，而獲者、釋獲者乃有俎有祭，何也？以祭侯宜有薦俎也。獲者、釋獲者有俎，而司馬、司射無俎，何也？事有所專，以主祭侯而有加俎，猶大射所先薦者惟司正與射人，而司馬則與群士徧獻薦，燕所先薦，司正、射人、司士、執幕者，而大射正則與群士徧獻薦也。特牲、少牢衆賓、兄弟皆有薦、脀，何也？祭自尸食以後，皆與祝、侑、賓、兄弟獻酬之時。三射禮成，餘時無多，人人皆備祭肺、祭酒之節，日亦不暇給矣。燕禮若射則不獻庶子，義可類推也。○獲者、釋獲者皆特受獻，則皆族師之類，而相與司射、司正必於黨正取之，決矣。

命三耦及衆賓：「皆袒決遂，執弓，就位。」

下文「各以其耦進，反於射位」，則此所就爲堂西序立之位明矣。

主人堂東，賓堂西，皆袒決遂，執弓，皆進，階前揖，及楅揖，拾取矢如三耦。

賓、主人、大夫至三射而後取矢於楅者，禮以漸而詳，義以漸而深，與三射而後循聲而發，不鼓不釋同，又以優尊者也。

大夫進，坐，説矢束，興，反位。而後耦揖，進。

自大夫以上矢有束，必矢與其人之志慮血氣相應而不可混也。脱束，以矢當拾取也。其自爲耦，則並行至楅南而脱之，以拾取而同升就席也。與士爲耦，則脱束而反位，其耦乃進取矢，俟耦反其位，而後大夫釋弓矢以升，故取矢時即分先後也。大夫先脱束，示欲與耦拾取也。耦進而兼取乘矢，示不敢與之拾也。然後大夫亦兼取焉，則尊不陵而卑不偪矣。

司射與司馬交于階前，去扑，襲，升，請以樂樂于賓。

初射、再射，欲其容體比於禮也，至三射，又欲其節比於樂。初射、再射，欲其不失正鵠也，至三射，又欲其循聲而發。射之初，弓矢未調，三射而後樂作，俾循序而益致其精也。射之終，筋力既乏，三射而樂始作，俾嚴終而彌斂其氣也。孔子曰：「射者何以射？何以聽？」其事至難，故聖人陶冶群材而磨礲其德性者，如是其曲盡焉。其辭曰「請以樂賓」，不敢質言之也。賓喻其意，故不辭而遂諾。

不鼓不釋。

初射所戒，惟射獲、獵獲而已。再射不貫不釋，射之實用在立武也。管夷吾曰：「射不能中，與亡矢同實，中不能入，與無鏃同實。」三射不鼓不釋，射之精意在養德也。孔子曰：「循聲而發，發而不失正鵠者，其惟賢者乎！」

奏騶虞。

騶虞，天子之射節，而士之習射奏之，即興賢能，歌鹿鳴之三、魚麗之三之義也。天下雖安，忘戰必危，而軍政寓於四時之田、弧矢之利，以威天下。習射尚功，而歌騶虞，所以漸摩天下於仁義者深矣。

三耦及賓、主人、大夫、衆賓皆袒決遂，拾取矢，如初。矢不挾，兼諸弦、弣以退，不反位，以授有司于堂西。

凡射皆因習禮而寓軍令、兵事以嚴終，故必袒決遂，拾取矢，兼諸弦、弣，而後以授有司也。據經文乃並就堂西，敖氏謂：「賓自階下授有司於堂西，主人則授於堂東。」豈因納射器時賓與大夫之弓矢陳於西序，主人之弓矢陳於東序，而此經曰「不反位」，故意爲此説與？夫初陳於東西序，乃因賓、主人降階就取弓矢爲便也。至三射拾取矢於楅，一如三耦，射畢，受弓矢者俟於堂西，必同就堂西以授之，於事乃便，蓋後此尚有旅酬、説屨、升堂、無筭樂諸事，節文宜省也。

大夫降席，立于主人之西，如賓酬主人之禮。

賓就阼階上酬主人，即於阼階拜送觶。主人就西階酬大夫，亦如賓酬主人之禮。皆欲節文之徑省也。

某酬某子。

注以字爲卑稱，子爲尊稱，疏曲爲之解，終不可通。不知有司教射，自當序賓以齒，而射者私家之行輩，又各有少而尊、長而卑者。設以父族、母族之尊行次酬卑者，而司正代爲尊之之稱，義無所取。況以次相酬，受酬者必少，而轉爲尊稱，亦未見其安。夫子孫祭告，以字呼祖考，則不得爲卑稱明矣。蓋因衆賓姓同者甚多，設曰「某子酬某子」，則不辨其誰何，惟酬者稱字，則所酬者雖以姓舉而不慮其相混矣。但其中有同姓遞酬者，則宜並稱字，而記無文，蓋既明於異姓相酬之稱，則同姓之不得更稱姓者，並以字舉可知矣。

賓與大夫坐，反奠于其所。

未請安於賓，未命弟子徹俎，而預奠酬觶，何也？進退、拜送、坐興之禮，說屨升堂後不可復行，故預拜送坐奠於其所，然後升坐而取飲，可以不興不拜也。

若無大夫，則惟賓。

大夫不與，衆賓長可同於介之受酬，而不可同於爲介舉觶，何也？鄉飲酒之介，乃德行、道藝亞於賓以待後舉者，故禮多同於賓而與大夫等。鄉射之衆賓長，非必德行、道藝遠過其曹也，主人繼賓而酬之，乃所以達其意於衆賓。若特爲舉觶，則義無所取，而受者轉不能安矣。

賓取俎，還授司正。

鄉飲酒主人、大夫、介之俎皆授弟子，惟賓俎授司正。賓乃鄉之學士也，司正、鄉有司嘗治教之矣，司正，宜取諸黨正、族長。一旦賓興而爲之傳俎，所以明朝廷尊賢之義也。此鄉射之賓，或公士，若州之君子，則隆禮之固其宜也。即州之學士，亦必異日可興之賢，故禮亦如之。

無算爵。使二人舉觶。賓與大夫不興，取奠觶飲。

無算爵之儀節，若於鄉飲酒具之，則疑此篇義主於射，或從簡略。於此篇具之，則鄉飲酒不待言矣。○二人舉觶，即舉賓、大夫前奠於其所之二觶也。賓、大夫不興而取奠觶飲，則命舉觶者取之，明矣。注未分明，敖氏之説失之。

長受酬。酬者不拜。

自是受酬者皆不拜矣，故酬者以不拜先之，非怠於禮，不足於日也。蓋日暮人倦，受酬而拜，尊者將答焉，故轉以不拜爲敬。

執觶者洗，升，實觶，反奠於賓與大夫。

卒受者以虚觶奠於篚，則無算爵止矣，而復實二觶反奠於賓與大夫，示飲酒之秩節有終，而主人之歡心無已也。猶三射既畢，復袒決遂，拾取矢，兼諸弦、弣，以授有司於堂西，示勤禮則敬心如始至，立武則軍事以嚴終也。曰「執觶者洗」，示前一觶已奠於篚，别於篚取二觶而新之也。

賓出，衆賓皆出。主人送于門外，再拜。

拜送衆賓，異於鄉飲酒禮，何也？鄉大夫，國卿也，惟既獻於王之賢能，乃以賓禮寵異之，故雖介不拜送。若州長教射，則概執主賓之禮可矣。

明日，賓朝服以拜賜于門外。

賓爲公士，則朝服其正也。即州之學士而攝用之，亦「宵雅肄三」之義。惟隱居之君子不宜朝服，但既抱道不仕，自不得以鄉射之賓强之。○别記曰：「無辭不相接也。」鄉飲酒及射禮既畢，更無辭可致，故拜於門外而不見。士相見禮主人復見，以還贄有禮與辭也。

使人速。

賓即司正，無所用戒，故速亦不必親也。

不拜衆賓。

謂無階下之三拜也。正獻時，衆賓已不拜受爵。敖氏乃云「若獻，則衆賓亦拜受爵，而主人答之」，未知何據。

無司正。

息司正而更立司正，則於敬賓之義微若有嫌，不若無之爲安。

以告于先生、君子可也。

鄉飲酒、鄉射，至息司正乃告於君子，何也？君子抱道不仕，賓興、習射，自不敢相屈。至息司正，則聞鄉之後進有成有造，未必不惠然肯來耳。鄉先生，宜兼大夫以公事不得爲遵及樂作而未入者。鄉飲酒疏謂老人教於鄉學者，尚未該。教於鄉學，惟士大夫退休者耳。

大夫與，則公士爲賓。記

注以公士爲在官之士，似未盡。將取於國中上、中、下士，則彼有官中之事，不能棄其職業，而爲鄉遂之賓。且春秋習射，三鄉之賓十有五人，遂亦如之，公邑則又倍焉，安得每州皆有六官之士？若本州在官者，則惟黨正、族師，乃州長之屬助主人以莅事者也，不可以爲賓。然則所謂公士者，蓋鄉大夫所興之賢能，升於國學而未升於司馬，故作以爲賓，俾群士取法焉。注又謂「不敢使鄉人加尊於大夫」，故使「在官之士」，益誤矣。大夫與衆士耦，且爲下射，以遵有主道也，乃慮其爲賓屈乎？敖氏謂：「記言此，明不可用處士，大夫尊，處士去之遠。」亦非也。處士抱道者，經所謂「君子」是也，不敢以國法戒宿，乃尊賢之道宜然。故息司正必以告，而至與否聽之，至則當與大夫之遵者同禮。

使能，不宿戒。

不能則不得與於射，不待勝負分，而已有所愧厲矣。能者始得與於射，則鄉大夫興賢能，非德行、道藝有可觀，不得與於衆賓可知矣。州長教射而徵學士，事有故常，無用先期而戒之。

其牲，狗也。

注「狗能擇人」，疏「燕亦取可與燕者」，敖氏又云「因大射之牲」，皆未安。狗所以養老。「鄉黨莫如齒」，即興賢能，三賓、遵者必有耇老，故曰「習鄉尚齒」。射雖尚功，而爲鄉禮，燕與大射則國之老臣必與焉，故牲皆以狗。

西序之席北上。

堂上地狹，故賓長之席止於三。衆賓升受獻者，宜特設一席而更進以行禮，不宜若庭中比耦有東面北上者，豈記所述乃西階下衆賓立位而誤爲席與？

三耦者，使弟子，司射前戒之。

誘射乃教射也，故使弟子先焉，以弟子而能志正體直，不失正鵠，則凡射者皆自愧厲矣。

大夫布侯，畫以虎豹。士布侯，畫以鹿豕。

注謂各畫其毛，象其淺深純駁之物色也。

無物，則以白羽與朱羽糅，杠長三仞，以鴻脰韜上二尋。

二尋以上乃韜，則所韜五尺也。曰「韜上二尋」，其制已明，而曰「以鴻脰」，則五尺中必微曲如鴻之脰也。

衆賓不與射者不降。

三賓或有老疾而用爲表儀者，故不能與射則聽之，非若衆賓，不能則不使也。

取誘射之矢者，既拾取矢，而後兼誘射之乘矢而取之。

經云「後者遂取誘射之矢」，則爲下射明矣。疏謂上射，誤。

大夫降，立于堂西以俟射。

大夫與士耦，則爲下射，以士方務學，故屈貴以示下賢之義也。而不與其耦同立於射位，以位在司射、司馬之南，貴有常尊，不可使有司臨之也。

大夫與士射，袒纁襦。耦少退于物。

敖氏謂：少退于物，則與君之耦同禮，必無此。是也。蓋春秋以降，大夫僭用君禮，記者習而不察，以爲當然耳。

歌騶虞，若采蘋。

疑賓、主人、衆賓之射皆歌騶虞，有司、學士，並宜助流王化也。大夫則歌采蘋，以職位既有定耳。疏以上下爲别，義不可通。

大夫後出，主人送于門外，再拜。

敖氏謂：「大夫雖多，惟拜送其長。」蓋例以鄉飲酒禮賓出，主人拜送，而介則否，不知其義各異。鄉射衆賓出，主人皆拜送，況衆大夫乎？○若與衆賓同出，則無以特伸其敬。

箭籌八十。

賓、主人、大夫、三耦、三賓，已近十耦，而箭籌止於八十，蓋更迭用之。

君射，則爲下射。

此記有詳於鄉飲酒者，其事本異，獲者、釋獲者之牲俎是也。有與鄉飲酒互備者，「三笙一和而成聲」之類是也。興賢能，三年而一舉，即事用希，故於春秋習射詳之。射之器物、度數、儀節，不具於大射而綴於是篇，職是故也。據經，遵者惟大夫，且或無大夫，而記具公、卿上至君射之儀，使學士少而習之，長而安之也。若具於大射，則侍君射與耦於公、卿、大夫之儀，皆平生所未見，一旦就其班而即事，欲其從容中節，難矣。

既發，則答君而俟。

曰「答」者，如侍於旁而答君之問也。如曰「對」，則似南北正相對。

君樂作而後就物。

敖氏云：「先言樂而後見君之射儀，是燕射再射即用樂行，亦變於大射。」似未安。記於鄉射附載君射之儀，即謂大射之禮，三射樂作，君乃就物耳。燕禮附載燕射，語亦甚略，然曰「如鄉射之禮」，則亦至三射然後用樂，何所據而知再射即以樂行乎？

士，鹿中，翿旌以獲。

士用翿旌，如君射於國中而命之射，不敢自用其物以儕於卿、大夫也。

儀禮析疑卷之六

燕禮

疏所分四類似未安。本國之臣入貢，獻功於王朝，出聘於鄰國而還勞之，一也。有大勳勞功伐而特燕賜之，詩「吉甫燕喜，既多受祉」，燕勞而受命賜也。左傳魏絳和戎，晉侯與之食禮，使佐新軍。二也。無事而燕群臣，三也。燕聘賓，四也。聘賓則入大門而奏肆夏，以主君出迎於大門之内也。本國之臣入，至庭而奏肆夏，以君於是時始降階而揖之也。無事及出聘者，不宜以樂納，其諸有大勳勞者與？

小臣戒與者。

檀弓記「朝不坐，燕不與」，則中、下士多不與者矣。不言戒之之所，其在朝者面戒以事，未入者則使胥戒於家可也。旅酬胥薦主人，則傳戒非胥無使。

膳宰具官饌于寢東。

官饌，謂籩人、醢人、庖人、外饔所共薦、羞、牲體也。不曰「命諸官共饌」，而曰「膳宰具官饌」，見膳宰親監視，而具陳寢東，以俟時而進也。

樂人縣。

注「宫」字疑衍。○疏以小臣相工，謂諸侯無眂瞭，非也。燕與大射，使小臣、僕人相工，所以崇賓祭。大射所相，不過大師、小師、上工耳[二]。燕禮工四人，瑟三人，小臣不能偏相，非眂瞭孰任之？且小臣授瑟而降，相祭者何人乎？凡大祭祀聲樂備具，即事之工甚多，非用眂瞭不能使有位者偏相。小祭祀及學校中樂事，君或不親，則小臣、僕人未必與。且眂瞭所自共之樂事，將孰使代之？

設篚、洗于阼階東南。

大射先設尊後篚、洗，乃自上而下。此先篚、洗後設尊，乃由外而内。燕先賓筵，以終司宫之

〔二〕「小師」，儀禮注疏經文作「少師」。

事，大射則先君席，而次及於賓，乃紀事者各就事緒文勢以爲先後，別無深義可推。

司宫尊于東楹之西。

注：「司宫當天子小宰」，非也，乃戴記所稱宫宰之屬中、下士耳。小宰則在侯國爲小卿，席位當次於卿，而在五大夫之上，乃爲賓設席，下逮工師，又徹賓席與甸人執燭乎？

尊士旅食于門西。

注謂士旅食，「庶人在官者」，非也。士有不與燕，而府、史、胥、徒乃得與獻酬，傎矣。周官司士職：「凡會同、賓客，作士從。」此經所謂士，即司士之所作也。蓋升於司馬而未授官之士，雖未受職，而已不家食，又群萃而食於公所，故謂之「旅食」也。諸子職：「會同、賓客，作群子從。」下經所獻庶子，即諸子所謂「群子」也。會同、賓客，皆使觀禮，則燕群臣、大射以擇士，必使觀禮而習事可知矣。升於司馬，入於國學，乃異日公、卿、大夫之選也，故雖無執事而得獻，所以興起之。

司宫筵賓于户西。

不言卿、大夫之席位，具見於大射也。祭而擇士，公、卿、大夫、士無不與者，故席位必於是具焉。其入門及立位，則於燕見之。以朝夕出入之常，大射無以易也。注「無加席，燕私禮，臣屈也」，疏「對公食大夫，異國之臣，禮得伸」，似未安。大射之賓有加席，亦異國之臣乎？蓋燕以閒暇爲須臾之歡，故卿重席，賓無加，一循其常。大射辨等威，則特加席以致隆於賓，示尊賢之義，與貴貴同也。

公升，即位于席，西鄉。

君常南面，疑席雖西鄉而即席仍南面，故再言「西鄉」以著其位。

卿、大夫皆入門右。

臣入君門由闑右，嫌燕或有異，故著之。

小臣師一人在東堂下。

天子小臣四人，侯國宜半之，特標「一人」，明一正、一師也。大射禮小臣正相君，小臣師佐之。此篇相工授瑟者小臣二人，在東堂下者師，則設公席、納卿、大夫者，必正也。無事不升堂，故小臣師立於東堂下南面，預擬公降立則侍公之右，猶大射席孤於阼階北面而侍公之左也。公降，小臣正宜從降，與師並立東堂下，而文略，以公升之後，小臣自阼階下北面請事，則其位在東堂下可知矣。

士旅食者立于門西，東上。

官中之士既與卿、大夫立於庭西，而復有此文，則當爲升於司馬而未任官受禄之士明矣。

射人請賓，公曰：「命某爲賓。」

燕義曰：「不以公、卿爲賓，而以大夫爲賓，爲疑也。」此一義耳。才德之大小不限於名位，故春秋時子産、叔向自始仕而聞望重於諸卿，故以大夫爲賓，尊賢之義彰焉。天子之宰夫爲下大夫，降殺以等，則諸侯之宰夫，士也。使與公、卿爲敵者之禮，則非所安，蓋貴貴之義寓焉。饗、食、燕、射，國之大政也，君、卿實共主之，故不以公、卿爲賓，體國之義著焉。故曰：「禮者，義之實也。」

乃命執冪者。執冪者升自西階，立于尊南，北面東上。

羞膳者與執冪者同請而無命，何也？羞膳者有常職，而執冪者無定也。然則獻公，士薦脯醢，不與執冪者同命，何也？必膳宰之屬士共之，亦以有常職，無煩特命。

膳宰請羞于諸公、卿者。

君命執冪者而膳宰即請羞於諸公、卿者，則羞膳爲膳宰之常職，明矣。

賓升自西階，主人亦升自西階，賓右北面。

燕與大射但言「主人」，不著其爲何職，以有常職也。周官王燕飲酒，膳夫爲獻主，而燕義曰「宰夫爲獻主」，何也？周官宰夫掌賓客、膳獻、飲食之數，而此篇羞牲俎者皆膳宰，則爲獻主者舍宰夫無以也。王朝與侯國獻主所以異者，何也？王朝之宰夫不惟掌治官之目，兼執五官之總，凡事必由焉。大賓、大客，燕賜無數，必不能供獻主之事，故惟祭祀乃掌薦羞。侯國則治禮事三官各有小卿，分職以附於三卿，而燕射亦希，故宰夫可爲獻主耳。

賓揖乃升，主人升。

凡賓主之禮，主人先升，客從之。惟燕與大射，賓升而主人從。蓋君雖命爲賓，不敢以賓自處而與主人序尊卑，即膳宰雖爲獻主，不敢以主人自處而升自賓階之義也。

主人酌膳。

獻公、卿酌散，獻賓獨酌膳，示獻者雖膳宰，而君實以主人之道禮賓也。

揖，升，酌膳。

賓酢主人亦酌膳者，主人代君以獻，則酌之如酢君，不敢用散。

主人坐祭，不啐酒。

鄉飲、鄉射之酒，有司及時所造，故主人雖無告旨之義，必啐以嘗之。燕與大射則公酒，無不旨之疑，故主人不敢啐。公、卿亦然。惟賓受獻則啐之，不可以不啐而告旨也。

主人不崇酒，以虚爵降，奠于篚。

崇酒，畝者所以致渥洽也。君專大惠，而膳宰拜崇酒，是代君尸惠，故不敢。且禮大物博，異於鄉飲、鄉射，亦無庸增益尊中之酒也。

主人盥，洗象觚，升實之，東北面獻于公。

主人獻賓，賓酢主人，並言酌膳，嫌不敢酌膳也。獻公，則酌膳不待言矣。○敖氏謂「經言獻、酳在席者多矣，獨此與大射見獻公之儀，則其他獻、酳皆正向其席」，非也。鄉飲酒、鄉射，主人皆於賓之席前西北面獻賓，蓋賓席在西階，自宜西面，公席在阼階，自宜東面，而進獻自席南，故皆北面耳。

公拜受爵。

天子於群下，舍喪無拜法，而諸侯於大夫、士皆答拜，何也？天無二日，惟喪則臨之，以先王苫塊之中不敢以至尊自處也。古者家臣可以升於公，則諸侯之臣有大德大功，王亦可以賜國。位有尊卑，以天子臨之，則皆比肩而事主者。故臣之稽首一同於天子，而君則答拜，不敢上同於天子，然亦惟始見。及燕射，有拜法，其朝夕見惟以揖，春秋傳「三揖在下」是也。司士所掌朝儀，司儀所掌合諸侯之儀，皆止於三等揖法。○古者天子於師、保，拜手稽首。諸侯於群下，受爵必拜，燕見而退，送之降階及門，以君臣而用師友之禮。平時恩浹義明，然後君有過失，雖深言而不疑，國有大事，可正言而立斷。設儀起教之意蓋深遠矣。

士薦脯醢，膳宰設折俎。

私家燕飲之禮，主人親饋。故燕禮獻賓，脯醢、折俎，皆膳宰薦設，正其爲賓主也。獻君，則士薦脯醢，不敢用賓主之禮而少變之也。大射則君及賓之薦設皆使宰胥，蓋小膳宰皆君之親臣，祭祀有常職焉，故息其筋力使得盡志於射。自大夫以下皆不獻，亦此意也。○賓與公之薦設皆曰「膳宰」而不曰「小膳宰」者，主人方獻，則薦設者非主人明矣，但未辨其爲膳宰之佐與屬，故記詳之。

更爵，洗，升，酌膳酒以降，酢于阼階下，北面坐奠爵，再拜稽首。公答再拜。主人坐祭，遂卒爵，再拜稽首。公答再拜。

自飲而酌膳，代君以酢。如君自酢，無用散之義也。公受爵而拜，卒爵而拜，主人答拜，皆不稽首，循獻禮之常也。至代公自酢，則賓主之禮，臣下所不敢望於君，故再拜稽首，以比於君賜之爵，而不敢以主人自居也。

媵觚于賓，酌散。

代公自酢則酌膳。酬賓之爵，己所自飲，則酌散。賓奠而不舉之觶，乃代公致於賓，故亦酌膳，時措之宜如此。○獻爲正爵而酬從之，如媵之從嫡，故以名焉。

受爵于筵前，反位。主人拜送爵。

鄉飲酒、鄉射，主人酬賓，奠爵而不授，以此觶不用，不煩賓以親受也。燕則君賜，故親相授受，以致其嚴恭。

媵爵者阼階下皆北面再拜稽首，公答再拜。

主人及媵爵者皆代君行禮，而君禮之則異，何也？膳宰，士也，且爲獻主，職素定矣，故臨事無加命。媵爵者，大夫也，小臣作之，必進受命於君，故答其拜也。主人獻賓獻公，酬酢始畢即作媵爵者，俾主人得暫息，然後獻公、卿、大夫也。

媵爵者皆坐祭，遂卒觶。

鄉飲酒、鄉射，媵爵者皆先自卒爵，示欲代賓、大夫導飲也，而賓、大夫更卒觶，必自致其敬而後安也。燕射宰夫代君以獻，大夫似可代君以酬，而公酬賓亦自卒觶，以君之於臣不可以獻，而酬以導飲則無妨也。至酬賓以後，三舉酬，不復卒觶，則義當有節耳。

若君命皆致，則序進，奠觶于篚。

所酬惟賓，而或命皆致，以後媵酬爵者皆此二大夫，故二觶齊舉，示一以酬賓，一以酬公、卿、大夫也。及爲公、卿舉旅，則易觶而不相因，以瀆爲嫌也。至爲士舉旅，則因賓媵觶於君而及之，示君待群士不異於賓與公、卿、大夫也。

公坐，取大夫所媵觶，興以酬賓。

注謂「就其階而酬之」，非也。凡獻酬，主人就賓之階，賓就主人之階，經皆明著之。況以君而就臣之階，以酬以拜，無不特書之理。敖氏謂「立於席，舉觶鄉賓而酬之」，於文義脗合。

賓下拜，小臣辭。賓升，再拜稽首。

前既下拜矣，接時又下拜，故及其未拜而辭之，止受其升拜。後酌膳下拜亦然。禮下之恭，不欲其僕僕而亟拜也。

賓進，受虚爵。

觀此，則公不就西階益明矣。凡經言「進」，體例不一。於揖讓、行趨而言「進」者，各指其事，表其地也。於受爵而言「進」者，皆至其席前，鄉飲酒賓拜，進坐，奠觶於薦西，鄉射「賓進，受爵於席前」是也。於授物而言「進」者，婦見舅姑，執笲，「進拜，奠於席」是也。公酬不言「就西階」，飲不言「降席」，而賓受虛爵曰「進」，則進受於公之席前，明矣。

賓以旅酬于西階上。

公、卿先受酬而後獻，何也？君不可親酌以獻臣，若酬，則自飲以相導，故可親也。公、卿，君之所敬，故既親酬賓，因藉手於賓以酬之。士爲獻主，而媵爵者以大夫，何也？君親酬賓暨公、卿、大夫，禮重於宰夫之獻也。

射人作大夫長升受旅。

舊説大夫包公、卿，以周官六卿之貳皆中大夫，記又云「諸侯之上大夫，卿也」。下經分獻公、卿及大夫，則此大夫包公、卿，明矣。

賓坐祭，立飲，卒觶不拜。

凡旅酬皆不拜卒爵，以時不能給，筋力亦不能勝也。故燕與大射，雖君所賜爵不拜，以示禮之節宜然，而非慢於終也。

大夫辯受酬，如受賓酬之禮。

一如公、卿受賓酬之禮而無殺也。

司宫兼卷重席，設於賓左。

賓無加席，故卿之席臨事乃設，辭即徹之，不敢以重席臨賓也。若前與賓席同設，則相形而若有所絀矣。

乃薦脯醢。

大射大夫有脀，而燕則卿無脀，何也？惟食禮有茹牲體，饗燕皆祭而不舉。大射將祭而辨尊卑，義近於饗，故備設薦俎以見其文。燕示慈惠，庶羞畢陳以致滋味，故公及賓而外不設薦俎，以見其質也。

若有諸公，則先卿獻之，如獻卿之禮。席於阼階西，北面東上，無加席。

諸公乃天子有加命而禮絶於同僚者也，故席於阼階西，所以别於卿、大夫，而并無加席，以示下不敢過於賓，上不敢擬於君也。

小臣又請媵爵者，二大夫媵爵如初。

公若命長致，則仍有奠而不舉之爵，而再請媵爵者，以此爲公、卿、大夫舉酬之始，不可仍酬賓未用之爵也。曰「二大夫媵爵如初」，見媵爵者始終惟此二大夫也。爲君行酬，則致爵者大夫，坐而飲，則執爵者士，輕重之衡也。

降，與立于洗南者二人皆再拜稽首送觶。

立於洗南者亦拜，以同受君命。後此君爲大夫舉旅，所舉即立於洗南者所奠之觶也。

公又行一爵，若賓若長，唯公所酬。

賓前已受酬矣，長之中若有諸公及師、保之卿，則宜先，故所酬無定也。公舉酬爵，經文凡三變，此不曰「舉觶」，而曰「又行一爵，唯公所酬」者，前已再卒觶矣，能更勝酒，則仍親卒觶，若不能勝，可竟以此觶授賓若長，而使自行酬也。

胥薦主人于洗北，西面，脯醢，無脀。

主人已三卒觶矣，而至是始薦，何也？諸侯之膳宰，士也，以爲主人，故崇之，使與大夫班而同受薦。其前之不可以薦，何也？與公及賓酬酢而受薦，則於下爲汰，於上爲慢矣。公及賓與公、卿獻薦相隨，以優尊也。大夫則辯獻有席而後薦，主人薦於獻大夫之時，士則既獻就位東方而後薦，皆以便事也。自卿以下皆無脀，而於主人始言之者，鄉飲酒、鄉射，主人設俎與賓同，疑於有脀，故特文以見之也。記言薦卿者小膳宰，主人與大夫同時而薦，則大夫亦胥薦可知也。大射禮公及賓皆宰胥薦，則士、庶子及内小臣之薦不宜同屬宰胥，而胥以下更無可任，豈胥亦分大小，薦大夫者乃宰胥，而士、庶子、内小臣則内、外饔之胥薦與？

辯獻大夫，遂薦之。

目大夫以下皆徧獻後同薦，省其節以便事也。隨獻而薦，則費時多矣。

樂正先升，北面立于其西。

燕與鄉飲酒，樂正先升，大射則後工而升，何也？此二禮笙入、閒歌、合樂備舉，而後樂正告樂備，故先升，以示並監堂上下之樂也。大射惟歌鹿鳴，故樂正從工師而升，旋隨而降，以監下管，禮略，故其辭亦略也。鄉射惟合樂，而樂正先升，卒告樂備，何也？鄉大夫興賢能，故笙、歌、間歌，宜備舉以厲群士，州長教射，則但舉鄉樂，而鄉之正歌亦可云備矣。若大射則國政也，禮宜備樂，而射事殷繁，工歌鹿鳴，管惟新宫，故不得告樂備耳。

小臣坐，授瑟。

敖氏謂：周官小臣四人，此侯國不宜相工者亦四人。竊疑持瑟而相者乃正與師，其相工者則官中下士也。大射禮：「僕人正相大師，僕人師相少師，僕人士相工。」大僕，僕臣之長，小臣，僕臣之貳，府、史、胥、徒並同，則燕禮相工而不持瑟者必官中下士也。大射注云「僕人士，其吏」，豈即謂官中下士與？

主人西階上拜送爵。

鄉飲酒、鄉射，主人獻工於西階，反阼階上拜送爵，賓主正禮也。獻笙即拜送爵於西階，禮殺也。燕、大射獻工亦拜送爵於西階，工賤，代君賜爵，不得全用賓主之禮。

薦脯醢，使人相祭。

公及賓與公、卿獻、薦相隨，而工亦然，何也？工數少，儀略，故歌、奏、獻、薦同時而畢，事同而義異也。

公又舉奠觶，唯公所賜，以旅于西階上，如初。

上經「公又行一爵，唯公所酬」，或親卒爵，或徑以授賓若長，不定之辭也。此曰「唯公所賜」，則惟舉奠觶以賜受酬之大夫，而公不自飲之辭也。蓋公既三卒爵矣，即能勝，亦不宜多飲，以自檢於威儀。故下經賓媵象觶，公亦不自卒觶而以賜大夫。蓋無算爵之始，又不可不自飲以導之，故不得不預爲劑度耳。○爲大夫舉旅，不於獻後，而介於獻工、獻笙之間，何也？正禮再獻再酢一酬，公與賓尚有閒，而獻主無時休息，雖强力者亦倦矣，故别使大夫媵觶以休獻主。自是以後，公爲賓舉旅而主人獻公、卿，公爲公、卿舉旅而主人獻大夫，皆媵觶者與獻主遞代而即事。獻大夫禮略，獻工尤略，故同時而畢，然後公爲大夫舉旅，而主人獻笙，仍與媵觶者事相閒耳。

笙入，立于縣中。

曰「縣中」，不知其爲何所也。大射兩階縣編磬、編鐘，一建鼓在阼階之西南，一建鼓在西階之東，南面，蕩在建鼓之南，則笙立於縣之中央明矣。凡儀禮應具而無文及辭略而指不分明者，以是推之，可八九得也。

主人洗，升，獻笙于西階上。

鄉射獻笙不洗，州邑之樂工，至笙益賤矣，故禮殺。燕之笙必官中之士也，與膳宰爵等相差，故並爲之洗。至鄉飲酒，則主人乃國卿，即工爲大師，亦有獻而無洗，體當然也。

君曰：「以我安卿、大夫。」

立司正，恐既醉而號呶，俾謹其儀法也。而不可以爲禮辭，故曰：君命我爲司正，乃所以安卿、大夫，使坐而行酒耳。言「卿、大夫」，則賓可知矣。不及諸公，燕禮輕，非大射擇士以祭之比，或不以煩諸公也。

卒觶，奠之，興，再拜稽首。

鄉飲、鄉射，主人作司正，故許諾而主人拜焉，司正答焉。燕與大射，則官事有常，故司正自請而不拜也。惟卒觶之拜，則皆無答，而其義各別。飲、射之觶，將糾旅酬者之儀法，而先自飲以爲式。若主人與賓答拜，則似與司正共監衆賓，故不敢答，示己亦在所糾之列也。燕與大射，則有司共其常職，君無庸答拜，而主人亦不敢答，示共稟於君命，與衆賓同也。

升自西階，東楹之東請徹俎。

鄉飲酒、鄉射，賓請而後主人命徹，尊賓也。君臣之禮，則有司要其節而請於君，宜也。

公以賓及卿、大夫皆坐，乃安。

乃安，擯者以皆安坐告也。鄉飲酒、鄉射，賓、主人雖有尊卑，而爲鄉黨朋儕之禮，故主人請之而衆即升坐。燕則以諸臣而升坐於君之堂，心必不安，故先有安卿、大夫之命，而對曰「敢不安」，示本不安，而以君命不敢不坐也。坐定之後擯者復以安告，嚴恭之義即於和樂中寓之。

羞庶羞。

牲以狗而羞則庶，觀六月、韓奕二詩，所陳品味，惟嘉惟偕，可羞者無不薦也。此西周之詩，可以證周公之典禮。

乃薦司正與射人一人、司士一人、執冪二人。

司正，射人也，而稱司正，以特薦宜首庭長也。鄉射之司正、司射、司馬皆以州之屬士攝事，而假以是稱，燕則皆以大射正爲之，故下經特標「若射，則大射正爲司射」，以明篇首之射人。此特薦之司正皆大射正，而同薦之射人則小射正也。周官：「射人，下大夫二人。」司射反爲司正不見於經，何也？以鄉射作相爲司正，司正爲司馬，司馬反爲司正，義可互見也。大射正爲司正，又爲司射，則射畢之後反爲司正者，非大射正而誰哉？燕而射，則不立司馬，而凡禮事皆射人主之，何也？周官射人掌公、卿、大夫、士之朝位，詔相其儀法，君行必從，則燕射之禮事惟射人掌之爲宜。

辯獻士。士既獻者立於東方，西面北上。乃薦士。

其文正與「辯獻大夫，遂薦之」相對，明大夫於獻之時遂薦，士則辯獻畢，立於西方，而後同時齊薦也。

祝、史、小臣師，亦就其位而薦之。

獻媵爵者無文，包於大夫也。獻無算爵之執爵者無文，包於士也。惟主人則無受獻之禮，蓋身爲獻主，更無獻之之人，故惟卒爵於君及賓之酬酢，而薦則與大夫之獻薦同時也。

主人就旅食之尊而獻之。

得獻在庶子之先，則爲升於司馬之士益明矣。就其尊而獻者，在禮，「侍飲於長者，拜受於尊所」。士旅食者位卑人衆，而禮不可廢，故體主人之勤而簡其節也。凡不拜受爵者，以獻酬者本不拜，士旅食之初受爵者，主人亦宜拜獻，而受者亦拜，文不具耳。

公坐，取賓所媵觶，興，唯公所賜。

賓尊獨伸，卿、大夫莫與之並，故旅酬之終，賓媵觶以致敬於君，君即取所媵之觶以賜卿、大夫，使遞酬以及於士，以示君於群下一視同仁，而賓之敬亦達於上下矣。二大夫媵觶之始，君坐取觶，至是復坐取觶，禮以嚴終，脱屨升堂，坐而行爵無算，易至怠忽，故君先自力於禮以教之肅也。

降，更爵，洗，升，酌膳。

即以象觶賜，君之惠也。更爵而後行酬，臣之禮也。所受象觶無「卒觶」之文，蓋賓所以獻君，非臣下所敢飲，奠而不用可也。飲酒之禮，爵有實而終不用者，義各有當也。

大夫立卒爵，不拜，實之。士拜受。

士自酌以相酬，故大夫卒受者亦自實以先之，而不用執爵者，禮之曲當於人情，類如此。

士旅酌，卒。

同爲士，不得使執爵者酌，又不得使卑者升堂而代酌也。

遂獻左右正與内小臣，皆于阼階上。

庶子之後惟左右正、内小臣得獻，則知胥以下必無獻酬之禮，待事終日，必别有飲之、食之之法，以事微，不見於經、記耳。

無算爵。士也，有執膳爵者，有執散爵者。

特表其爲士，以事之終，或疑使無位者代其勤也。自大夫以上皆得親與君爲禮，士則受酬於大夫，並不得與公、卿接。故於禮終，使二士執無算爵，不惟執膳爵者得徑進於公，即執散爵者亦先進於公，而公親命之以賜公、卿，所以作其志氣而厲其節行也。士位在堂下，而獻必於階上，亦此義也。獻執爵者無文，何也？該於上經「辯獻士」也。

執膳爵者受公爵，酌，反奠之。

此爵公終不舉，而奠之，何也？奠之而公不舉，以示飲有秩節而無醉飽之心也。

大夫不拜，乃飲，實爵。士不拜，受爵。

至無算爵，士必不能拜辭拜受，故卒受爵之大夫不拜而飲以先之。若酬者拜，則受爵者不得不拜矣。於士之酬不拜，則似於士太簡。於大夫之酬先之，則知時不逮而上下同之矣。

公有命徹幂，則卿、大夫皆降，西階下北面東上，再拜稽首。公命小臣辭。公答再拜。大夫皆辟，遂升，反坐。

公不命升成拜，何也？此禮終而總拜君之賜也。異國之賓明日拜賜，君不復見而聽其稽首於門外，故本國之臣聽其稽首於階下而不復命之升成拜，蓋以朝夕君所之人而拜賜於明日，是自同於國客也。故必變其節，而後各明其義焉。○君命徹幂，使群臣盡膳尊，而卿、大夫降拜反坐，不復行爵，士終旅，是至此士亦酧膳以相酬也。蓋賓與卿、大夫各受特賜之膳爵，脱屨升堂又酧膳，坐行以徧，故不敢專君之惠而均諸群士，貴臣推賢讓能不敢賴寵之義也。燕之初，卿、大夫獻酬皆以散，至末而群士皆飲膳，示君之馭臣，名分則親貴不敢假，恩義則疏賤不敢遺，惟嚴於始乃可以厚終也。禮之起教於微渺，類如此。

士終旅于上，如初。

士受爵西階上，終旅於上，而別記曰「燕不與」，何也？古人重禮，不得與升堂之坐，則不以獻、薦爲榮。

宵，則庶子執燭于阼階上。

「鄉飲酒之禮，朝不廢朝，暮不廢夕」，而燕則至於宵，何也？鄉大夫興賢能，公、卿、大夫相飲，自不宜廢朝夕之官常。國君無事而燕群臣，及以賓燕，必君臣之職業，皆於正晝畢之，而後休其餘閒，故詩曰「厭厭夜飲，不醉無歸」。且燭不見跋，亦未至於怠荒也。春秋傳所謂「未卜其夜」者，乃齊桓賢陳敬仲，就其家而飲公，非典禮也。燕薦庶羞而不設黍稷，則日必下昃而後舉之，可知矣。

賓所執脯，以賜鐘人于門内霤。

工、笙並受獻，不宜獨遺於金奏，故賓以薦脯賜之。九夏皆以鐘鼓奏，而所賜惟鐘人，以鎛師掌金奏之鼓，別無鼓人也。賓及門内霤，則奏陔者尚未離庭中之位，所受特其黨之立於門内者耳。蓋以爲禮也，非飲食之道也。一人受，則與衆同之矣。○凡薦之實皆不舉，則既徹，府、史、胥、徒皆取分焉，故以賓脯賜鐘人見其凡。

公不送。

士、大夫侍食侍飲，君降送及門，而燕則不送，何也？侍飲食，必民之望，或君之故舊也，私致其隆禮可已，燕畢而氾送卿、大夫，則非國體也。主人拜至而不送，何也？燕既終，則仍宰夫耳，豈惟不敢代君而爲主人，亦不敢與卿、大夫爲敵者之禮。

賓爲苟敬，席于阼階之西，北面。記

「苟」當作「耈」，簡編剥蝕，或傳寫譌也。虞、夏、殷、周莫不敬老，故尚書以耈長、壽耈稱齒德兼隆之舊臣，故用爲國客之稱以尊異之。古者五十爲大夫，班至上卿，而天子加命，以比王臣，非耈老焉能躋此？席賓於諸公之位，而加以耈老之稱，所以昭其敬也。在賓則不敢更受主君之獻，而必欲自同於諸臣，在主國則待之如加命之孤，而不敢使儕於獻主，此以介爲賓，以賓爲苟敬之義與？

不嚌肺，不啐酒。

諸臣嚌肺啐酒，國客乃無此二節，何也？國家閒暇，君臣同樂，而因以謹禮，故其節不可廢。國客則聘享饗食，恪恭以將事屢矣至於燕，則加勞以示昵好，故簡其儀。○注「似若遵者然也」，字誤爲「尊」，遂不可解。鄉飲酒禮雖公、卿爲遵，禮無嚌、啐。

與大夫燕，亦大夫爲賓。

既著爲典禮，則遣聘之國以中大夫爲正使，必以下大夫爲上介。凡燕外臣與本國之臣皆不以卿爲賓者，古者五十爲大夫，累日積久，以至孤、卿，年必過耆。「七十不與賓客之事」，亦量其筋力難勝。春秋傳「趙孟欲一獻」，亦苦多獻之煩。疏以爲畏其逼，過矣。饗之獻，賓既親即事，則於燕可息之矣。如畏逼，則聘賓之受饗，本國公、卿之禮食，君親與爲賓主之禮，何以不畏逼乎？燕義曰爲嫌，義已未審，又易以逼，則失之愈遠矣。

羞膳者與執冪者皆士也。

羞膳者明著於經，非補記。或疑執冪者非命士。

羞卿者，小膳宰也。

特著「小膳宰」，明羞膳與賓者皆膳宰正也。卿惟脯醢，而曰「羞」，祭義「薦其薦俎」，蓋義可通用。

惟公與賓有俎。

公與客燕，禮辭稱「須臾焉」，而宵設燭，則舉之必於日下餔，君有稍事，群臣亦各食於官次，明矣。故惟君與賓有俎以爲儀，而群下則無之，從其質也。

凡公所酬，既拜，請旅侍臣。

大射禮惟賓有請，而此記曰「凡公所酬」，以下爲卿、大夫、士三舉旅，經文皆曰「如初」，則皆有請也。士之請亦曰「旅侍臣」，以至是又獻庶子及左右正與内小臣也。

凡薦與羞者，小膳宰也。

周官膳夫之屬，内饔掌宗廟之割烹，凡燕飲食亦如之，外饔掌外祭祀、賓客之事，則小膳宰即内、外饔也。經不見執冪者之爵，或疑庶子、士旅食者可供，故記著其爲命士。經不見羞卿者，或疑與賓同，故特著其爲小膳宰。既於卿曰「小膳宰」，或疑大夫以下復易人，故特著凡薦與羞同之。凡獻必有薦，士旅食、庶子及内小臣皆使小膳宰薦，何也？薦羞乃膳夫本職，爲君展事，無擇於所致之貴賤，主人可通獻，而況薦羞乎？

有内羞。

燕禮惟賓與公有俎，嚌而不食，餘皆祭薦而已，故具内羞，恐或有饑而欲食者與？

若與四方之賓燕，媵爵曰：「臣受賜矣，臣請贊執爵者。」

但具禮辭，飲皆與本國之臣爲賓者同也。其異者，本國之臣不拜賜，聘賓則拜賜耳。其禮已總見於聘禮，又見於公食大夫禮，故無庸備舉。

儀禮析疑卷之七

大射儀

宰戒百官有事于射者。

春秋傳：「趙孟曰：『武請於冢宰矣。』南遺曰：『冢卿無路。』」以此經及聘禮參證，則侯國亦有宰，舊典也。蓋假以尊稱，以臨莅其吏民，與五等之國皆稱公，大國之孤亦稱公同義。

射人戒諸公、卿、大夫射。司士戒士射與贊者。

曰「戒士射」，則知贊者不射矣。觀此，則士旅食乃升於司馬，掌於司士，而未受職者作之以贊射事，明矣。用此推之，鄉射贊者、有司之類，射皆不與。

前射三日，宰夫戒宰及司馬，射人宿視滌。

百官聞宰之戒，則射前一日已官陳器與水，三官聞宰夫之戒，則届期已同視滌，故下獨舉司馬之命張侯設乏也。疏謂滌射器，非也。射器拂拭而已，無所用滌。○自視滌至量侯道、設乏、張侯、宿縣，並射前一日事，故以「宿視滌」貫之。注云「前射三日，張侯設乏」，非也。量人量侯定植，巾車張之，可同時而畢事。若張設於三日之前，必別具帷幂以備風雨，非事之宜。○此篇主於射，而言「視滌」，則燕禮不待言矣。戒三官之地、所滌之器、滌之之法、視滌者之儀皆不載，必已見於祭禮也。

大侯九十，參七十，干五十。

筋力不可强，而侯道之遠近壹以貴賤爲差，何也？皋陶陳謨，以六德、三德爲有邦有家之差，蓋居君卿之位而德器才識不能及遠，則無以馭其衆，臨其屬，故寓其義於射。傳曰：「爲人君者以爲君鵠，爲人臣者以爲臣鵠。」志力不足以中鵠，則君、卿與有司同罰，以示才德不足以稱位，則不足以任國社，而亦無以安於四民之上矣。此義明，則苟非至愚，必將撫躬而自懼，求賢以自助，尚敢荒寧以自恣於民上乎？位卑者雖力能中遠，而非其鵠不獲，亦教以職思其居而無越志也。傳所謂「射者各射己之鵠，繹者各繹己之志」，其此義也與？

遂命量人、巾車張三侯。

前承宿眡滌濯，後接宿縣，則爲射前一日事明矣。

設乏西十、北十。凡乏用革。

「西十、北十」之文重見，以上乃司馬命量人定設乏之度，此則巾車設乏之事也。

樂人宿縣于阼階東。

於樂人之縣復特言「宿」，事更端也。蓋張侯、設乏與視滌同時而官事相聯，無庸更言「宿」。樂人之縣則宗司所掌也，故別言之。

笙磬西面，其南笙鐘，其南鑮，皆南陳。建鼓在阼階西，南鼓。應鼙在其東，南鼓。

磬西面而笙鐘與鑮皆南陳，何也？擊者東面而立，擊西面、南面皆便也。鐘、鑮所以必南陳者，以編鐘同簴，不可以西面也，南陳之，占地無多。建鼓猶設於阼階西，以辟君降揖卿、大夫之位，可縮簴而西面乎？阼階之鼓、鼙南面，西階之鼓、鼙則東面，何也？凡考擊必用右手，東面而擊者以南爲便，西面而擊者以東爲便也。○笙鐘、頌鐘，以應笙管，皆編鐘也。鑮則大鐘，以聲群樂，奏九夏者。○建鼓即楹鼓，以木貫而建之，遂以建名。若以樹詁，則下云「一鼓在其南，一鼓在西階之西，鼗在鼓西」可矣，皆特標「建鼓」，義無所處，於文爲贅。○楊氏復承朱子之意，爲儀禮圖，最有功於治經者，但尚有宜補正處。如燕禮但云「樂人縣」，詳具於大射，而樂器之陳設無圖，後之君子宜詳訂焉。

一建鼓在其南，東鼓，朔鼙在其北。

鏄、建鼓大，鼙小，故設於鏄與鼓之閒，而少北於鼓，以便先擊鼙後擊鼓也。

冪用錫若絺，綴諸箭，蓋冪，加勺，又反之。

綴錫若絺於箭，慮風之搖蕩也。蓋冪，謂以冪覆尊，明勺加於冪上也。又反之，以覆勺也。

皆玄尊，酒在北。

記稱「上玄酒」，以陳尊南上，玄尊在南也。

兩壺獻酒。

獻酒，示爲獻服不設也。注讀「獻」爲「沙」，疏因言祭侯用鬱鬯，故隸僕以下卑賤之人並得以鬱鬯獻。漢、唐人學而不思至此。貿儒乃以不用注、疏病程、朱，謬矣。

司宫設賓席于户西，南面，有加席。

大射之賓，大夫也，以爲賓而有加席，與卿同，猶燕之主人，士也，以爲獻主而與大夫偕薦也。卿之重席陳而不設，以卿終辭，且諸公無加席，而卿之加席久設於其位，非所宜也。

小卿賓西，東上。

諸侯之國，卿以下別有小卿。春秋傳魯有宗伯、小司寇，乃小卿也。蓋禮事、獄事最繁，難以兼攝，故特立小卿以主之，其下各一大夫，大夫之數所以必五人也。冢宰則以司徒攝，而不設小卿，故見於春秋傳者無小宰。吴、楚僭王，故有太宰、少宰，衛有右宰穀，蓋僭設，故易其名以自蓋也。

若有東面者，則北上。

惟大射卿、大夫在國者無不與，小卿位於賓西，五大夫繼之，户西不足以容其席位，故有東面者。燕則無此文，衰老及有事於國中者可不與也。

士西方。

不著庭中南北之度，以下旅食者在士南，則其位約略可知。

小臣師從者在東堂下，南面西上。

非有禮事者不得升堂，公將降階揖公、卿、大夫，故從公者預負東堂而立也。周官司士治朝之位，「王族故士在路門之右，南面東上，大僕、大右、大僕從者在路門之左，南面西上」，亦擬王出視朝南面，故從王者亦南鄉也。彼或東上或西上，以王位當路門之中也。此皆西上，以公降自阼階也。○燕禮「小臣師一人在東堂下」，儀略也。大射儀繁，故有從者。

賓再拜稽首，受命。

燕以示慈惠，故曰「許諾」，大射以辨等威，故曰「受命」，文無微而不辨也。

小臣自阼階下北面〔二〕，請執冪者與羞膳者。乃命執冪者。執冪者升自西階，立于尊南，北面東

〔二〕「下」，原本作「上」，據儀禮注疏經文改。

上。膳宰請羞于諸公、卿者。

羞膳者與執冪者同時而請，而惟見執冪者升立之位，何也？羞膳者之職與其儀具詳於後也，羞於諸公、卿者亦然。燕禮「請羞於諸公、卿者」，壹與此同，而篇中竟不目其人，必已見於饗禮公食大夫禮設洗如饗。而略之也。觀此篇亦可互證。

賓及庭，公降一等揖賓。賓辟。

公之降揖同，而燕則賓不辟，何也？燕主溥惠於群臣，而立一人以爲賓，禮猶輕。大射擇士以祭，賓有加席，與卿同；升奏肆夏，與異國之賓同；奠爵執爵興而樂闋，且上擬於君，故於君初接見時退辟，以見其不敢當禮也。

公升，即席。奏肆夏。

燕禮記：「若以樂納賓，則奏肆夏。」此經三奏肆夏，皆燕禮之所無也。蓋燕以示慈惠，宜略於儀節，故納賓、公即席及受獻皆不用樂。大射以辨尊卑，别賢能，宜詳於度數，故公即席、受獻皆以樂，尊尊也；納賓以樂，賢賢也；大夫以下無胥，而獲者、釋獲者有胥，報勤也。肆夏之詩曰「明昭有周，式序在位」，又曰「我求懿德，肆于時夏」，與大射辨尊卑、别賢能之義相應。燕而撕用肆夏以納賓，其必臣有大勳勞功伐，而加隆焉以厲群下與？

賓升自西階。主人從之，賓右北面至再拜。賓答再拜。

主人從賓之後，既升堂，則北面而立，俟賓就席，然後拜其至，故不曰「拜至」而曰「至再拜」也。

賓洗南西北面坐，奠觚，少進，辭降。主人西階西東面，少進，對。

禮與燕同，而於賓增「北面」，於主人增「西階」，然後賓主所立之位愈明。〔二〕

擯者以命升賓。

燕禮射人按節而升賓，不復請於君也。此曰「以命」，蓋君重其禮而特命之。

宰胥薦脯醢，由左房。庶子設折俎。

〔二〕據儀禮注疏經文，「北面」當作「西北面」，「西階」當作「西階西」。

燕禮輕，獻公獻賓，設俎者皆膳宰。大射禮重，轉以宰胥、庶子薦設，以士皆與射，故薦設用不與於射者。

更爵，洗，升，酌散以降，酢于阼階下。

主人獻公自酢，燕禮酌膳，志恩禮渥洽而不可忘也；大射酌散，示等級分明而不敢苟也。

賓升席，坐祭酒，遂奠于薦東。

凡奠於薦東之觶不飲，何也？燕與大射，公、卿皆未得獻，賓已受獻，且隨當受君之酬，故不飲主人之酬爵，以示不敢再先於公、卿，俟受君之酬，而以酬公、卿、大夫，然後事順而情安也。主人之酬爵，君不可用以酬賓，故别舉媵觶，而薦東之觶又不得他用，則俟禮終而徹之可矣。鄉飲、鄉射不用薦東之觶，義與此同。其舉薦西之觶以旅，則以事各不同而節文亦少異焉耳。

公命長。

長謂五大夫爵列之尊者，故小臣以次作二大夫，而不復請於君也。公爲公、卿舉旅曰「若賓若長」，則非以長幼言可知。

皆奠觶，再拜稽首。

上稽首，拜媵爵之命也。此稽首，拜飲觶之賜也。賓未酬而先賜媵爵者飲，何也？凡酬必先自飲，而後致爵於人。媵爵者之飲乃代君也，酬爵四舉，非有代者，君豈能勝？

遂卒觶，興，坐奠觶，再拜稽首，執觶興。公答再拜。

燕禮主人自酢，賓受酬，二大夫媵觶，公皆答再拜。大射皆答一拜，惟此答再拜，何也？燕示慈惠，故過禮以明恩。大射辨名分，主人，士也，君於士不答拜，以爲獻主而拜答焉，禮已過矣。賓與媵觶者，大夫也，本當答拜，故一循其常，而於二大夫卒觶時閒答再拜，以別於士。賓則公飲射爵而夾爵，及媵觶於公，并答再拜，以別於衆大夫，又所以稱禮之輕重而爲之隆殺也。

賓降，西階下再拜稽首。小臣正辭。賓升，成拜。

拜下，禮也，故主人獻公、大夫、媵觶，皆聽其稽首於階下而不辭。惟於賓，則略君臣之分而執賓主之禮，故命小臣辭而升成拜。且始猶拜於下而後辭，既則不待其拜而升之，皆異敬也。公以賓所媵觶賜人，亦不待其拜而升之。蓋所賜必諸公若諸卿之長，或君之師、保，故與賓同禮。然君雖有異敬，而臣宜守常禮，故至君命徹幕，則賓與公、卿、大夫皆降拜稽首，公雖命辭，而終不敢升成拜。

賓告于擯者，請旅諸臣。

祭祀、賓客，獻酬本無或遺，而燕射舉旅必使賓請者，自賓言之，則不敢專惠，自君言之，則推惠於賓，而使浹於上下也。公、卿之請，所以推惠於公、卿，而使浹於諸大夫也。卒爵者，大夫。大夫之請，所以推惠於大夫，而使浹於群士也。士舉旅而後獻庶子、有司，則士之請又推惠於士，而以浹於庶子、有司也。惟賓之請見於經，而燕禮記曰「凡公所酬，既拜，請旅侍臣」，蓋據爲公、卿、大夫、士舉旅，受爵者皆曰「如初」。請酬之文惟見大射，何也？大射禮重於燕，於燕舉之，或疑大射辨尊卑，簡賢能，一稟於君命，或無此節；於大射舉之，則燕不待言矣。以告於擯者，以射者無自請於君之儀也。

若膳觶也，則降，更觶洗，升實散。

公命不易，主恩也。賓更觶，臣禮也。

卿辭重席，司宮徹之。

賓有加席，而卿轉辭，因其辭而遂徹之，何也？上則體君之意，以致隆於賓，下則不敢過諸公也。

乃薦脯醢。卿升席。庶子設折俎。

不指言薦脯醢者，以庶子仍設折俎，而獻大夫始言「胥薦脯醢」，則公、卿之脯醢薦者仍宰胥，可知矣。賓薦以宰胥，一日之敬，公、卿貴有常尊，不得降於賓。

若有諸公，則先卿獻之，如獻卿之禮。席于阼階西，北面東上，無加席。

燕與大射，諸公皆無加席，與卿辭重席之意同，以成君致隆於賓之義也。又位在阼階，若加席，則上擬於君。故設席時本無加席，不待其辭。

主人洗觚，升，獻大夫于西階上。

燕禮爲大夫舉旅在獻工之後，笙入之前，以其事與無算樂獻士相連，故使媵爵者遞進而代獻，以息獻主。大射爲大夫舉旅退於既射之後，獻主之事至獻大夫、獻工而中止，則連而舉之可也。

胥薦主人于洗北，西面，脯醢。無胥。

大射以辨等威，故惟公、卿有折俎，雖主人亦無胥。以此知薦獻獲者之俎以祭侯設，而釋獲者亦得以類及也。

擯者升大夫。大夫皆升，就席。

獻公、卿畢，即爲舉旅。獻大夫，直待射事畢而後爲舉旅，義主於射，禮重事繁，恐日不足也。

工得獻而笙否，義亦然。

乃歌鹿鳴三終。

不合鄉樂，射以擇士，與彰女教之義無涉。鹿鳴三終，兼四牡、皇皇者華，左傳「歌鹿鳴之三」可證。

主人洗，升實爵，獻工。

鄉飲酒、鄉射，惟爲大師洗，以衆工不過族黨中知音樂者，或國之中瞽、下瞽耳。燕與大射，則歌者必大師、小師，即上工，亦異日之小師、大師也，故皆洗以獻，而並及於笙。大射禮繁，故省獻笙之節耳。

大師及少師、上工皆降立于鼓北〔二〕，群工陪于後。乃管新宫三終。

既無閒歌、合樂，則堂上之事畢矣，故大師、少師、上工皆降也。春秋昭公二十五年：魯叔孫婼聘於宋，「宋公享之，賦新宫」。昭子賦車舝」。則新宫有辭，與南陔六篇異，而獨以管奏，射事殷，故簡其節也。敖氏以無管入之文，遂謂即大師管，非也。上經「工六人，四瑟，僕人正相大師，僕人師相少師，僕人士相上工」，則上工謂四瑟明矣。此經既曰「大師及少師、上工皆降」，又曰「群工陪于後」，則非衆管者而誰哉？經於「群工陪于後」下繼言「乃管」，則管者即群工甚明，無事復言管入，言之法當然耳。

擯者自阼階下，請立司正。

〔二〕「大師」下，原本脱「及」字，據儀禮注疏經文補。下文同。

鄉射主人自作司正，政學之常，有司及時而發命，國君之禮，則宜有請者。

公許。擯者遂爲司正。

鄉射禮曰「作相爲司正」，所作無定之辭也。此則禮之秩節，故曰「公許。擯者遂爲司正」，無所用其辭也。

爲政請射。

「爲」，去聲，言爲政典而請射，主於事，非指其人也。「國之大事在祀與戎」，故於禮辭特著其義曰「爲政」。若鄉射以教學士，燕射以樂賓，無庸及此。注、疏以爲司馬之稱，則司馬當自請於君，不宜使司射請。且「君前臣名」，不宜隱其名而曰「爲政」也。

遂告曰：「大夫與大夫，士御於大夫。」

侯國三卿五大夫，或從王事，或交於友邦，或疾或喪，不能成耦，故以士御之。公、卿不能成耦者，亦以大夫御可知。○敖氏云「不言士與士，略賤」，非也。與尊者作耦，自宜特文以見之。上經云「戒士射」，則皆與射而自爲耦，不待言矣。

工人士與梓人升自北階。

南堂之前，射者、司禮事者、掌射政者、共獻薦者、樂器、射器皆陳焉。工人士、梓人、司宫畫物外别無所共之事，故並立北階下。○升自北階，自北堂由東房以至於堂也。宗廟之祭，婦人由北堂以入東房，冠之日，贊者入北堂以洗爵而酌於房中，則東房與北堂相通，明矣。

疏數容弓，若丹若墨，度尺而午。

兩物左右相去六尺，然後射耦張臂挾弓矢乃有餘地。又司正命去侯，物閒可容其立也。

卒畫，自北階下。司宫埽所畫物，自北階下。

工人士、梓人、司宫本待事於北堂下，畫物埽畫畢，仍反立於其所也。

大史俟于所設中之西，東面以聽政。

鄉射鹿中，此篇但言設中而不舉其名者，侯有三，則中亦宜三，必已見於王朝禮。又「君射於國中，則皮樹中；大夫兕中」，見鄉射記，則别見必多矣。○曰「以聽政」者，匪獨擇士以祭，其坐作、進退、趨走、呼唱、比次、誓命、視聽之節，即軍政所隱寓也。古者弓矢爲長兵，軍政莫重於此，此「聽政」與上「爲政請射」正相應。○燕列祝、史之位，以或因燕而射，則祝當釋祭侯之辭也。禮主於射，則祝必有事，不待言矣。

卒，遂命三耦取弓矢于次。

此下司馬命張侯，繫左下綱，獲者倚旌，文皆不具，以其於射事爲必不可闕之節，於射者爲不容有異之儀，有司群士，自州長教射，習之有素，故可與鄉射互備而不覆舉耳。其他與鄉射大同而小變者，具有精意存焉，不覆舉則不可得而辨也。

司射入于次。

大射有次，非獨以國君具官有張耦次者也。州長會民於序，習射尚功，以角材力，習威儀，與射者皆少壯强有力之士，無所用次。大射則公、卿、大夫皆與焉，老者立而待事，必有所休息以安其筋骸，貴者降於階庭，必有所隱蔽以肅其體貌。又鄉射舉於春、秋，而擇士以祭則兼冬、夏，嚴風烈日，勢不可以無次。若鄉射禮亦宜然，則黨共射器，何難具幄、幕、帟、案哉？

由下物少退，誘射。

誘射之儀與鄉射各有詳略，互備也。

卒射，北面揖。

卒射，大節，故北面而揖，示爲誘射而射君之侯，如復於君也。○鄉射之主人，州長也，故司射南面而揖。大射君在阼，司射在堂，而南面對君以揖，則義必不可。蓋臣在君所，奉命而執事，時或南面，司馬揚弓、筵人抱蓍之類是也，行禮則未有不北面者。故雖聘賓啐醴，必降筵北面。注謂「不背卿」，則鄉射公、卿之位亦在尊東，而南面揖。敖氏云：「爲下射與君同物，不可南面。」然司射少退，乃不敢踐君之射位，非北面揖之正義也。

遂取扑，搢之，以立于所設中之西南，東面。

鄉射無次，故司射先立於中之西南，使三耦立於其西南以俟射。大射先比三耦於次，北面命取弓矢，俟誘射畢，然後定位於中之西南也。

司馬正適次，袒決遂，執弓，右挾之，出。

周官「一曰正，掌官法以治要」，「二曰師，掌官成以治凡」，謂大官之正與貳也。此經司馬師、司馬正，敖繼公以爲「射時所立之官」，經指始明，注義亦可通。周官大司馬教振旅，辨鼓、鐸、鐲、鐃之用，伍長與二十五人之長，皆得假以公司馬、兩司馬之名，則因射而立監，得假以正與師之名，明矣。知非司馬之卿與貳者，卿、貳席位在堂，此正與師射時與司射聯事，而終獻獲者則非卿、貳，決矣。周官軍司馬下大夫四人，輿司馬上士八人，行司馬中士十有六人，侯國爵列雖降，員數雖減，而職司必具。司馬正宜取諸軍司馬，司馬師宜取諸輿司馬、行司馬。○鄉射司馬不決遂，以教射而不與於射也。大射之司馬亦不與於射，而決遂，特備射儀以爲衆式耳。

升自西階，適下物，立于物間。

鄉射鈎楹，物當棟也。大射物在楹間，故升階徑適下物。

卒射，右挾之，北面揖。

鄉射皆執弓不挾，而此右挾，擇士以祭，儀彌謹也。鄉射南面揖，此北面，對君之儀也。

上射降三等，下射少右從之，中等。並行，上射于左。

階中陋，各持弓矢，必中空一等乃無掛礙。庭中寬廣，故盡階履平地，然後可並行。

公許。遂適西階上，命賓：「御于公。」諸公、卿則以耦告于上。大夫則降，即位而後告。

初射命三耦有辭，此命賓有辭，惟公、卿則惟以某公與某卿耦告，而不敢命，以命辭有軒輊也。

命大夫之耦曰：「子與某子射。」告于大夫曰：「某御于子。」

命大夫之耦與告於大夫，同事而異文，義密而文辨，蓋如此。

遂命三耦各與其耦拾取矢。

鄉射取矢必拾，有司教射，習儀不厭其詳也。凡與於大射，皆習儀有素者，又耦多儀繁，恐時不足以周事，故初射不拾，至再射，設楅取矢於庭中，於是觀禮，則不可以或略矣。○鄉射命三耦拾取矢後司射反位，此經無之，注、疏推説，義皆無據，蓋未詳繹上下經文而考其事義也。大射三耦、衆耦位皆在次，大夫立於三耦之南，司射東面於大夫之西以命衆耦，一人取矢未畢，司射不得反庭中之位。及衆耦皆還反次中以俟射，則司射作之以升，遂適阼階下請釋獲於公，備命射事，直至命上射「不貫不釋」之後，然後退反庭中之位，中間實無反位之事，安得有此文哉？鄉射始命三耦取矢司射即反位者，司馬之位在司射之南，三耦之位在司馬之西南，衆賓繼三耦而立。司射適堂西比衆耦，命三耦取矢後，必反其庭中之位，乃可作三耦、衆耦取矢於楅而次第作之以升，其所立之位、命事之地絶不相同，而欲以彼例此，宜乎皆不得其義也。

皆内還，南面揖。

觀此，則司射「卒射北面揖」之義益顯著矣。司射在堂，君在阼階，雖不正對君，而揖則君見之，故不可以南面。君在阼階上，射耦在庭中，雖南嚮而揖，君不見其面，又揖後始適楅南，則出次時在楅北，進而及楅，面必南，故因之南面而揖也。

退者與進者相左，相揖，退，釋弓矢于次，説決、拾，襲，反位。

鄉射三耦及衆耦自始至終皆拾取矢，執弓立而俟。大射之初則取矢於次而不拾，再射、三射皆取矢於楅，退，釋弓矢，反位，何也？有司教射，則宜使久立待事以固其筋骸，將祭而擇士，則宜休其神氣使盡志於當射之時也。鄉射之終，賓、主人、大夫獨釋弓矢反位，待事至，旋取以升。大射至再，諸公、卿皆取矢於次中，三射雖取矢於楅與大夫同，而隨升就席則釋弓矢，臨事而後取，以優尊者，明矣。賓先待於物，樂作而公就席，義亦如此。於尊者爲優，則於衆耦爲休其神氣，而使盡志於射，益明矣。

一耦揖升，如初。

上經三耦、大夫、衆射者皆釋弓矢於次，襲反位，此直曰「一耦揖」，則旋取弓矢，不待言矣。蓋拾取矢於次，儀不可廢，故使預習而復休之，所以曲體人情也。

大史釋獲，小臣師執中。

鄉射一人執算以從，而大射無之，何也？事輕人微，鄉射獲者自執中，尚有執算以從者，大史釋獲，小臣師執中，則別有一人執算不待言，故文略耳。

中離維綱，揚觸，梱復，公則釋獲，衆則不與。

離者，麗也，矢麗維綱而不中鵠也。梱，謂植之橫於上者。仰觸於梱，下落而經正鵠也。雖不中，不遠於侯，故君猶可假。

唯公所中，中三侯皆獲。

三侯南北正相值，故鵠之見以差。矢少揚，力過强，則或誤中其高且遠者。矢少留，力稍弱，則或誤中其卑且近者。故有中非其侯不獲及唯公則獲之法。

司射遂進由堂下，北面視上射，命曰：「不貫不釋。」

以耦告，則先公、卿、大夫而後及三耦，尊卑之序也。取矢以射，則三耦先公、卿，并先君，仍前誘射之義也。不貫不釋，賓與公、卿之所同，而於三耦命之，言各有當也。

司馬升，命去侯，如初。

「司馬」下當有「正」字。

公就物。小射正奉決、拾以笥，大射正執弓，皆以從于物。

射以擇士，不中者不得與於祭。篇中射人、司射、大射正、小射正、司馬正、司馬師，自始至終各有所待之事，無暇身與於射，疑當以祭有常職如鄉師、肆師、膳夫、鬱人之類攝之，非必取諸射人、群司馬也。其餘百官有事於射者，則供其本事之暇，當仍更互比耦而與於射。如獲者、釋獲者倍其人數，則皆可更番合耦。經、記無文，必已見於邦國祭禮。

大射正立于公後，以矢行告于公：下曰留，上曰揚，左右曰方。

不中而以其矢告，俾君自省以勉於後也。人君於事物之理不中，常苦不自知，射失其宜而不中，則易明於心，亦所以示君當繹思己過也。凡此皆所以防縱弛，養德性，事近而義深矣。

公還，而後賓降。

諸公、卿升射降反位，皆如三耦，惟君初曰「就物」，事畢曰「還」，凡要節而揖，君皆無之也。蓋惟燕、食，賓初入，君揖而進之，大射之賓亦然。及正射，則無爲對群臣而揖，亦無爲向物而揖也。君不揖而賓揖，則疑於揖君，故不揖，與君同。若兩君好會而射，則揖當各循其節矣。

諸公、卿取弓矢于次中。

君將射，諸公、卿始適次，君射畢，即於次中取弓矢而升，貴貴優老，不敢過勤其筋力也。至三射則又與衆耦同取矢於楅，蓋公、卿，民之師保，百僚所式，故使爲衆耦之表儀，以示儀皆素習，雖貴且老而不敢怠於終焉。

司馬袒執弓，升，命取矢。

命取矢以下六節，皆三射之始事也。再射之算尚未視，獲未數，賢獲未告，中算未釋，豐未設，射爵未舉，侯與有事於侯者未獻，而汲汲於此，何也？以此時儀節甚繁，閱時甚久，而司馬與司射所掌之事與用事之地各異，故乘司射發命之隙，使有司各供其事，並行而不相悖，而司射既請三射於公，可直入次而命三耦矣。禮之所謂「連而不相及，茂而有間」，此其可驗者也。

賓之矢，則以授矢人于西堂下。

再射，賓取矢於堂西，故以矢授於西堂下，以備三射之取也。舉賓之矢以見例，則公之矢以授於東堂，公、卿、大夫之矢以授於次中，可知矣。射畢，凡與射者皆授有司弓矢，故不列數也。矢人，即初「納射器之有司」。

勝者之弟子洗觶，升酌散，南面坐奠于豐上，降反位。

鄉射禮執弓反位，以弟子皆與射也。大射弟子不與，故反位不執弓，蓋洗觶本未執弓也。

東面于三耦之西。

出師之禮，「司徒搢扑，北面誓之」，故鄉射禮司射「搢扑，北面於三耦之南」，以三耦，州之子弟，可以師長之道臨之。大射之三耦皆士，而公、卿、大夫並列射位，故司射之面位必異。

一耦出。

鄉射曰「一耦進」，以立於中之西南也。此曰「出」，以位在次中。

交于階前，相揖，適次。

耦次在洗東南。鄉射禮相揖出於司馬之南，遂適堂西。彼射者，州之學士也，必過於司馬之前以察其儀度。大射之耦則公、卿、大夫、士，降階而徑適次，於禮乃宜。

賓升，再拜稽首。公答再拜。

公酬賓，賓再拜稽首，公答一拜。至飲射爵，賓致爵，則答再拜者四，不惟答賓之親獻及夾爵，陰以示事有未當，雖尊者，宜爲理屈重自抑下，所以養成其德性，俾凡事不敢自是而求助於賢臣，所謂「各繹己之鵠」也。

公卒觶，賓進，受觶。

公、卿、大夫飲射爵，亦於西階，示法行於貴，而後可以齊衆也。君則卒觶於阼階之位，貴有常尊也。公、卿、大夫之飲，耦不升，君則賓親獻而夾爵，上下之辨則然，而飲不勝之爵與衆耦同，又使君知罰不敢行而躬宜自省也。

司宫尊侯于服不之東北。

鄉射禮酌堂上之尊以獻獲者，此別設尊，以國君之禮與州長習射異，所祭者不寧侯也，不得與堂上同尊，故設尊之初即正其名曰「獻酒」，示主獻服不而非爲祭侯也。此曰「尊侯」，不没其實也。不曰「大侯之乏之東北」而曰「服不」，亦以見此尊主獻服不，而服不轉以祭侯。

司馬正洗散，遂實爵，獻服不。

飲食之道，祭必先於生人，唯祭侯則先獻服不，以義取不寧侯，無特祭之義，故使服不以所受獻爵祭之。蓋服不以侯得獻，故私以祭報，而又申攻責於祝辭以爲戒也。

司馬正西面拜送爵，反位。

前司馬正獻服不，注云「洗、酌皆西面」，疏因謂「獻旅食尊後酌者爲背君，此北面不嫌背君，以南統於侯」，曲説也。諸侯堂高七尺，禮行於階下庭中，君不見，故雖南面，無背君之嫌，況西面乎？〇鄉射衆賓，燕獻大夫，皆不拜既爵，故送爵即反位。

卒錯，獲者適右个，薦、俎從之。

司馬獻服不，薦、俎錯焉，示非爲侯設也。服不不祭晬而適右个，不敢以己之餘祭侯也。終則仍設薦、俎於乏南，明獲者雖以祭侯，而薦、俎本爲獲者設也。〇五帝、三王之世，凡寇賊姦宄聽斷於士師，其阻兵倡亂敢爲不寧者，皆强横之諸侯。蚩尤、有苗、觀、扈、洗、邳、徐、奄之類。故射之正鵠取義於不寧侯，使貴賤少長同心於貫之，以示敵王所愾之義。義取於不寧侯而又祭之，何也？祭有非報功而以聲其罪者，考工記所載天子祭侯之辭，乃周官太祝、詛祝所謂「攻説」也。燕義所稱，則諸侯燕射樂歌，非祭侯之辭。師禡所祭，於經、傳無考，而後儒以爲祭黄帝、蚩尤。祭黄帝，則禱祈也。祭蚩尤，則必以攻説之詞。記曰：「禡於所征之地。」必以蚩尤爲戒，使不寧之方毋侮毋忽也。

卒祭，左个之西北三步，東面。設薦、俎，立卒爵。

以此見祭侯之時執俎而不設，至獲者反位卒爵而後設之。

司馬師受虛爵，洗，獻隸僕人與巾車、獲者，皆如大侯之禮。

張爾岐曰：觀此，則前注謂司馬正容獻服不與其徒之誤明矣。服不本下士，其徒即得獻，亦宜在隸僕、巾車之後。○注謂「不言量人，此自後及先可知」，敖氏謂量人「或不與此獻」，指皆未明。蓋大射自公、卿、大夫、庶士以及士旅食者、庶子，皆受獻。隸僕人、巾車、參干二侯之獲者，職卑事鋭，疑不得與於獻，故特著之。若量人制燔脯，與鬱人舉斝瀝，於祭有常職，當與卿、大夫並受主人之獻於適士中，若使司馬師與僕隸等同獻於侯側，則非其倫矣。

洗觚，升實之，降，獻釋獲者于其位。

不近酌獻獲者之尊而實之於堂上，則別設獻獲者之尊，以祭辭稱「不寧侯」，不可與堂上同尊，益明矣。

司射倚扑于階西，適阼階下，北面請射于公，如初。

再射升堂而後請，特見於經。此「如初」，謂如初之請於階下耳。

反，搢扑，適次，命三耦皆袒決遂，執弓，序出取矢。司射先反位。方命三耦取矢即反位，與再射異，何也？再射司射之事皆在次中，三射則事在庭中，不得不先反位也。再射時大夫、群士始即事，恐其或愆於儀，故就次中監視之。至三射，則次中之儀皆前見矣，而諸公、卿始繼三耦而出就楅，與衆耦同拾取矢，司射命三耦後，宜先反庭中之位以待事。且再射止見大夫、庶士次中之儀，而未見其取矢於楅之儀，至是始一一監視之。

三耦既拾取矢，諸公、卿、大夫皆降，如初位，與耦入于次。

三耦本在次中，諸公、卿、大夫之初位亦在次中，既曰「如初位」，又曰「與耦入於次」，義不可通，必傳寫者誤倒其文也。若作「諸公、卿、大夫皆降，入於次，如初位，與耦皆袒決遂」云云，則理得事順，而辭意亦坦然明白矣。敖氏謂入次有淺深，據經文所書，亦無以見其然。

若士與大夫爲耦，士東面，大夫西面。

再射言爲耦之上下，三射言所面之東西，互見且相證也。○士與大夫耦，再射即有之，而至此始見，以君射之儀、賓與諸公卿大夫升降進反揖讓之數，具詳於再射，禮重文繁，無暇及士與大夫耦之末節，故補叙於三射，亦列事之義法宜然。

公樂作而後就物，稍屬。

再射於授矢言「稍屬」，三射於樂作言「稍屬」，蓋以君之血氣有强弱，志慮有緩急，且無暇專勤藝事，故四矢之行不過與拾發之節稍相屬而已。求以疏數如一，不可必得也，不過與鼓樂之節稍相屬而已。求以循聲而發，不可必得也，故少寬之，亦所以使自循省，而知職任之重且大也。

公又舉奠觶，唯公所賜，若賓若長，以旅於西階上，如初。

合燕與大射觀之，凡曰「酬」者，公先自飲也，曰「賜」者，即以其爵賜也。凡言「賜」者，皆無先自飲之文。燕禮爲公、卿舉旅曰「酬」，爲大夫舉旅始曰「賜」，蓋事主於燕，時寬而禮可備也。大射爲公、卿舉旅即曰「賜」，事主於射，時蹙而儀當略也。賓已受酬，而爲公、卿舉旅復言賜賓者，若賓如子産、叔向爲一國之望，則公或再賜爵以風有位，而公、卿亦以下賢爲樂也。爲大夫舉旅仍曰「若賓若長」者，如再舉觶以賜公、卿，則三舉觶或仍以賜賓也。燕禮爲大夫舉旅在未立司正之前，以工歌之後隨立司正，説屨升堂，即閒有射事，亦用以爲歡，其禮極簡，觀大射旅後復射之儀可知。自當繼公、卿而舉旅於未安諸臣之前，以別於群士。大射則大夫志專於射，必俟射畢舉酬，然後理得而其心可安也。公、卿即不與射，而廟有著位，事有秩節，大夫則射不中者不與於祭。

庶子正徹公俎。

王朝庶子下大夫二人，中士二人，侯國正必上士，副必下士也。徹公俎者庶子正，則俎服不之庶子，必周官諸子職所作之群子也。服不在王官爲下士，則侯國必不命之士，而使當官之下士設其俎，不亦舛乎？

大夫祭薦。

受獻時不祭脯醢，省其節文，俾盡志於射也。故三射既畢，升堂坐飲，而後祭薦。士之獻，以數多，射前無暇及此，必待脱屨升堂，别有執爵者，主人無堂上之事，而後可徐徧耳。

乃薦司正與射人于觶南，北面東上，司正爲上。

司正即大射正也。司馬之事與司射等，而不與於特薦，以大射主於習禮觀德，而義不兼於立武也。司馬且不與，況司士與執冪者。疏謂「文不具」，非也。○按上下經文，似群士皆受獻立於東方，而後徧薦焉。司正、射人執射政之總，故獻時獨薦於觶南，以優異之，猶燕禮之主人，士也，而與大夫同薦。舊説俱難通。○燕以示慈惠，故并及司士與執冪者。大射以辨名位，程德器，故惟射人特薦，義之宜也。

主人就士旅食之尊而獻之。

鄉射之射事及獻薦，弟子所共實多。國君官備，燕與大射獻酬、射事皆官共之，庶子惟設折俎，弟子惟洗射爵、酌奠而已。庶子執事有列而門内無位，士旅食者一無所事而位在士南，特爲設尊，繼士而獻，則爲升於司馬之士，司士作之以從會同、賓客者無疑矣。蓋士旅食者及庶子，即他日之命士、卿、大夫也，猶鄉射之弟子即他日之學士可賓興者也。使之觀禮，則志氣有所感興，使之習事，則政法日以練達，所以成其德達其材者，即於是乎寓焉。至於祭祀之有旅酬，所以盡主賓之敬，又以使族姻、鄉黨情意周洽，而潛消其怨争鬬辨之萌。燕、大射之有旅酬，所以溥君公之恩，又以使少長尊卑分誼詳明，而即是爲協恭和衷之本。聖人緣情制禮，徧布周密，本末兼該，而一以貫之如此。○燕禮有士旅食，而庶子弟子不與焉，何也？射節、禮容、威儀、辭命莫詳於大射，乃庶子弟子所未見而宜早知者。燕則君臣相樂，惟將仕者使觀禮可矣。

賓升，再拜稽首。公答再拜。賓坐祭，卒爵，再拜稽首。公答再拜。

燕禮公答賓、主人、媵爵者、卿、大夫皆再拜，大射皆一拜，惟答賓前後兩再拜，於飲射爵，見救過之道在自下，於賓媵觚，見禮賢之義當厚終也。然賓始升及卒爵答再拜，而奠爵仍答一拜，輕重之衡寓焉。外此，惟始媵觶者卒觶後答再拜，以此觶乃代公飲酬爵也；無算爵受賜爵者答再拜，以受者非賓則公、卿，亦禮厚於終之義。

公坐，取賓所媵觚，興，惟公所賜。

士不得升坐，獻與酬必俟卿、大夫升坐之後，等威之辨嚴矣。而公爲士舉旅，坐取賓所媵爵，興而授爵酌膳，敬禮不殊於公、卿、大夫，此士之報禮，所以至於忘身亡家也。

所賜者興，受爵，降席下，奠爵，再拜稽首。公答再拜。

公爲賓舉旅再拜稽首，公答一拜，則爲卿、大夫舉旅皆答一拜，可知矣。而無算之受賜者獨答再拜，示君之待臣宜厚於終也。猶燕禮公命徹冪，公、卿、大夫皆降拜稽首而不復升拜，示臣之事君，於終彌謹也。

儀禮析疑卷之八

聘禮

遂命使者。

疏謂命聘時不言其國，以「既受行，出見宰，問幾月之資」決之，非也。未有命聘而不及所之之國者，蓋本事有淹速，在途有經過，故道齎不可定耳。

使者再拜稽首，辭。君不許。乃退。

以此知君臣之禮，惟饗、食、燕、射乃答臣之拜，其命以事，或臣有復逆，則再拜稽首而不答也。

既圖事，戒上介，亦如之。

復言「圖事」，蓋君與宰以遣聘之故，及所請之事、國勢邦交，更與使者共圖之也。非然，則前已言「君與卿圖事」，「戒上介亦如之」，宜直承「乃退」下，無爲復言「圖事」。如疏所云，以示別命，則宜曰「更命上介，亦如之」。第曰「戒」者，戒以事而不與圖也。於衆介曰「不辭」，則上介之辭亦同於使者。

衆介皆逆命，不辭。

逆，謂迎而受之，與周官「太僕聞鼓聲，則速逆御僕與御庶子」同義。

及期，夕幣。

既命既戒，而期則無定，何也？凡在行者，各有宜庀之家事也。視幣必以夕，何也？陳之即載而舍於朝，乃可與使者同時而就道也。且在禮，「已受命，君言不宿於家」，必夕幣，然後厥明使介告於室神，而進受於君，事乃順，禮乃安。

官陳幣：皮北首西上，加其奉于左皮上；馬則北面，奠幣于其前。

圭、璋、璧、琮不陳，非獨以其寶貴也。天質自成，雕鏤有度，無事臨期而覆視之。纁帛則有精麤，馬則有駑良，皮則辨毛色，非有司別擇而君、卿、大夫臨展，不敢以輸，所以重邦交，達誠悃也。

宰執書，告具備于君，授使者。使者受書，授上介。

將行，宰以書授使者而君不視，周官作大事，宰贊王命，則列國聘使之策書，君與宰已詳視之矣。及夕幣，君不視，宰及使者亦不視，蓋宰命宰夫官具，則宰夫一一審擇之，陳幣之時，卿、大夫已共見之矣。此三代盛時，百官得其宜，萬事得其序，君、相所以得從容論道，以盡其裁成輔相、燮理之宜也。

公揖，入。

周官司士掌朝位，射人掌射朝之位，惟見王之揖法，不見群臣拜禮。觀燕、射，君揖，公、卿、大夫無答者，蓋不敢答也。以此推之，惟朔月之朝，群臣小大皆宜稽首，其常朝，必君以事命，或臣有復逆，然後再拜稽首，明矣。

上介視載者。所受書以行。

視，謂以示之也。使者以書授上介，故上介以所受書示舍於朝者，使與幣並載以行。若詁「監視載者，所受書則以行」，於文爲贅。覲禮「天子賜侯氏車服」，「諸公奉篋服，加命書於其上」，則聘書宜與玉、幣同載，明矣。

厥明，賓朝服釋幣于禰。

將告於禰，遂稱賓，爲國客自茲始也。入廟則稱主人，對祝、史之辭也。載旜受命于朝稱使者，對君之辭也。○古者五十爲大夫，積功累勞以至國卿，則年必長矣，故出釋奠，反獻薦，皆曰「於禰」，道其常也。惟至所聘之邦，受饔以祭，筮一尸，上及於祖，該其變也，蓋間有篤老而父尚存者。

主人立于户東，祝立于牖西。

此卿、大夫、士廟制户于室西南之徵也。下經賓館有右房，又有西夾，所館者乃大夫、士之廟，則不獨天子、諸侯有西房、西夾矣。諸疏之説，必以經、傳折中，乃得其實。

上介及衆介俟于使者之門外。

必備集於使者之門，然後序入於朝而無參錯。衆介亦告於祖禰，文不具耳。

賈人西面坐，啓櫝，取圭，垂繅，不起而授宰。

以此知夕幣不陳玉也。宰與使、介遞相授而終以屬賈人，責有所專也。○繅藉韋版、絇組之説，注、疏俱未分明，依事以測義，則周官典瑞所謂天子大圭、鎮圭，「繅藉五采五就」。繅謂裹圭之褶帛與繫繩，即聘禮所謂「絢組」，藉則薦圭之韋版也。束圭又别有組，執之則以組末挽指間，以防失墜，所謂圭中必也。韋版之用，則天子祀天朝日，諸侯朝天子，執圭而有拜事，既拜，仍坐取，興執之。圭爲重寶，非若爵、觶有足有臀，可以奠於地也，故以韋版薦之。至享禮之璧、琮，加於帛上，則必有繅，用韋版與否，則無考矣。

宰執圭，屈繅，自公左授使者。使者受圭，同面，垂繅以受命。既述命，同面授上介。上介受圭，屈繅，出授賈人。衆介不從。

賈人垂繅袒圭，以示宰也。宰屈繅，既視而掩之，以授使者也。使者垂繅，復啓視，以授上介也。上介屈繅，既視而掩之，以授賈人也。正聘時，賈人垂繅以授上介，上介屈繅以授賓，義亦如此。宰屈繅以授使者，以使者必垂繅袒圭以授上介也。上介屈繅以授賓，以賓必去繅袒圭，而後執之以行事也。惟上介之授賈人似不宜屈繅，然啓櫝出圭者本賈人，則亦不必復袒圭以授矣。皆事理所宜，不獨以相變爲貴。○執圭以受命，見親受於君，付之瑞節以昭其信。又夕幣未陳圭，使得於君前一展視也。慮使者聽之未審，故使覆述所命，以不忘於心，又使上介重聽之，設使者有故，可代之傳也。

下大夫取以入，告，出許〔一〕，遂受幣。

曰「遂受幣」者，聘禮賓私覿私面，皆先入陳幣於門内，擯者辭，以其幣出，請受，然後賓復以幣入，相授受。假道禮略，故大夫取其幣以入告，而不煩次介入陳。及出許，遂受其幣，而不煩相授，皆體過賓之心，每懷靡及，不欲稽留也。注、疏推説皆未得其理。

餼之以其禮。上賓大牢，積唯芻禾，介皆有餼。

餼以牲牽，道或回遠，中有停止，可自爲節適也。芻、禾不可猝具，故官致之。米、薪、百物，隨在可市，使者計月而請道齎，正用之於此。必如此，然後主國不困，客亦可安。春秋時齊桓創霸，資糧、菲屨皆所至之國供之，故陳轅濤塗以爲「國必甚病」，而詭辭以誤之也。

士帥，没其竟。

周官訝士：「邦有賓客，則與行人送逆之，誅戮暴客者。」春秋傳晉欒盈出奔楚，過周，周西鄙掠之，盈有辭於王，乃使候出諸轘轅，則官常之廢久矣。

〔一〕「告」下，原本脱「出」字，據儀禮注疏經文補。

誓于其竟。

事之序，當在次介假道之前，而退於士帥没竟之後，何也？所過非一邦，故原始要終，以該在途假道之事也。

朝服，無主，無執也。介皆與，北面西上。

言介之面位，而賓無見，何也？曰「無主，無執」，則賓之面位壹如正聘時，不待言矣。〇玉爲瑞節，在途不敢輕執，慎之至也。上經「賈人不起而授宰」，義同。

賓朝服立于幕東，西面。

展幣則使者爲主，故從主人之位，以與肆儀異，故特見之。

賈人告于上介，上介告于賓。

幣、玉，上介親視，賈人告事畢，上介則告賓以所視皆完好也。聘使自受玉於君前以授上介，其後三展皆不復親，蓋國卿多老耆，不欲煩以事，故記曰：「官盛任使，所以勸大臣也。」

有司展群幣以告。

記曰「問大夫之幣俟于郊」，自不得與公幣同載同展，然其幣則受自公家無疑也。賓與上介私齎幣、馬，義雖未安，力或能具，士介何從具此？周官校人共使者之幣、馬，侯國宜同之。疏乃謂彼天子之使與諸侯異，以曲護其説，固矣。

及館，展幣于賈人之館，如初。

聘幣有圭、璋、璧、琮，故載用任輂，恐馬、牛之車，時有顛僨，入竟而展，及郊再展，及館三展，雖任輂尚虞仆蹶頓撼，又皮、帛則燥濕不時，宜風日也。展於賈人之館而不於賓館，已造國都，不敢復移動，直俟將命之日，然後以造於朝，慎之至也。觀孔子執圭，「勃如戰色，足蹜蹜，如有循」，則知就展於賈人之館之義。

賓揖，先入，受于舍門内。

周官司儀：賓受勞，使者受儐，皆升堂聽命，下拜，登受。此經則授於舍門内而不升堂，當以此經爲正。蓋下拜登受，惟天子有賜於諸侯則然，周衰禮壞，臣於君皆不拜下，故君有賜，皆登受於堂，有司莫能正。久之，且以新儀易故籍，而成周之舊典遂失其傳，惟聘禮則肄習者多，故籍尚未改耳。

勞者再拜稽首，受。

儐幣乃友邦之君官授聘使者，故如見友邦君而稽首也，與賓前後稽首同義。奉君命而出勞，則如見與國之君。

賓再拜稽首送幣。

疏引歸饔餼賓儐大夫禮，謂注「受、送」當作「授、送」，證據甚確。敖氏仍從注，未安。

夫人使下大夫勞以二竹簋方〔二〕。

諸侯之邦交，歲相問，殷相聘者，必兄弟婚姻之國也，若同州之國皆行此，則物不能具，人不能供。記曰：「若兄弟之國，則問夫人。」明非兄弟之國，無問夫人之禮。故有聘享夫人之禮，而主國之夫人亦使大夫答禮焉。其相朝而大饗，主國之夫人亦與焉。王后，惟二王之後有祼。大賓客，宮卿詔后禮事，

〔二〕「簋」，原本、四庫本俱作「簠」，據儀禮注疏經文改。

九嬪從，必后之母家，王之近屬伯叔父、兄弟也。内宰掌致后之賓客之禮，漿人共夫人致飲於賓客之禮，則爲王及后、夫人之親戚明矣。考之春秋，惟齊、晉、宋、衛與魯交聘。入春秋之始，陳爲望國，一聘於魯。春秋之末，鄭視諸小國爲强大，一聘於魯。秦、楚、吴、越之聘，則以盛强而窺東夏。用此推之，則周初舊典，惟大國物博易具，官備能供，乃舉殷聘。若次國、小國，雖兄弟、婚姻、慶喜、弔憂而外，惟問可時通，當殷聘之期，則小聘耳。

下大夫勞者遂以賓入。至于朝，主人曰：「不腆先君之祧，既拚以俟矣。」賓曰：「俟閒。」

致命受聘，以至之明日，禮有常經，而帥以至於朝，緣賓之心，使事未通，不敢就館也。主人曰「拚以俟」，示聘君有嘉命，迫欲受之也。賓曰「俟閒」，設主君有疾病、事故，當擇日而行事也。受聘於廟，而禮辭則曰「祧」，何也？凡邦交，多遠承於上祖，或在已祧之列，禮行於太廟，則凡主皆在祏也。

公再拜。賓辟，不答拜。

再拜，重友邦君以好來命也，故賓辟而不敢答。

公揖，入。每門每曲揖。

注「卑不踰尊者之迹」，謂主君由門中，而賓入不中門，偏近闑，則不踰君之迹。介與擯各拂闑，則不踰君與卿之迹。「士介拂棖」，則不踰上介之迹。疏似未達。

上介不襲，執圭屈繅，授賓。

垂繅者，使玉體呈露而不結束，故見組末之垂。屈繅者，周迴而結束之也。故賈人始啓櫝授宰，及聘授上介，皆垂繅，使受者目擊其完好也。宰授使者，上介授賓，皆屈繅，蓋結而授之，使便於執也。注謂「屈繅，并持之」，辭未分明，其謂並組約圭而兩手各持組末與？

介皆入門左，北面西上。

司儀職「及廟門，惟君相入」，本兩君相見之禮，群介皆入，人臣奉使之禮也。周衰，大夫强僭，不肯循臣禮之常，如衛孫林父聘魯，君登亦登之類。又不能强上介從己以入，而顯用兩君之禮，故盡止群介於廟門外，而惟主君之相入耳，與受勞、受儐之升堂同，皆有司失其傳。

賓升，西楹西，東面。

旅擯於大門，賓北面，對君之禮也。至升堂則東鄉，而與主君正相對，傳己君之命也。及致命，則公左還，北鄉而拜。凡敵者之禮，拜皆北面，如親見聘君也。若東面，則似答使者矣。

擯者退中庭。

公與賓方升階而致命，擯者無事焉，堂高七尺，若立階下，轉不見楹間所有事，故退立於中庭，然後可要節而進，以釋辭相拜也。

賓三退，負序。

此經三退，即司儀所謂「三辟」也。同有事於楹間，退之外別無辟法。注、疏强爲分別，似未當。

公側襲，受玉於中堂與東楹之間。

敖氏謂「公西面，賓東面以授」，似尚未安。凡敵者之禮，授受並鄉，故變其鄉而不並。然使東西相對，則使臣仍過於抗。按賓致命，主君北面，則楹間拜後，進至中棟，宜右還西南面。賓三退負序後宜進就主君，東北面進玉，以答其敬，義乃盡，情乃安。○中堂，言南北之度，東楹之間，言東西之度，故曰「與」。

賓出，當之坐攝之。

俟賓之出而當之以攝，示親受於賓也。

公側授宰幣，皮如入，右首而東。

前「士受皮者，自後右客」，注約私覿牽馬者自前西向出，敖氏謂「與受馬之儀相變」。此注右首變於生，敖氏謂「右」當作「左」，義甚瑣細，存而不論可也。

賓奉束錦以請覿。

疏引春秋傳「公會晉師於瓦」，證晉卿乃從君見主君法，非也。經書「會晉師」，則君不在師中，明矣。傳亦無君在之文，未可曲證。

公出，迎賓以入。

聘享不出迎，緣使者之心，欲敬將君命而自致其爲臣之禮也。至是而出迎，權主君之義，不宜竟以内臣之禮待，故轉於其私覿自抑下耳。

賓進，訝受几于筵前，東面俟。

疏謂受几受醴不北面，以禮未成，義尚未備。受几時將俟公之拜，而以几辟，公拜送，非於阼階，則東序端，而賓筵在户牖間，若北面，則不見公之拜，無以要其節而爲禮矣。受醴後亦然。

公壹拜送。賓以几辟，北面設几，不降，階上答再拜稽首。

主君受聘、享各再拜，受夫人之聘、享亦如之，賓皆不敢答，至是禮賓，故見君之拜即再拜稽首於階上，以示震動恪恭，不敢當此盛禮，而不暇循降拜、升成拜之常也。燕禮公親酬，食禮公拜至，揖食，將飯，受有幣，皆先降拜而後升成拜。受几受醴，賓皆不降，所以自别於主國之臣也。主君於聘賓，受聘、享不出迎，以臣禮待之，至私覿而後以賓禮迎焉。聘賓於主君，初拜於階上，以見其爲異國之臣，及禮終拜稽首於階下，然後一同於己國之君。屈伸先後，皆天理之自然也。

擯者退，負東塾。

要其節而出，不復受命於君，故遠退於東塾以便事也。

公用束帛。建柶，北面奠于薦東。

賓建柶奠觶，以將降辭也。「公用束帛」下疑落「酬」字。

升。公北面再拜。

賓入門奠幣，再拜稽首，主君不答，不敢受其臣禮也，故於其升則再拜焉。

賓三退，反還，負序。

反還負序，至牆然後旋而東鄉也。蓋其退也，轉面而西鄉，不敢見主君之拜也。至序而後東鄉，則主君拜已畢矣。以是知致命之初，主君當楣而拜，賓逆退負序，面猶鄉東，所拜者聘君之命也，使者宜辟遠之，而猶可以見主君之拜焉耳。

擯者曰：「寡君從子，雖將拜，起也。」

公辭下拜多矣，惟此著其辭，何也？燕射乃本國之臣，即聘賓之拜醴、幣，亦奉君命，將公事，雖辭，不必如是之懇至也。惟私覿下拜以送幣，故獨釋此辭，而他無見焉。

上介奉幣，皮先，入門左，奠皮。公再拜。

賓、介私覿，主君皆拜於未受幣之先。既受幣之後，則賓、介再拜稽首，主君皆不答，示始入之拜乃執主人之禮，與拜至相類，而非重幣物也。惟享幣再拜而受，如主君親授，故執敵者之禮。

介出。宰自公左受幣。

上言「北面授幣」，公受之也。介出而宰自公左受幣，則受於公可知。蓋「公側授宰幣」，已見賓覿，故於介省文。

公答再拜。擯者出，立于門中以相拜。

士立門外，不見公之答拜，擯者立門中，要其節而贊，然後得聞而辟焉。正聘時公拜，賓雖三退，而面猶鄉公。私覿反還負序，則退時轉面而不見公之拜矣。至士介，則公拜於庭中，而士辟於門外，辟之中亦有差焉。惟上介之辟無文，蓋儀與賓同。士介門外猶辟，上介無視公之拜而不辟之理。其轉面南鄉而三退，待公既拜，然後反還振幣，無疑也。但庭中廣且深，去門遠，非若堂上有負序可表，故並没其文，使讀者上下比類而知其必然耳。○主君於賓、介之覿，皆拜於未受幣之前，猶燕與公食大夫之禮之拜至也。及送幣再拜稽首，皆不答，至士介則惟賓代之辭，公答再拜。時衆士已出辟中門之外，其幣則使宰夫受之，等威嚴辨如此。蓋天下有王、卿、大夫、士，皆王爵也，故異國之臣亦得以君道臨之，所以辨上下，定民志也。周之衰，始於霸國會盟，擅易周班，其終至於涉佗、成何，衆辱衛侯，列國皆有叛志，晉亦不能復宗諸侯，而六卿且不有其君。記曰：「以舊禮爲無用而棄之者，必有亂患。」可不懼哉！

士介皆辟。士三人東上，坐取幣。

擯者執上幣以出時，士介皆出門，公拜，辟於門外之後，三人復入，坐取幣也。不言復入，可知也。

公出，送賓。及大門内，公問君。賓對，公再拜。公問大夫，賓對。公勞賓，賓再拜稽首，公答拜。

周官司儀「出，及中門之外」，即大門内也。諸侯相爲賓，主君出郊以勞，故於聘君，必出廟及大門而後問，示不敢即安，若欲就客而問之也。司儀問君，君拜則客辟，勞客，君答拜則客趨，而此經缺焉，何也？賓始至，入門左，公拜，賓辟。勞賓，君答拜，賓三退負序。拜君之命，使者猶趨辟，則更端而問君之起居，禮義尤重，趨辟不待言矣。公受覿，再拜，賓三退反還負序。今釋辭以慰己之勞苦，禮義尤勤，趨辟不待言矣。且儀禮所詳，禮之細目也；周官所布，禮之大綱也。問君勞客之辟，列於職官，人莫不知，故不復詳，而惟詳於司儀所未列者耳。

腥二牢。

餁一牢外復有腥二牢，何也？餁鼎及簠、簋、豆、鉶，即日所需也。腥鼎則翼日所需，始至未暇自割牲，故主人先奉以至也。卿行則自有司下逮隸圉，其爲人多矣，非此不足以供億，故上介、士介每減焉，皆稱從者之多寡以爲齊量也。

饌于東方，亦如之。

堂上之饌，爲餁牢設也。東西之饌，爲腥二牢設也。堂上之饌加隆焉，以賓將以祭其祖考也。餼二牢，則以備無事在館時所需，其生牢不必同時而用之。醯、醢百罋，以供調和鼎、俎、豆、鉶、簠、簋諸器，賓館自具，無事於致餼時預陳也。腥二牢既體解以載於鼎，則宜於羹者亦可以實於鉶，故並列焉。

米百筥。

周官侯、伯之積，米百筥，醯、醢百甕，而次國之卿與之同，何也？君行師從，卿行旅從，疑惟軍旅、會盟則然，非朝聘之法也。韓侯之百兩以入覲，兼親迎。春秋傳「百兩必千人」，伯國求多而幣重也。先王制禮，厚往而薄來，安用百兩？且諸侯同時旅見，使皆百兩千人，則畿内侯館不足以容矣。以是揆之，侯、伯朝覲，車徒必寡約，而卿、大夫聘於鄰國禮幣略與君行等，則車徒亦不能過損，故供積亦同，皆稱所用而爲之具耳。

賓降，階西再拜稽首。拜餼亦如之。大夫辭。升，成拜。

辭其下拜而命之升成拜，本國之臣禮也。賓受酬幣下拜，公辭，賓升，再拜稽首，而不曰「升成拜」，見不敢以臣禮待賓。若賓自拜於階上，與前受几同。此則曰「升成拜」，以賓欲盡敬於主君，大夫不敢固辭，以存國體，而亦以達賓之意焉耳。

賓升一等，大夫從，升堂。

大夫致命，則先升一等，崇主君之體也。賓儐大夫而先升一等，從主人之常也。

賓降堂，受老束錦。大夫止。

敵者之禮，主人降，賓必從，而大夫止，何也？奉君命歸饔、餼，幣雖己所受，而禮則爲答君之貺，故不降，以存國體，而亦以達賓之意。賓北面再拜稽首以送幣，正此義也。

賓致幣。

以在異國，不得稱「致命」耳。出聘之時即齎儐幣，非君有命，可出之内府乎？大夫再拜稽首，正以重聘君之賜耳。注謂「非君命」，義亦滯。

大夫對，北面當楣再拜稽首，受幣于楹間，南面，退，東面俟。賓再拜稽首送幣。

大夫受儐幣南面，以所將者主君之命也。然受幣雖南面，而將受則北面再拜稽首，以致幣者賓，而實友邦君之賜也。同等宜再拜而不稽首，大夫既稽首以拜聘君之賜，則賓亦宜稽首以送幣矣，匪是則不稱。

明日，賓拜于朝。

君歸饔、餼，下逮士介，則賓拜禮於朝，上介與士介皆從可知矣。

西夾亦如之。筥及甕如上賓。

牢以頒之從者，故賓、介數異。豆、鉶、簠、壺之實與醯、醢，所以奉上介者，自宜與賓同。至筥米之數，群介皆同，乃始至所用。其門外之米，則視牢數爲多少也。

士介四人，皆餼大牢，米百筥，設于門外。

周官掌客諸侯相爲賓，「凡介、行人、宰、史皆有飧、饔、餼」，又云「諸侯之卿、大夫爲國客，則如其介之禮以待之」，是凡介皆有飧、饔、餼也。而此經獨有餼者，惟餼具大牢，禮盛，故特著之，飧、饔從略耳。致飧，衆介皆少牢，則饔可知矣。如無饔，則始就館，未暇自割烹，賓與衆介之所同也。

宰夫朝服，牽牛以致之。

疏「士有生餼，無死牢，則並無芻、薪、米、禾」，非也。芻、薪、米、禾不致，客焉取之？蓋飪與腥亦如飧之少牢，凡醯、醢、簠、簋、豆、鉶之屬亦每減，以其爲日用必需之物，更無不致之疑，故略之。周官掌客日致乘禽，而此經缺焉，記始補之。皆以禮非盛而文不具耳。

無儐。

禮無不答。聘禮用財最廣，故惟主君於賓有醴。主君、夫人致禮，賓有儐。若問卿私面而有儐，則大夫餼賓，賓亦宜有儐，不勝其費，故雖尚文而亦有所止也。

大夫對，北面當楣再拜，受幣于楹間，南面，退，西面立。

問卿大夫北面受幣，則授者必南面，此南面受幣，則授者必北面也。私面似可用敵者之禮，然大夫於聘君之問，聽命、受幣皆北面，壹如對本國之君。禮不可以無報，故於私面，北面而進幣，蓋不敢如將君命之南面而奉君命而爲邦交，又不敢用私家敵者受授同鄉之禮也。還玉則賓主同鄉，以彼此皆將君命耳。大夫受幣，再拜而不稽首，以別於聽聘君之命也。○問卿，賓東面致命而南面授幣，私面，大夫北面拜禮而南面受幣，皆禮意之曲而當者。

擯者出請。衆介面，如覿幣。

賓及上介、士介於主君之覿、卿大夫之覿與面，皆同幣，蓋稱己之所宜致，而不以所致之尊卑爲差等也。飧、積、饔、餼之數，則以所致之尊卑爲等，各稱其所需也。

擯者執上幣，立于門中以相拜。士介皆辟。

一與覿君之禮同，何也？擯者，下大夫也。使下大夫相拜而士介與國卿覿面而相爲禮，則彼此皆不能安，故禮以有所窮而同。

擯者退。大夫拜辱。

擯者，下大夫也，以同僚而共己之私事，故拜其辱。擯必以下大夫者，介乃下大夫也，將聘君之命以問卿，若使公士或私屬爲擯，則禮不稱。卿有故不能親饗食，公作同等大夫爲致，義亦如此。

夕，夫人使下大夫韋弁歸禮。

問卿、大夫既畢，而後夫人歸禮，何也？主君之禮已答於聘使，而聘君之禮尚未達於主國之卿、大夫，而再受禮，非使者所安。猶聘、享既畢，賓請覿，非主君所安，故辭之而請醴也。夫人所歸惟籩、豆、兩壺，不待頃而可畢，故於夕爲宜。

儐之兩馬、束錦。

夫人所歸無牢禮，歸之者大夫，而儐之壹如君，君、夫人敵體，禮不可有加損也。聘使，卿也，而六豆、六壺、六籩，一同於子、男。大國之卿當小國之君，周制也。夫人無殷膳饔食，諸侯世相朝，故盛禮可備。聘使則歲時不絶，供意繁費，更不可有加矣。

老牽牛以致之。賓再拜稽首。

大夫私餼而賓稽首，何也？賓請有事於大夫而主君許焉，則後此之歸餼亦主君之命也。猶問卿升堂北面聽命，賓致命，卿降階北面稽首，所謂「禮有報」也。

公于賓，壹食再饗。燕與羞，俶獻無常數。賓、介皆明日拜于朝。上介，壹食壹饗。

敖氏謂「賓、介皆明日拜於朝」當在「上介一食一饗」之下，非也。凡賓受禮而拜於朝，介與群介必從，舉例於前，則上介之食、饗，賓及群介皆同拜於朝，可知矣。若退其文於「上介一食一饗」之後，則似賓受禮，拜於朝者惟賓，上介受禮，拜於朝者惟上介，而群介皆從賓、介而拜之，禮義不可得而見矣。○介惟食、饗，惟賓乃有燕，而燕以介爲賓，賓爲苟敬，則非以尊介，乃所以優賓，義益著矣。

賓皮弁襲，迎于外門外，不拜，帥大夫以入。

大夫還玉，答聘君之正禮也，故使者不敢拜，猶始至聘享，君致主君之正禮也。故主君再拜，使者亦不敢答。大夫出，賓送而不拜，義與此同。既無拜禮，無暇與大夫爲小禮，故但帥以入而不揖。

賓自碑内聽命，升自西階，自左，南面受圭，退負右房而立。

大夫南面致圭，如主君親臨之也。賓不北面受而並受，如聘君親受之也。於本國受圭、璋時北面並受，乃臣在君前相授受之禮，與此異。注「若鄉君前」，未安。

大夫降中庭。賓降自碑内，東面，授上介于阼階東。

言「東」而不言「阼階下」者，自碑内授，則在階下，明矣。又經通例，堂西、堂東皆謂堂下，則階東西爲階下，更不待言。○觀此，則碑在中庭以北，明矣。

上介出請。賓迎。大夫還璋，如初入。

不言大夫之出，何也？曰「上介出請」，又曰「如初入」，則大夫已出在門外，明矣。蓋圭、璋不容並執，故主國之賈人執以待於門外，還圭之後，復出而取之。○此節經文疑有錯衍，宜曰「上介出請，賓迎大夫入，賓裼，大夫還璋，如初，賄用束紡」云云，乃事得而辭順。如本文，則辭不別白，事不分明。

大夫出。賓送，不拜。

大夫則承君之命而爲君還玉，賓則終聘之事而爲君受禮，故皆不敢拜。

聘享、夫人之聘享、問大夫、送賓，公皆再拜。

四者皆答聘君之正禮，故知主君必申其敬，而賓不敢親見也。若親見，則拜送不可以不答。拜聘、享，又再爲前退辟之禮，問大夫，又别爲之儀，皆非所安，故並以辟爲敬焉。介可以視主君之拜者，義不敢答也。問大夫而主君乃拜焉，示聘君爲己而加禮，故大夫轉不敢私拜於賓館也。賓不敢見而主君拜送，示好命之有終，猶始見將命而拜其至也。觀主君爲大夫拜問而大夫受幣，賓受大夫私饋之稽首，皆如對友邦君，其義益著矣。○於儀禮見聖人盡精微之學，而聘禮若微有缺焉。主君於使者拜無不答，終又總其大節而再拜者四焉。聘君遣使時宜再拜而送之，而經、記無其文。豈告廟、卜聘、筮日、筮使之禮皆包於君、卿圖事之中，而所述直自命使者始，前此卜筮、告廟爲聘事而拜者屢矣，故命使之後轉無拜禮與？

公辭。賓退。

賓不拜而退，所以示主君之拜乃答其君之禮，而己不敢尸，即致辭不曰「拜辱」而曰「請命」之義也。○賓辟則公拜於賓之館，公辭而賓不拜於君之朝，何也？拜聘、享，使者不敢代君、夫人答也。公爲問大夫拜，使者又禮無可施也。三禮不拜，而專拜公之館送，則轉似敵者之禮，鄉飲酒、鄉射之終，賓主皆拜辱而不相見是也。故公辭而遂退，以示不敢當公之拜送。舅爲婦降洗，婦辟於房中而不敢辭洗，亦此義也。司儀職曰「賓從，拜辱於朝」，探其從而請命之意也。此經不曰「拜辱」，以公辭賓退，實未嘗拜，而以拜爲文，則辭與事不應矣。

賓三拜乘禽于朝。

公之饔餼、饗食、燕羞、俶獻，賓皆明日拜於朝，惟乘禽日致，未嘗特拜，故禮終而後稱言。凡禮之重者三拜，故總拜亦以三。○公就賓之館，賓不見而拜送，於禮爲過，故轉以從公之命而不敢答拜爲敬。辭於朝，乃以拜乘禽爲言，且不稽首，仍不敢與公抗禮之義也。

公使卿贈，如覿幣。

還玉及賄在賓將行時，贈幣則於出舍於郊之後，與出聘時公幣載於朝，問大夫之幣俟於郊同，非獨公私有辨，異期易地，然後可從容裝載也。

乃入，陳幣于朝。

報君之禮玉，使者親執以反命，則介宜執幣以從，故所陳惟賓、介所受之幣也。圭、璋、璧、琮自夕幣後，在塗之肆不展，入境、及郊、就館三展，皆賈人拭之，上介視之，而以告於賓。蓋王朝所命之瑞節，不惟懼或失墜，即久陳於席上，亦非恭敬奉持之義也。

束帛各加其庭實，皮左。

曰「各加其庭實」，以庭實或皮或馬，各相從而設也。皮、幣並列而皮左，則幣置於馬之前，不待言矣。

上介執璋屈繅，立于其左。

同時反命於君前，使者既垂繅裼圭，則上介屈繅，相變以爲儀，無妨也。與相授受者，事殊而義亦異矣。

某君受幣于某宮。

受聘宜皆於太廟，而曰「某宮」者，或婚姻之好始於某君，則宜於某君之宮也。

禮玉亦如之。

前注謂禮於君者不陳，非不陳，無可陳也。賄幣賓執以告，授宰，有明文。「禮玉亦如之」，則賓執玉以告，士介執帛以從，賓授宰玉，士介亦以帛授宰士，明矣。外此尚安有可陳之公幣哉？

執禮幣，以盡言賜禮〔一〕。

圭、璋瑞節，使者所執以反命也。禮玉退在賄幣之後，一循主國還玉時致禮之次第也，公事畢，然後可言己所受幣。曰「賜」者，所受於主君也。曰「禮」者，卿大夫所致也。其事繁賾，

〔一〕「賜禮」，原本、四庫本皆作「禮賜」，據儀禮注疏改。下文同。

不可勝言，故以「盡言賜禮」括之。經文辭約而事詳如此。

公曰：「然，而不善乎？」

「然」字斷句。謂其然，則汝於使禮，果盡善而無缺誤乎？喜之甚而若有難也。大夫使，無失言，無失儀，然後主君親饗食燕勞而備禮焉。

君使宰賜使者幣。

昭公四年左傳：杜洩曰：「夫子受命於朝而聘於王，王賜之路，復命而致之君。君不敢逆王命而復賜之。」王賜且然，則鄰國之賜必待君之復賜，宜也。

介皆送至于使者之門，乃退揖。使者拜其辱。

揖而退，恐勞使者之答，此亦以不拜爲敬者也。拜辱宜各至其門，注、疏謂即拜於退揖時，以未告於禰，自不暇報禮於介之門也。

筵几于室，薦脯醢，觴酒陳。席于阼，薦脯醢。三獻。

「觴酒陳」敘於「薦脯醢」下，見脯醢、觴酒，第薦陳於筵上，以明無尸，亦不用祝代神祭酒也。士虞禮，尸未入，佐食代神祭黍稷，祝代神祭酒。不言孰亞獻，孰三獻，以主婦不與，從者不與，則爲居守之室老、貴臣無疑也。先列阼席與薦，而後言三獻，明主人獻爵後，隨受酢，然後亞獻、三獻繼舉。○敖氏謂主人酌以自酢，非也。凡自酢，必所獻者非一人而無敢專酢，或應酢之人自卑而不敢酢。奠告無尸，祝酌象神賜，宜也。若主人自酌酢，則似以遠行而自勞，義無所處矣。

一人舉爵，獻從者。行酬，乃出。

一人舉爵，示洗、酌皆此人爲之，以授主人而親獻也。所獻惟從者之長一人，餘則遞酬以徧，所以息主人之勤也。遠役始歸，敬如君所，對命禮終，雖强力亦倦怠矣，況國卿年必耆艾乎？是以告廟之禮甚略也。○古人御下，非獨恤之，必接以禮。國卿行役，歸告禰廟，先獻從者，而後入見家人。師出而反，王親弔勞士庶子，大司馬相，所以誠無不通而人忘其死也。

聘遭喪，入境則遂也。

經文曰「入境」，注遂謂「關人未告則反」。既抵關，主國無不納之義，即使者亦無遂反之義。朝聘稱先君以接之，乃邦交之爲，非爲一人也。且立關或因山川之要綰，或度人民所走集，非若四封之有植也。其入境而未達於關者多矣，經曰「入境」而不曰「叩關」，其是之故與？春秋傳魯、宋並朝於楚，及漢，聞楚子卒，宋人遂反，蓋本不願朝楚，故曰「俟立君而爲之備」，非朝聘之常禮也。

不筵几。

正禮設筵、几以受聘，示先君之靈實式憑之也。今君之魄體尚在堂，則與親受同，其義與使者以尸將命可相發也。

不賄，不禮玉，不贈。

喪之殺禮，非爲財用之竭。子則創鉅痛甚，無心於外事，臣則治喪營葬，不暇接朝聘之賓客，故受而不報，以俟喪畢而報聘耳。

遭喪，將命于大夫，主人長衣、練冠以受。

疏引春秋成公十八年「邾子來朝」傳〔一〕，謂「逾年可朝他國，他國來朝，亦可以吉禮受之廟」，迷亂極矣。三年之喪畢，然後入見天子，乃逾年而私相朝，以吉禮受於廟乎？

赴者未至，則哭于巷，衰于館。

既以君喪聞於使者，而不並告主國，何也？告終之禮，必具册書，遣行人特告於天王，徧赴於同好。始喪薄遽，未暇及此。且使主君既聞喪而嘉服以受聘，則非情所安，及使臣未成服而常服以將命，則於義爲可也。其禮節當以傳遽書方，先告於使者，俾即致命聘享。聘享畢，乃哭於巷，衰於館。

受禮，不受饗食。

受禮所包甚廣，自郊勞致館以及飧、積、饔、餼皆是也，所不受者惟饗食耳。在禮，爲君食粥，疏食、菜羹不御也，而受飧、饔，何也？飪、腥已具，不受，則主國將焉用之？且惟賓、介、士介及有司爲公士者不食耳，僕從、隸圉無疏食之禮，是以得受而盼之也。

〔一〕「八」，原本、四庫本皆作「七」，據春秋經改。

赴者至，則衰而出。

使者聞喪，即私布於主國，及赴之未至，而吉服以將事矣。聘禮既致，則衰於館而不復出。赴者至，則主國亦不得留賓，即日奔喪。其來弔唁者，當往拜而後行，故衰而出也。

唯稍受之。

周官大行人職賓客出入皆有積，此經略之，故記詳焉。行人職諸侯相爲賓，致積有常數。此待鄰國之聘使，故旬而稍。敖繼公謂「稍乃漿飲、乘禽之屬」，非也。舍致積之重禮而詳漿飲、乘禽，於義無處。

歸，執圭復命于殯，升自西階，不升堂。

君殯在西階，無堂事，故不升。

與介入，北鄉哭。

明子、臣皆哭，乃在國諸臣。使、介以復命未畢，於時不哭，故既出復入以致哀也。

若有私喪，則哭于館，衰而居，不饗食。

上經曰「不受饗」，以公喪賓、介皆不受也。此曰「不饗食」，則主國並戒賓、介，而有私喪者則固辭不往。○上賓死，則上介不忍受饗食，而終辭以君弔而主其喪，則禮之主於酒食者不可復與也。

歸，使衆介先，衰而從之。

注謂君納之，則朝服而反命。「君子不奪人之親」，既以國事不得送死，又不使速歸而哭殯，非情也，其義與在所聘之國異。邦交禮重，更舉爲難，故於凶問始至，吉服將命，即日終事，而後盡其私焉，蓋其期猶在未成服以前也。反其國，則介可復命，又使脱衰而朝服，毋乃傷恩而悖義乎？賈疏又云：出公門，釋朝服，反常服，三日成服，而後去之。益無義理。聞喪不得奔喪，則成服於所適之國，記有明文。

主人爲之具而殯。

異國賓館無肂而加塗之義。云「殯」，承「爲之具」而言。凡輤、裧、裳、帷、屋、衾、綪、披，皆載柩以歸殯之具也。

介受賓禮，無辭也。

使者死，以尸將命，則喪具之外仍歸賓禮，於主國之義乃安。禮之歸，以重邦交，非爲己也，故介受而不辭。

士介死，爲之棺斂之。

注「不具他衣物，以時服斂」，非也。延陵季子使而反，在途，故子死，斂以時服。古人重送死，賵、賻、含、襚，雖不逮事，猶越國而致禮焉。使者死於其國，而斂缺衣物，非主國所安，同使者亦難爲情。康成蓋以「爲之棺」句，謂獨具其棺，而斂以親身之服，不知經意正謂爲之棺而具衣物以斂耳。

小聘曰問，不享，有獻，不及夫人。

不能備禮，而以國之所有獻友邦之君可也。不用玉、帛，而以器物獻夫人則褻矣。記云「既覿，賓若有私獻」，則此爲聘君之公獻可知。且下經「面不升」，私覿之前不宜先有私獻，注不可通。

主人使人與客讀諸門外。記

古者册書之辭簡要，大者百名以外，恐言不盡意，必叩之使者乃知情事之詳。周官「内史讀四方之事書」，以簡書之辭出於内史，先與客讀，然後爲王誦之，而後可發命也。侯國禮亦宜然。

問大夫之幣，俟于郊，爲肆，又齎皮、馬。

爲肆，賓、介、群介之幣各一列，問下大夫嘗使者之幣又一列也。幣兼玉、帛、皮、馬，既曰「幣俟于郊」，又曰「齎皮、馬」，何也？明掌載各有人也。不曰「賫」而曰「齎」，何也？或本國少皮、馬，而所經之地多有之，則道齎外，别授以市皮、馬之齎。

卿館于大夫，大夫館于士，士館于工商。

注謂「館必於廟」，以禮事皆在廟也。然受禮必於廟，而起居、飲食必别有館舍，車馬必别有所納，徒御必散舍於里黨之間，唯天子巡狩可舍於諸侯之祖廟耳。友邦聘使，歲時數至，而使舍於群臣之祖廟，則室神弗得寧矣。曾子問曰：「爲君使而卒於舍，禮曰：公館復，私館不復。何謂也？」孔子曰：「自卿、大夫、士之家曰私館，公館與公所爲曰公館。」「公所爲」者，即卿、大夫、士之家而公命館客者也。由是觀之，使臣之公館必本設數區，聘者麇至，然後命館於私家耳。

飧不致，賓不拜，沐浴而食之。

賓初至，力乏事紛，故飧不致，重煩賓答禮也。賓亦不拜，正聘諸大禮皆在厥明，無暇拜小禮也，故夫人夕歸禮之後乃曰「明日拜禮於朝」。然必沐浴而後食，造次必以禮也。

宗人授次，次以帷。

敖氏據司儀「車進」，謂「朝君未嘗入次」。但雖不入次，次亦宜張。使未傳擯之先，禮成之後，朝君或有私急，不能就舍，無次可乎？

將授，志趨。

其義與士相見禮「執幣，容彌蹙」類，蓋將授玉而操心愈專慤也。魯論「勃如戰色，足蹜蹜，如有循」，則志可想見矣。

授如争，承下如送。君還而后退。

如争，如争取物，不遽釋手也。主君既受，猶以手承君之手下，如初送玉者然，防主君握之或未固也。君轉身而后退，則必無隕墜之虞矣。蓋致己之慤恭，兼防受者之失誤也。

多貨則傷于德，幣美則没禮。

春秋傳「庭實旅百」，乃天子大饗宗廟，六服、諸侯各薦國之所有，非侯國之事也。玉、帛之外，不過乘皮，或代以乘馬。若如秦鍼將幣入反，季氏賂齊，百兩一布，則受者成貪，而致者亦爲貨取，德爲之傷矣。制幣度數有常，錦文色象有定，若奇巧華靡，則禮意爲之没矣。

賄，在聘于賄。

在，察也，與戴記「在視寒暖」之節義同。

凡執玉，無藉者襲。

圭、璋手執，不連韋版，所謂「無藉」也，故聘則賓襲。璧、琮加於束帛，必繫於韋版，或薦以褶帛，故享則裼。

既覿，賓若私獻，奉以將命。

私獻，如魯壺、宋斤及飲食、珍異之物所聘之國無有者，非聘、享之法物，而君以相遺，則褻矣，故使使者私獻而稱君命以將之。

幣之所及，皆勞。

下大夫常使至者幣及之，不惟卿也。敖氏謂「以幣不及己而不勞，恐非禮意」，非也。若聘幣徧及小卿、五大夫而徧勞焉，豈惟財力難供，日亦不暇給矣。

賜饔，唯羹飪。筮一尸，若昭若穆。

君賜腥，必熟而薦之。太牢之飪乃人臣所不得用，以承君命而得賜於異國之君，不敢以自享也，故薦於先人。

肦肉及廋、車。

周官掌客：諸公之臣，相爲國客，惟賓、介有牢禮，則群有司惟歸稍而無牲賜。卿行旅從，隸圉厮役之多無若掌車馬之官，故以腥牢肦之乃可徧也。其餘有司及府、史、胥、徒、家僕、私人，則各以飪牢朌之可知矣。賓腥二牢，上介腥一牢，皆稱其車馬之衆寡而爲之制，其飪皆一牢。古者屬吏事其長，府、史、胥、徒、家僕、私人甚少，飪一牢已綽有餘裕矣。賓祭之事，惠澤及下，不遺一人，故饔、餼牢禮之盛如此，非此不足以供億也。用財之厚，豈惟聘義所云以固邦交而弭侵陵之患哉？

旬而稍，宰夫始歸乘禽，日如其饔、餼之數。

以十日爲期，則主國君臣饗、食、燕皆寬然有餘矣。有故而留，則惟致稍與乘禽，雖用財至廣，亦未嘗不節以制度也。曰「乘禽」，以其雄雌相乘而爲偶也，故致之亦以雙。

凡獻，執一雙，委其餘于面。

注具賓、介拜受之儀，恐未安。飧、稍不拜，乃日致乘禽，使賓僕僕而亟拜乎？疑禽獻與稍廩乃有司以致於賓之宰，故無拜禮。將行，三拜乘禽之賜，特揭於禮辭，職此故耳。

既受饔、餼，請觀。訝帥之，自下門入。各以其爵朝服。

「請觀」下疑有闕文。蓋事微，故不特請而假於致饔、餼者以達之也。其入觀之日，則惟主君所命，非受饔、餼之日旋請旋帥以入也。其期宜介於饗食與大夫致餼之中間，必主國無他禮事，而後可帥賓以觀。○如所觀爲宗廟、朝廷，則聘享、饗食已數有事矣。所請，蓋觀其國之舊典及方志，如韓起聘魯而觀書於大史氏，或國有名山大川、因國先哲之遺蹟也。○所觀者官府之典册，則入自下門，而觀者朝服。若山川、古蹟各就其地而觀之，則服其常服也。

凡餼，大夫黍、粱、稷，筐五斛。

周官「稻人掌稼下地」，中原所寡有也。江淮以南，飯稻羹魚之國，春秋以前皆未通上國。河南北、山東西建國，有稻地者少，而賓客饔、餼甚多，故惟用土之所宜。

反幣。

諸本俱屬上「重賄」下，義無所取，宜屬下禮辭。蓋還玉之後，公隨至賓館而拜聘、享之命，故以拜命之禮辭繼之也。不曰「還玉」而曰「反幣」者，賄用束紡，禮玉、束帛、乘皮同時而致，致之者即還玉之人也。

賓于館堂楹間釋四皮、束帛。賓不致，主人不拜。

君命館賓，而以幣酬。賓若致，則館人宜固辭。館人終辭，則賓自視缺然。故必不致不拜，而後於情安，於理得也。

有大客後至，則先客不饗食，致之。

以大國卿、大夫後至而不親前聘者饗、食之禮，雖衰亂不可行，況王道盛明之世乎？所謂「大客」，乃諸侯來朝或王使過賓。未暇與先客爲禮，而列國三卿、五大夫各有國事，或使者所聘非一國，豈能久待後客之歸而後受禮？故可以情告，而饗、食皆以幣致耳。

儀禮析疑卷之九

公食大夫禮

賈疏謂不言賓、介，以小聘之上介乃士，專言「大夫」，然後可包大聘之上介、小聘之賓。得之而義尚未盡。專言「大夫」，明士介不得與，又本國之臣有大勳勞，亦用此禮，春秋傳「魏絳和戎，晉侯與之禮食，使佐新軍」是也。

賓出，拜辱，大夫不答拜。

賓拜大夫之辱而大夫不答，以君命未將，明惠出於君而已不敢與也。

即位。具。

謂群臣即外朝之位以待君出也。蓋諸侯三門，外朝在大門之內，故序立以待君出，然後延賓入大門，東轉鄉廟，而卿大夫從君以入也。

鼏若束若編。

若束若編，著其異於尊冪之用布也。可束可編以覆者，惟茅爲善，故知以茅。於尊冪明著其以綌，而鼎鼏則以製作之方見其物，周人之文，簡而愈明，類如此。

設洗如饗。

燕與食存而饗禮則亡，蓋其禮甚嚴，几設而不倚，爵盈而不飲，故諸侯苦其難行而去其籍。喪、祭惟大夫、士之禮存，亦職此之故耳。春秋傳「趙孟欲一獻」，衰世之人怠於行禮如此。

飲酒、漿飲俟于東房。

無獻酬，故無尊，而惟具飲酒。一食之頃，無用六飲，故惟截漿。〔二〕曰「俟」，蓋酒人、漿人奉之，待事至然後實觶以授宰夫也。他禮酒尊多設於户外，嫌或俟於堂東，故特著之。

凡宰夫之具，饌于東房。

〔二〕「截」，原本、四庫本皆作「截」，據儀禮注疏鄭注改。

大射禮薦君之脯醢亦特表其出自左房，則燕禮「具官饌於寢東」，在堂上而不在房中明矣。食禮在廟，凡廟祭，籩、豆、簠、鉶設於東房，夫人親薦，諸侯相饗，夫人亦有事焉。此聘使禮輕，故使宰夫饌具於此。大射在射宫，房中無禮事，亦可使有司饌具。若路寢之東西房，則君之几席、書册、食閣皆列焉，此燕禮所以饌具於堂上與？

大夫立于東夾南，西面北上。

此以見東西之節，而南北之節並見矣。曰「東夾」，則知夾在東墉之外。曰「東夾南」，則知夾室之基齊於箱之檐霤，而不並於堂基。蓋兩夾之基必内縮，然後堂東、堂西乃有待事於堂下者之立位也。射禮「三耦俟於堂西，司射適堂西，取弓矢於階西」，所謂「堂西」，乃西夾之南，又其南則階西也。堂東、階東之節亦然。○至此始見群臣之位，明公入然後從而入，公與賓升堂，然後群臣與介各就其位也。知非先立於廟以俟公之入者，饌具者必先有事於廟，群臣則宜從君，介從賓以入而位次群臣之後，則同時而就位，明矣。冠禮主人之兄弟及擯者就位在未納賓以前，明其先立以俟也。使群臣先立以俟，則其文當在饌具之後、納賓以前，而公與賓升之後惟著介位可矣。主國群臣至是始從君而入，以是知篇首「即位」，乃卿、大夫、士即位於外朝，以俟君之出也。

宰東夾北，西面南上。內官之士在宰東北，西面南上。

鄭本「西面」下有「南上」二字，注「古文無之」。敖氏從古文，是也。宰獨立於此，「南上」之文無所用之，注以爲「宰夫之屬」，疏因謂「非止一人」，以曲附「南上」之義，獨不思篇中兩稱「宰」，大夔湆亦可云宰夫之屬執以授公乎？大夫皆位東夾南，宰獨位其北，何也？賓客之事皆小宰及宰夫所掌，內官之士亦屬內宰，故宰位東夾之北西面，以監視饌具於東房及內官之士。由北堂而即事於東房者莫尊於宰，而位序在大夫、士之後，職是故也。侯國無冢宰，當以司徒兼攝。詳具春秋傳。春秋傳：「晉趙孟欲一獻，曰：『武請於冢宰矣。』」以專主賓客之事也。內官，司宮之類，故立於宰之東北而少退，以皆無堂左右、庭中之職事也。大射禮司宮、工人士、梓人皆有事於堂上，而降立北階下，義與此同。記曰「宮宰夙夫人」，疏謂侯國無內宰，誤。

介，門西，北面西上。

聘禮介從賓入，以介各有覿，又賓當爲士介辭也。食惟賓與，上介不過受賓侑幣耳，故後賓而入，立於門西。

公當楣北鄉，至再拜。賓降也。公再拜。

翁荃曰：士昏禮、鄉飲酒、鄉射但言「再拜」而不言「至」，賓主敵體始相接，主人先拜，則拜賓之至無疑也。若燕射則義爲君臣，使宰夫攝主人，朝夕在朝，疑無拜其至之禮，故特著之。○燕射乃本國之臣，故拜至者宰夫，公食聘賓，則親拜其至。以是推之，公與客燕，介爲賓，禮殺，拜至者亦宰夫，而本國之臣有大勳勞而與之禮食，則君亦宜拜其至。前「再」當作「一」或作「公」。

賓西階東，北面答拜。

不言階下，既降而未升，則不待言矣。不言稽首，凡答鄰國之君拜，鮮不稽首，亦不待言也。

公降一等。辭曰：「寡君從子，雖將拜，興也。」賓栗階升，不拜。命之成拜。階上北面再拜稽首。

凡再拜稽首而不升拜，惟膳宰送爵於公、大夫媵爵、大射賓始受命、燕射之終公命徹冪卿大夫降拜則然。至公酬賓，賓媵爵於公，則小臣雖辭，賓升即成拜，而公亦無再命。惟食禮升而不拜，再有命而後成拜，何也？以本國之臣而君拜其至，禮過於恭，即他國之賓，始聘拜其至，饗拜其至，至是而三，勤亦過矣。故賓終拜於下而升不敢拜，自同於膳宰之送爵、大夫之媵觶，以明其震悚不寧之意也。惟賓以不敢拜明異敬，故公又以命成拜，爲優禮也。○惟聘與食釋此辭，蓋賓之盡禮於主君者莫重於送幣而拜稽首，與本國之臣奠贄同也，莫重於以賓禮接而降拜稽首，與本國之臣爲賓者同也，故辭加迫焉。而賓之升拜又各異。聘賓則已拜稽首於階下，故以升而即拜爲敬，一循臣禮之常也，故公亦不命之拜。食則公先拜至，賓降又降辭，施禮過重，故以升而不拜爲敬，亦不敢成拜，一如本國之臣拜稽首於階下而不升，故公命之升而後成拜也。

旅人南面加匕於鼎，退。

疏謂旅人即燕禮旅食者，非也。燕禮尊，士旅食於門西，與士相連而同位，則知爲庶子、學士之觀禮者。此與饔人聯事，而别之曰「旅人」，則饔人之屬士。

大夫長盥，洗東南，西面北上，序進盥。退者與進者交于前。卒盥，序進，南面匕。

饗禮亡，燕之牲以狗，用爲脯醢，無所用匕，惟食禮專主於食，具太牢，公親視饌，故大夫匕，士載，以致其隆也。三牲、魚、腊、腸胃、倫膚，〔一〕人載一俎，故大夫序進以即事。蓋食禮大夫、士

〔一〕「胃」，原本作「胄」，據四庫本及儀禮注疏改。

無他職事，惟助君以養賓，故儀繁而不殺。

宰夫自東房授醯醬，公設之。賓辭。

正聘禮賓，公授几，賓不降而拜於西階上，所以自別於本國之臣也。此公親設醯醬，賓辭而不拜，至揖食然後降拜升成拜，所以自比於本國之臣也。相接之初，自別以示禮之異，正禮既辨，自比以示敬之同，皆義之宜也。或謂：公拜送几，故賓答拜，設醯醬、湆、粱，公不拜，故賓亦不拜。近似而非也。使非自別於本國之臣，則公授几時亦宜降拜，俟主君辭而升成拜，無爲兩拜於堂上。使非自比於本國之臣，則公親設醬，亦可以拜於堂上，俟公揖食然後降拜升成拜，隨時以變而稱事之宜，所以盡在物之理也。

旅人取匕，甸人舉鼎，順出，奠于其所。

此文宜繼「大夫既匕而退」之後，而別舉於此，何也？非一時之事也。蓋公當降盥，賓從降，揖讓而升，使取匕、舉鼎者閒厠其閒，則瀆慢而不恭。即俎未陳設，而使取俎者與出鼎者交錯，亦亂雜而無紀。故必待公立於序内，賓立於階西，豆、俎既陳，而後終階下之事。

贊者負東房，南面告具于公。

注、疏本一人贊者，無義意可求，敖氏據石經削之。但上文「先者一人」，此時事畢，宜退，疑本文乃「先者一人降」，而傳寫者落「降」字也。經於執事要人，無見其升而不見其降之義。

公再拜，揖食。

凡送爵惟拜，而食加以揖，何也？躬親獻酬，則送爵而受者自飲之可矣。食禮公弗與，故拜饌而興，又推手以速賓之食。

興以授賓，賓祭之。

賓祭之，則受可知矣。受不言「興」，祭不言「坐」，以其儀詳具祭肺，故省文。注謂「獨云贊興，優賓」，難通。○注「豆祭」似當作「際」，傳寫誤也。下注又云「每肺興受，祭於豆際」，則非作「際」義不可通矣。

魚、腊、醬、湆不祭。

醬爲食殽之主，而不祭，以其爲朝夕恒設之物也。大羹，公所親設，而不祭，以三牢既各有肺祭，又以柶扱鉶取其肉之羹者而祭之，則其中已有湇矣。且醬、湇與酒、漿異，酒、漿之質清潔，酹於地則徐自乾，醬、湇滲漉，雖旋掃除，甓色必爲之變矣。

宰夫授公飯粱，公設之于湇西。

醯醬，品味之主也。大羹湇，禮所重也。粱，加饌之首也。故公皆親設。

蓋執豆如宰。

言執於蓋、豆之閒，文當然也。曰「執蓋豆」，則似蓋加於豆而兩手共執之。曰「執豆蓋」，又似所執惟蓋。先言「蓋」，後言「執豆」，而曰「如宰」，則分執之與左右手，並著矣，此經文之奇而法也。〇宰進大羹湇，所執，鐙也。如曰「執蓋豆如宰」，則似宰所執亦豆鐙。辭意之無微不辨如此。

先者反之，由門入，升自西階。

「先者反之」，明衆騰羞者亦反取豆以進，不獨先者一人也。正饌之豆出自東房，牲俎升自碑南，惟庶羞入自門升自西階者，正饌祭而不食，飯用湇、醬，則所食惟庶羞，故比時而升自爨鑊，取其温也。正饌惟大羹由門入，義同。其升自阼階，則以當授公故耳。

先者一人升，設於稻南簋西，間容人。旁四列，西北上：膷以東臐、膮、牛炙，炙南醢，以西牛胾、醢、牛鮨，鮨南羊炙，以東羊胾、醢、豕炙，炙南醢，以西豕胾、芥醬、魚膾。衆人騰羞者盡階不升堂，授，以蓋降，出。

此節事緒，使秦、漢以後人筆之，必先言豆之數，升堂而羞惟一人，嗣言衆人騰羞者由門入，升自西階，盡階不升堂，然後言先者一人升設，然後言其次皆以所執豆授先升者，然後言授豆者皆以蓋降，然後言衆騰羞者皆反取豆而復進之，然後言設羞畢則降者逆出。如此，則文倍焉，而其節始具，且與上下文義轉未能脗合無間。經則以逆爲順，簡而愈明，自衰周無能爲此者矣。

取粱，即稻，祭于醬、湆間。

醬豆、湆鉶之間也。

賓北面自間坐，左擁簠粱，右執湆，以降。

公所親設，大羹爲重，加饌至粱而食物備。左擁右執，則無暇及其餘矣。

賓升。公揖，退于箱。

尊卑分殊，主賓未習而與之共食，不惟於主君爲褻，而賓轉不能自適，故退於箱以俟之。庶羞惟所欲而不言所舉，亦此義也。○以是知諸侯之廟有東夾也。聘禮「西夾六豆，設於西墉下，饌於東方亦如之」，則是大夫、士之廟亦有東西夾也。蓋中室之前爲中堂，左右房之前爲東西堂，左右夾室之前爲東西廂，上下同之，特深廣之度異耳。如今達官富人家聽事所，中間三以並，東西有墉，墉外各附一間，外異其屋脊而内相通，古制則中楝之北以爲室、房，中楝之南以爲堂、廂，則異耳。觀尚書顧命西夾敷王之几、席，聘禮豆設於墉下，則中楝以北，東西房之南，必鑿墉闢户以通於夾室。觀此經公退而待事於箱，則堂前東北墉必包檐柱，留餘地以達於箱而容人之往來。堂前隆起以達於階者基必深，非深不可以布主賓之席，展進退拜獻之儀也。兩廂之基必淺，非淺無以容堂東、堂西待事於下者之立位也。

賓升，再拜稽首，受幣，當東楹，北面；退，西楹西，東面立。

聘賓三退負序，以執圭當進授，辟公之拜於堂上，以遠爲宜也。此則公拜送幣，賓當降辟於階下，以速爲宜，故近立西楹之西。

賓北面揖執庭實，以出。

庭實乃執者以出，而不目其人，何也？下文「上介受賓幣，從者訝受皮」，則別有執皮者，而非賓兼執，不待言矣。

取粱與醬以降，西面坐，奠于階西。

明知己所當得，而不敢必主君之以歸，謙也。

東面再拜稽首。公降，再拜。

惟敵者主人拜迎於門外。公始迎賓，再拜於門内，不敢以臣禮待之也。惟本國之臣有拜於階下而不升成拜。公拜至，賓降拜而升不拜，欲自同於本國之臣也，故公必命之成拜。以升而成拜，友邦之臣之所同，拜於階下而不升，與升而不復拜者，本國之臣之所獨也。大夫賸爵者拜而不升。公命徹幕，卿、大夫降拜稽首，升而不復拜。食禮既終，賓拜稽首於階下，又自同於本國之臣也。公降而答拜，使賓無庸復升，終不敢以臣禮待之也。主賓各盡其敬，上下皆得其安，是謂「因人性而作儀」。○賓取粱與醬以降，則擯者以告於箱，於時賓自拜於階下，公要其節而降拜，因以送賓也。如公自箱入堂，則賓降時公宜辭，公降時賓又辭，節文滋繁，義無所取。蓋自聘享禮賓覿問之後，饗禮既行，敬文皆備，至於食而主賓益渥洽矣，故儀可漸省也。

介逆出。

公食賓，介不與焉。其從而至，以當爲賓受侑幣耳。其逆出，以待賓之授也。主君絶不與爲禮，以介當特受食，蓋賓、介可同獻酬而不可同食。食之饌具多，賓、介異等，難並陳，即並陳，主君亦難與爲禮，故簡其節而異其期，然後事易舉而敬可專也。

有司卷三牲之俎，歸於賓館。

卷者，振取俎實而置於篚也。牲體有脂膏，或别有以裹之，如遣奠之包。敖氏謂「并以俎歸」，則其文當曰「以三牲之俎歸於賓館」。

明日，賓朝服拜賜于朝，拜食與侑幣，皆再拜稽首。

此篇於賓即位曰「如聘」，於設洗曰「如饗」，拜賜已總見於聘，其詳必已具於饗，而覆舉之，何也？經於禮之大節必一再舉之，故至燕禮，然後文多略焉。食與侑幣分拜，明羞與俶獻無幣，則止於再拜也。

上大夫：八豆，八簠，六鉶，九俎，魚、腊皆二俎。

上大夫之禮乃附見於下大夫，何也？以示豆、籩、鉶、俎之數雖各依爵等，而主君德意之厚，體貌之隆，則上下如一，所以固邦交而彰禮信也。若舉上大夫之儀，則疑每下而差減矣。

豆實實于罋，陳于楹外，二以並，北陳。簠實實于筐，陳于楹内兩楹間，二以並，南陳。

豆實、簠實，雖分外内，而並陳於兩楹間，故總見之。

主人取醬、湆，降自阼階，故客亦就阼以便主人。受授皆於中等，以「授者升一等」見之，而賓皆自阼階降堂受。授者升一等。賓止也。

止於中等而不更降，主人之降，没階而後升，執醬、湆、幣者俟於階下，並見矣。○聘禮歸饔、餼，賓儐大夫，降堂受老幣，大夫止，與此大夫降取侑幣，賓止不降同，以旋當拜稽首於階下，故儀之小者可略也。然聘禮大夫之止，又以賓欲盡敬於主君，將命者不宜固辭，此則與主人降受醬、湆相連，受醬、湆止而受幣降，嫌輕禮而重財，義非一端可盡也。

賓執粱與湆，之西序端。主人辭，賓反之。

敖氏謂「此下當有『辭於主人，降一等，主人從』十字」，非也。賓既受湆，更執粱與湆以之西序，此時主人在堂上，賓即有辭，無爲降階。若辭侑幣，則主人不許其辭，當以授其介或私臣，故降一等而主人從之以對耳。

受侑幣，再拜稽首。主人送幣亦然。

平敵而稽首，以主人稱君命以將幣也。聘禮賓雖私獻，猶遥稱君命以將之，況食他國之卿、大夫，有不奉命而私有事者乎？惟稱君，故受者如受主君之賜，而送者亦稽首也。

辭于主人，降一等。主人從。

不言主人退辟何所，以下文「皆如公禮」包之也。平敵相食而不與賓共之，以承君命而食異國之賓，不敢用同國相食之禮也。

其他皆如公食大夫之禮。

「其他」，謂賓三飯，而後以幣侑，受侑幣後賓入又拜之類。不見於經，恐疑無此二節也。

若不親食，則公作大夫朝服以侑幣致之。

大夫不能親食，公猶使他人以侑幣致之，則賓介私面、大夫相食之禮幣皆官給，可知矣，是以受者必稽首也。○饗以訓恭儉，燕以示慈惠，而其閒復設食禮，何也？惟饗爲待賓客之正禮，其義極嚴，几設而不倚，爵盈而不飲，故復食之以示饜飫焉。燕禮本爲諸臣而設，蓋以酒獻酬可徧於多人，故於本國用之，而間用於國客則簡其儀節，記所載「不嚌肺，不啐酒」，經之禮辭亦曰「請吾子與寡君須臾焉」是也。若食，則並立賓、介，而延食者惟賓，蓋介宜別食，揖使自食，即時而畢，其禮極簡，可無費時而壅國事也。經、記於國客多言饗、食，而與客燕惟附見於燕禮之末，以其事甚希。○周官小行人：「掌待四方之使，大客則擯，小客則受其幣而聽其辭。」禮官之司，及大小行人、司儀、掌客，絶無王朝饗食使臣之禮，蓋禮不可瀆，事亦難周也。春秋傳王饗管仲，與晉鞏朔宴，乃周室陵夷，爲此慝禮，非周公舊典。

亨于門外東方。記

翁荃曰：儀禮亨或於門内，或於門外。注於燕禮言「臣所掌」，意謂君禮亨於門外，别於鄉飲鄉射臣禮之在内，而無解於少牢臣禮饔爨亦在門外。此注言「大夫之事」，意謂同於少牢大夫禮之在外，而無解於鄉飲、鄉射亦大夫之事而亨於堂下。且燕、食皆君禮其臣，而分二義，亦無所處。○國君備官，燕食群臣、國賓，相示以禮，自以亨於門外爲宜。鄉飲、鄉射亨狗於東方，以表養賢優老之内心，自以門内堂下爲宜。故諸侯之鄉大夫，國卿也，州長、黨正，大夫、士也，而飲、射皆亨於堂東。大夫之祭，主婦籩豆、簠簋、鉶羹之事多，故視爨與饔，並使有司共事於門外。士則公有司、私臣甚少，故主婦爨於堂西，而有司亨於門外。體事制物，各有所宜故耳。

拜食與侑幣，皆再拜稽首。

臣拜君賜皆稽首，無待於言。必周衰，大國之卿驕亢有不稽首，如孔子所稱「拜乎上」、傳稱孫子與魯君齊登者，故因記上文大夫之禮而特著之。

儀禮析疑卷之十

覲禮

注謂「覲、遇禮省，故享、獻不見」，似竟無享、獻，疏遂云獻謂三享後私覿、私獻，益誤矣。聘使，鄰國之臣也，故公享之外，覿獻皆曰「私」。諸侯入覲，正享之外不得有私，庭實各以土之所有，即魯壺之類，亦器貢也。周官太宰職所謂「玉幣」，即此經初享之「束帛加璧」，所謂「玉獻」，即此經之庭實，亦執玉以將之耳。

至于郊，王使人皮弁用璧勞。

勞鄰國聘使以束帛，則諸侯入覲，以玉勞，宜也。而璧不合以束帛，受山川、土田、民社而來述職，惟以天子之禮貌爲榮，若以財物厚之，則禮轉輕而不稱也。春秋傳「先王卜征五年，而歲習其祥」，則諸侯入覲，必貞卜於祖、禰，圖事既定，必筮介筮日，前期，必陳幣、玉、皮、馬。如聘禮將行，「必告於祖奠於禰，命祝、史告於社稷、宗廟、所過山川，命五官，道而出」，如曾子問所記。出疆則有假道請帥之禮，在途則有與同覲諸侯相遇之禮，入王畿則有誓衆、謁關人、習覲享、展群幣、小行人出勞、所經致積之禮，一切不具而自至於王郊始，蓋凡此皆具於春朝、夏宗而無庸覆出也。其與聘禮同者，則一如聘禮而加詳焉，不待言矣。敖氏所謂「初無四時之別」，與周官所謂「秋見曰覲」之義異，未之思耳。○諸侯勞聘使，各以其爵，則二王之後，勞者必三公、二伯，諸侯以卿，伯以大夫，子、男以士，故統之曰「使人」。至賜服命，則五等之國皆使諸公，蓋天命有德，三公坐而論道，與王同執維綱也。○書傳略説、孝經注必緯書之類，其言天子使世子郊迎，非惟害義，亦勢不能行。賈疏以爲異代之禮，惑也。

侯氏亦皮弁，迎于帷門之外，再拜。

侯氏再拜而不稽首，以王命未宣，拜使者之至也。使者不答，以王命未宣，不敢私受侯氏之禮也。無聘禮「出請，入告，禮辭」之節，聞王命即出迎，不敢同客主之禮也。敖氏謂「天子於諸侯有三勞，遠郊宜使中大夫，近郊宜使卿，此惟一勞，與周官異」，非也，已於朝、宗具之。

侯氏升，聽命，降，再拜稽首，遂升，受玉。

聘禮受勞幣於庭中，此升受玉者，王命不可宣於階下，故使者不讓而升堂，升侯氏，使聽之。

侯氏降拜稽首，而後升受，體當然也。

使者乃出。

當有以玉授有司之節〔一〕，文不具。

使者降，以左驂出。侯氏送于門外，再拜。侯氏遂從之。

聘禮「夫人使下大夫郊勞」，玉人「案有十二寸，棗、栗十有二列，夫人以勞諸侯」，周官酒正職載王后「致飲於賓客之禮」，則於諸侯有郊勞明矣。以皆前見，故文不具。

天子賜舍。

致館當使卿，故注謂使司空，而周語曰「司里授館」，蓋司里乃冬官之屬，故各以所宜授之館告而司空致之，猶聘禮大夫帥以至館而後卿致耳。

〔一〕「玉」，原本作「王」，據四庫本改。

侯氏再拜稽首。儐之束帛、乘馬。

此下當有設飧之禮。及期，侯氏有展幣之禮。聘則陳幣於廟門外，賓禮也，朝覲職貢，宜展而奉之，及時，乃入布於庭中。以皆前見，故文不具。

天子使大夫戒曰：「某日，伯父帥乃初事。」

聘禮先造於朝，而後就館，主君之命未達，不敢即安，且賓禮可徑造於主國之朝也。覲則就館而不造於朝，蓋既以入覲告，進止、遲速一聽於王命，臣禮也。○聘禮賓至，厥明即迓賓於館，同盟之國來聘者少，以速接爲敬也。侯氏賜舍之後，戒以「某日，帥乃初事」，則遠近無定之辭。使大夫戒，亦不著其爲何日。蓋來王者多，必俟其會集，數宜旅見，而後期可定，故大夫往戒之期亦不可預定。

諸侯前朝，皆受舍于朝。同姓西面北上，異姓東面北上。

春秋傳曰：非天子，不旅見諸侯。凡朝覲皆旅見，不獨會同也。蓋六年五服一朝，而侯、甸、男三服朝期尤密。若日受一二國、四三國之覲、享而兼以饗、食，則日不暇給，凡祭祀、師田、學校、喪紀諸大事皆不能舉矣。必積至兼旬，度可衆見，而後一舉以次歸之，然後館舍有以容，饔、積易以致。注乃謂「來朝者衆，顧其入覲則不得並」，誤矣。至其饗、食、燕，則不惟王有喪疾，凡祭祀入齋期，蒐狩既卜日，皆可以幣致也。若時會殷同，則必刻日以至。受享、禮賓、命事、莅盟，既併於一日，則饗、燕亦必擇用其一，同日而畢事，使之遄歸，然後王命速達，禮事無壅。其來會者，侯、甸而外，必州長、卒正始召焉。○此分東西受舍，正旅見之禮也。諸公至少，侯、伯旅見之次日，子、男繼之，則車逆送之度亦不至參錯矣。掌客凡朝覲者饗、食、燕皆有定數，秩叙則然。以義揆之，惟饗禮最重，必一舉，侯、伯七獻共一饗，子、男五獻共一饗。燕無分於爵等。惟食禮之舉甚難，其鼎、俎、豆、籩、簠、簋各異，又必每人而與之爲禮，勢不能徧，又不可遺，惟以幣分致爲宜。是以王禮諸侯見於詩及春秋傳者，惟饗、燕而未嘗有食也。掌客所列饗、食、燕之數，或王之師保、周親，或有大勳勞者，閒備其數，未可以爲常式。

侯氏裨冕釋幣于禰。

聘使筮尸，若昭若穆，以國卿或有耆艾而父尚存者。諸侯繼世，故釋幣必於禰也。使臣以好將命，苟無愆儀，無失辭，可安然而受主國之禮，故至受饔然後筮薦。若諸侯入覲，則必在國能謹於侯度，述職咸順於王心，然後可保天子之寵命。小有譴呵，則負先君之付授而無以歸臨其臣民，故將覲而幣告於禰，事畢而肉袒請刑，乃先王崇禮消萌，養諸侯而兵不試之道也。

國卿非出聘，無由受太宰之饔餼，故非薦於祖考不敢先嘗。若諸侯，則先君之受饗、燕於王朝舊矣，無爲以饔餼薦也。○敖氏謂「朝以裨冕，與周官大行人異」，非也。大行人以九儀之命同邦國之禮，兼諸侯、諸臣在國之服命而言，故曰上公九章，侯伯七章，子男五章。至朝覲會同，天子衮冕以臨，則雖上公不得與天子同服，自宜裨冕以朝。若有事於圜丘、方澤、四郊、明堂，天子服十二章之服，則公、侯、伯、子、男自宜各服其上服而不用裨冕矣。天子衮冕以享先王，故朝覲會同，服不得逾，而諸侯各服其次服，禮各有當也。○注謂「遷廟之主而云禰，親之」，非也。按曾子問：「惟天子巡狩，諸侯師行，所載必遷主。」「諸侯適天子，告於祖，奠於禰」，則所載必禰主。蓋若得過於王，或至易位而建置宗支，則遷廟之主仍當留於本國，不宜載也。諸侯去國，然後祝取群廟之主以行。至諸侯相朝，惟告於禰，則禰主亦不宜載，所載必奠告之幣帛、皮、圭。凡此類，皆禮以義起者，不可執彼以例此。

乘墨車。

三享後，肉袒請命，天子辭焉，然後更賜車服，故有乘墨車之禮，使入覲之始凛然於車服之不可常，反國之後時懼職貢、業命之不修，而無敢自恣也。

載龍旂、弧韣。

載而不旆也。弧在韣，所以明之。

乃朝以瑞玉，有繅。

曰「瑞玉」，明必以始封錫命之圭也。瑞玉必朝覲乃親執之，則聘使所執，其仿命圭之數度而爲之者與？聘使所執之圭，上介臨事而授之，或有繅而不用韋版。侯氏瑞圭，入門而奠於地，非承以韋版不可。經不言，亦前見也。

嗇夫承命，告于天子。

侯氏之入王都，禮莫先於授館，司空主之，故因使嗇夫承命。

侯氏入門右，坐奠圭，再拜稽首。擯者謁。侯氏坐取圭，升致命。王受之玉〔一〕。

瑞玉有繅，奠於地，又有韋版，侯氏取圭升致命後，受繅與韋版者何人？王受玉後，以授何

〔一〕「王」，原本作「天子」，據四庫本、儀禮注疏經文改。

人？經、記皆無文，必前見無疑也。周官冢宰職：「大朝覲會同，贊玉幣、玉獻。」則受玉於王者必冢宰，而受繅與韋版者亦冢宰命之與？○聘使致命，致聘君之命也。侯氏親見天子而曰「致命」，何也？朝覲述所職也，小大庶邦各有所命之常職，其不朝之閒又或有隨時而命之事，今來王所，皆親致於王，下經所云「聽事」是也，故賜舍之禮辭亦曰「順命於王所」。

侯氏降，階東北面再拜稽首。擯者延之曰：「升。」升，成拜，乃出。

國君燕射，諸臣降拜稽首，小臣先辭，君必答拜。諸侯覲享，降拜稽首，天子惟三揖，蓋必能肅之以禮，而後可懷之以德也。周衰，下堂以見諸侯，王臣下聘而諸侯不答。究察世變，可以知先王制禮之意矣。○司儀：「王土揖庶姓，時揖異姓，天揖同姓。」未知始入氾揖之，或稽首時以揖答。經、記無文，必已前見。

四享，皆束帛加璧，庭實唯國所有。

三享儀法不具，皆前見也。注分三享無徵。敖氏削去「三牲、魚腊、籩豆之實」，得之，而仍以龜、金、丹漆、絲纊、竹箭爲次享，則非也。凡此類，皆每歲九貢之常，不宜用享。以義測之，享王庭實以馬，享后庭實以皮，三享則以寶物良器，如九江之大龜、泗濱之浮磬、雍州之球琳琅玕及魯壺、紀甗之類，然惟國之所有，不可致遠方難得之物以上供也。○周官太宰「以九貢致邦國之用」，大府職「凡邦國之貢，以待弔用」，蓋王朝之用無多，而仍用之邦國也。大府所以專言「弔用」者，以侯國有死亡、凶札、禍烖、圍敗，天子所以勤恤賙委者，其用大且多。外此則下經所云「重賜」，大行人所云「時聘」、「閒問」，不過以方物非其土產者頒之耳。

匹馬卓上。

卓者，迥立神駿之象。

侯氏升，致命。王撫玉。侯氏降自西階，東面授宰幣，西階前再拜稽首。

享而曰「致命」，凡職貢，皆王所命也。曰「王撫玉」，則侯氏進玉可知。既降受幣而後拜，正以降時執幣，授宰而後可拜也。○親相授受，敵者之禮也。至尊不可以下夷，且旅見非一人，禮煩則日不暇給，故惟撫之而使人受也。

事畢。

三享訖，宜更享后。王后之禮事多以大宗伯攝，其儀法宜見於春、夏，故以「事畢」括之。

乃右肉袒于廟門之東。乃入門右，北面立，告聽事。

朝覲以述職，故既享，告擯者以入聽天子辨其所述之職事也。肉袒以請，懼有獲罪事，故辭於侯氏直曰「伯父無事」。

出，自屏南適門西，遂入門左，北面立。

侯氏肉袒請刑，則凛於王命至矣，故有「歸寧爾邦」之命，則使入門左，以客禮待也。

天子賜侯氏以車服。迎于外門外，再拜。

迎拜及送皆與勞者同，惟受命稽首。蓋入覲則與内公卿同爲王臣，稟於一尊，非受王命，一以同列之禮交接，與聘使及主國之臣受私禮而稽首以尊友邦之君異也。

重賜無數，在車南。

重賜與命書車服同頒，何也？六服來王，旬月無虚，若命賜異日加之以饗食燕勞，雖旅見分班受禮，亦不勝其擾矣。○王所加禮，則或賜以禮樂之器及典册、彝器，餘惟方物，即他國用享之庭實也。注引「重錦」而詁以「善」，但「重」可以包「善」，「善」不可包「重」也。○致享之璧、琮，侯國則别以璧、琮報享，王朝則宜并還其享玉。蓋使受而不報，則侯國以屢供爲難，而王朝則積於無用。若以他國之享玉相報，是君臣而降從鄰國之禮也。故有賜物而無報享，其詳必已見於朝、宗，故不覆舉耳。或以周官内府受「四方幣獻之金玉、齒革、兵器」爲疑，不知與金及齒革並言，則爲九貢中未琢之玉，明矣。若璧、琮、琥、璜，則玉瑞也，宜藏於典瑞。○典瑞職及玉人，記天子於諸侯惟用瑞節爲信，無以璧、琮、琥、璜賜者。尚書分寶玉於伯叔之國，乃始封時所分，其有大勳勞賜以圭瓚，大雅江漢之詩，宣王以賜召虎。則内公卿膺侯、伯之命，與山川、土田同錫，非常典也。聘禮還圭、璋外别言報享之禮玉，則受其享禮之璧、琮而别以璧、琮報可知。覲禮但言「重賜」，郊勞、賜館並無束帛，則不惟無報享之玉，而所賜并非錦文帛皮之類，明矣。

侯氏升，西面立。太史述命。

周官太史「掌建邦之六典，以逆邦國之治」，其事與冢宰相聯，故王賜諸侯服命，諸公奉篋而太史述命也。

侯氏降，兩階之閒北面再拜稽首。

周官朝士外朝之位，三公北面，射人射朝之位，「三公北面，諸侯在朝亦北面」，則三公居中而諸侯左右分列，明矣。劉歆僞撰明堂位，謂「三公中階之前，北面東上」，亦據此二職。此拜於兩階之閒，與射朝位同，蓋近東西階而中央則空之，以避三公之位也。

同姓大國則曰「伯父」，其異姓則曰「伯舅」，同姓小邦則曰「叔父」，其異姓小邦則曰「叔舅」。

禮文殘缺，惟聞伯父、叔父之稱，蓋舉其尊者而言，其實同姓在子孫行者辭必有異，吕命「伯父、伯兄、仲叔、季弟、幼子、童孫」，蓋其凡也。尚書稱「小子封」、「小子胡」，皆弟也，況子孫行而可冒伯父、叔父之稱乎？異姓姻近而行卑者，亦不宜稱舅，其同庶姓專舉其爵曰侯氏、伯氏與？以國大小爲别，亦未安。

饗，禮，乃歸。

聘使始至即致飧、饔，饗燕既畢，將歸而後贈賄。侯氏則賜車服，重賜並頒，及將歸而後饗禮，何也？奉使而誤，不過主君不親饗食，而邦交如故也，故次第致禮，而後賄贈，使歸報其君。侯氏而有干王章，或賊賢害民，暴内陵外，而不寧於其邦，雖時會來王，不遽加以九伐之法，必將有削地降律之罰焉。故必肉袒請聽事，待天子有「無事，歸寧爾邦」之命，更賜車、服，重加命書，然後繼此得爲諸侯，於是乎榮以饗、食，厚其燕好而歸之，此先王制禮之精意也。

諸侯覲于天子，爲宮方三百步，四門，壇十有二尋，深四尺，加方明于其上。

「記」字宜冠此節之首，而誤置篇末也。周公振綰綱維，運動六服，養諸侯而兵不用，莫大於朝覲、宗遇、會同之禮，而會同所關尤重。五官之長皆莅事焉，盟書則登於天府，六事本各爲一篇。至周之衰，惟覲禮尚存，諸侯朝覲適當朝日夕月之期，天子常帥以用事焉。救曰且帥諸侯，陳五兵、五麾，則朝日可知。記者雜述舊聞以補經所略，因拜日而並及方明之祀，故事無首尾，辭氣亦斷缺不完，經文之體無是也。若正述會同之禮，則宜詳載發禁施政、要言載書、刑牲歃血之事，而無一及焉。且會同禮重，春、秋皆宜有之，故周官或謂之「大朝覲」，不宜附於覲禮之末而闕略至此。其爲記者掇拾於禮亡之後，決也。

方明者，木也。

自爲注釋，通經所無，記文多此類。

設六玉。

注謂「設玉者，刻其木而著之」，蓋以在下之璧，非陷置木中則難於設，不知言「設」則非陷置於木中，明矣。且玉所以禮神也，方明之木象神，則禮神之玉亦不宜附著於木。蓋主有匱，藉有館，方明未設，宜有類匱、館者以函之，及設，有類几、案者以承之。其度較廣而虛其中，以設在下之璧。圭則薦於方明之上，四方之玉奠於四旁，雖經、傳無文，然非此則義不可通。

上圭，下璧。

天氣發生於春，則圭宜用東方之色。地氣凝結於冬，則璧宜用北方之色。上玄下黄，木用天、地之正色，則玉宜用青、玄以閒之。圭之體方，璧之體圜，又陰陽互藏，天地交泰之義也。

四傳擯。

擯者各就其等，傳王命以升諸侯，其從者唯奉旂之上介也。據周官司儀，三享皆於壇，則非群介皆從不足以展事，未審壇階三等何地以容之，豈但將玉幣而庭實則陳於宮外别有人相授受與？

禮日于南門外，禮月與四瀆于北門外，禮山川、丘陵于西門外。

上文「拜日於東門外」，此又易「拜」爲「禮」，以示非秩祀之期，有拜禮而無奠祭也。春夏陽，故皆禮日，秋冬陰，故禮嶽瀆、山川。五嶽尊於四瀆，不宜有瀆而無嶽，必傳寫誤「嶽」爲「四」而後儒莫辨也。○周官司儀載合諸侯於壇而不及拜日與祀方明，據此記序次，則祀方明之前日，當於壇宮堂北張帷承幕，以設方明，帷外設黼扆或皇邸。質明，諸侯各就其旂而立，王入壇宮，升堂，以次傳擯。朝享受禮畢，王乃帥諸侯拜日於壇宮門外。反徹帷幕，以祀方明。祀畢，王乃發命，使諸侯受命於方明，有不協則歃血而盟，載書藏於司盟。無不協，則册書藏於太史，諸侯各記其事與辭而歸。○按春秋傳，楚子會諸侯於申，宋向戌獻公合諸侯之禮六，鄭子産獻伯合諸侯之禮六，則天子大會同載於河間獻王所獻邦國禮者必甚詳，惜唐以後竟失之耳。注所引朝事儀，似天子自王宫帥諸侯以朝日於東郊，然後退而朝諸侯於壇宫，與此記及司儀俱不合，其辭意亦不分明。蓋必既朝諸侯，而後可帥以朝日，則不得云「退而朝諸侯」，必曰「退而爲會盟」乃可通也。

祭天，燔柴；祭山、丘陵[一]，升；祭川，沈；祭地，瘞。

〔一〕「山」下，原本脱「丘」字，據四庫本和儀禮注疏經文補。

天神地示之祭，四者該之。人鬼設尸以代饗，則惟埋墮於階間而已。不及日月，何也？三辰麗於天，祭義云「郊之祭，大報天而主日，配以月」，則幽宗之祭亦用燔燎明矣。秦始皇三十六年，使者自關東夜過華陰，有人持璧遮使者，曰：「爲我致滈池君，明年祖龍死。」人忽不見，置璧而去。御府視璧，乃二十八年濟江所沉也。先王制禮，通幽明之故而知鬼神之情狀，燔、瘞、升、沉以達其氣，豈苟然哉？

偏駕不入王門。記

王門，王都之門也。天子五路，惟玉路不以賜人，金路以下，諸侯始封，偏得其一，故曰「偏駕」。入王都而群駕天子之車，則使人疑，故五等之國並乘墨車，所以彰臣節，定民志也。不入王門，則行於畿内得乘可知矣。

奠圭于繅上。

或記者即以韋版爲繅，或奠圭時以繅韜圭而加於韋版，但繅不宜直措諸地耳。

儀禮析疑卷之十一

喪服

儀禮十七篇，自漢、唐以來皆以爲完書。余幼讀喪服傳，至「尊同則不降」，覺反之於心實不能安，而無以詘之。及見漢書王莽傳居攝踐阼，稱明堂位以定其儀，而二戴所述皆無是篇，乃知爲莽、歆所僞造，故當時不敢顯布其書，至東漢馬融始與呂氏、月令並增入禮記也。厥後治周官，凡爲後儒所指摘病民盡利、悖情逆理者，皆若爲莽之亂政開其端兆，循是以薙芟之，則五官所列，無一非運用天理即乎人心者。乃悟「尊同則不降」亦莽、歆所增竄，公孫禄所謂「顛倒五經，使學士疑惑」，此尤其顯著者也。蓋莽自知爲天下所詬詈，莫過於稱奉漢大宗之後不服母喪，故於喪服傳增竄尊同則不降之説，齊衰章則於「大夫爲祖父母、適孫」下增「爲士者」，大功章則於「大夫爲世父母、叔父母、子、昆弟、昆弟之子」增「爲士者」，又於雜記竄「士之子爲大夫，則其父母不能主也」三條，以示大夫、士相去一閒耳。而於父母、祖父母之喪紀即有變，更況踐阼居天子位，奉漢大宗而可私屈爲母喪主乎？傳之悖謬，注、疏間亦覺之，而於其旁見側出以爲尊同不降之徵者，則必屈爲之説。蓋謂經文乃周、孔所定，不敢置疑，不知莽、歆竄傳、記，即先增易經文以合之，且有全造經文者。今取經、記、傳内涉於尊同則不降者一一薙芟，則傳之辭意間涉膚淺，而經所列則皆天理人情之自然，是乃程、朱所未辨正，然心理皆同。後之君子，當切究之。

左本在下。傳

疏以「下」爲「内」，云「重服統於内，以痛心從内發」，非也。母之喪右本在上，則痛心不從内發乎？

苴杖，竹也。削杖，桐也。傳

經不言竹與桐，蓋有爵者或必以其物，若農、工、商、賈，則取苴之色，用削之度可矣。土各有宜，設無桐、竹，安得不以他木爲之？

無爵而杖者何？擔主也。非主而杖者何？輔病也。傳

擔，任也。爲喪主，凡事皆身任焉，則病必甚。然創鉅痛甚，衆子所同，故皆授以杖，使自致其

哀也。

童子何以不杖？不能病也。婦人何以不杖？亦不能病也。傳

婦人，謂衆女、庶婦不主喪者。童子不能病，心無主而哀敬有時移也。婦人不能病，事不及而筋力未嘗憊也。傳者首明此義，則成人而有童心，主喪而不致毀者，宜内疚於心而外怍於人矣。

朝一溢米，夕一溢米。傳

敖氏引小爾雅：「一手之盛謂之溢，兩手謂之掬，一升也。」以今之升計，一手之盛約一合，於古當一合有半，是爲近之。喪大記曰「食之無算」，則既殯以後，自朝及夕，中間苦饑，仍可量進，但不得過一溢耳。

寢不説絰、帶。傳

聖人依人性而作儀，莫著於喪禮。喪禮至切要者，莫如男女各有次。不脱絰、帶，虞後寢有席，或脱絰、帶，正晝則終喪不脱。所以清其内行，使邪慝無自而萌。廬堊室之中，不與人坐，非喪事不

言，所以絶其外緣，使哀痛不至有閒。修身者能持此，則四端日以充長。治家者能謹此，則門内由此敦睦。爲政者能以此防民，即孔子所謂「齊之以禮」之根源也。

朝一哭，夕一哭而已。傳

敖氏謂「哭於次中」是也。未葬，魄體在堂，朝夕有奠，故見奠而哭。既葬，主設於殯宫，惟朔月、月半有奠，則哭於次中，與階下等也。先王之制喪禮，所以發人子忠實之心，而不責以力之所不能。使既殯之後，欲如未小斂之哭無停聲，不能也。既虞之後，欲如未葬哭晝夜無時，不能也。小祥之後，欲如未期之朝夕哭於次，不能也。於所不能而强責之，則僞生焉。節哀順變而不肖者尚不能從，則罰禁閑之，所謂不孝不弟之刑是也。荀卿子曰：「將由夫愚陋邪淫之人與？則彼朝死而夕忘之，然而縱之，是曾鳥獸之不若也，夫安能相與群居而不亂乎？」故叛禮者有誅，又所以止亂也。

既練，舍外寢。傳

注：「於中門外，屋下壘墼爲之。」中對外而言，猶内門耳。疏謂：天子、諸侯有中門，大夫、士惟二門，而曰中門者，以門内外皆有哭位。義甚迂，且失注意。

父爲長子。傳

不曰「適長」，何也？所辨者身之繼祖與否，而不在子之適庶也。記曰：妾爲女君、君之長子三年。小功傳曰：「妾爲君之黨服，得與女君同。」退「君」於「女君」之下而曰「長子」，所以明庶長之服同也。然則其以長爲斷，何也？設庶子受重，而夭殙者相繼，則服有不能持矣。或問

何如而可以爲人後？支子可也。傳

繼父之適不可以後祖，以繼父之小宗爲重也。繼祖之適不可以後高、曾，以繼祖之小宗爲重也。百世不遷之大宗，則子姓衆多，不患無支子以繼之。

爲所後者之祖父母、妻、妻之父母、昆弟、昆弟之子，若子。傳

父舉正統，而母黨則詳焉，何也？正統有重服，嫌或同於庶子，母黨有徒從，嫌或同於前母之子，故著之也。母之黨然，則父之黨無降殺可知矣。或問

女子子在室爲父。

舊說女子許嫁，於旁親逆降，蓋據此經惟爲其父也。然此斬衰之目，自宜獨舉其父，於父見

例，則凡喪皆以在室、出嫁爲別可知矣。其或叠遭大故，愆期既久，舅姑篤老，不能更待，間有以權制而降旁喪者，舍此決無逆降之理。

布總，箭笄，髽，衰，三年。

不舉此於「妻爲夫」之前，何也？婦人所異者惟髽與總、笄，退於後，然後知衰、裳、絰、帶、杖、屨一與男子同而無容覆舉也。若冠於前而不覆舉，則事義有缺。覆舉則文贅。不係於「子嫁，反在父室」之後，何也？小記曰：「未練而出則三年，既練而出則已，未練而反則期，既練而反則遂之。」概以「髽，衰，三年」，則不足以該喪期之變矣。「三年」之文至此始見，何也？於輕者舉之，然後可以包重也。或問。 ○李光坡曰：露紒，謂去纚也。始死括髮以麻，免而以布，成服用總，皆去纚而露紒，故謂之髽。士喪禮「丈夫髽」，則男女同。

子嫁，反在父之室。

諸經言「嫁」，皆通貴賤，其別言「適人」，猶「娶」之別言「有室」或「授室」耳。康成謂「女行於大夫以上曰嫁」，據齊衰三月章傳云「嫁者，嫁於大夫」，謂「行於士、庶人曰適人」，據齊衰不杖章「女子子適人者爲父母、昆弟之爲父後者」，不知皆莽、歆所增竄也。如其言，則嫁於大夫者雖父母之服可降乎？

公士、大夫之衆臣，爲其君布帶，繩屨。

詩、書多言「卿士」，戴記「諸侯之大夫入天子之國曰某士」，左傳「晉士起歸時事於宰旅」是也。曰「公卿」，則似專言王朝之公卿。曰「公士」，乃可包大國之孤及列國之卿。

父卒則爲母。

父殁爲母齊衰三年，何也？不貳斬者，原母之情而不敢並於父也。加以再期，原子之情而著其本，不異於父也。杖之削也，絰之右本也，取諸天地陰陽以爲象焉耳，非謂恩義之有重輕也。記曰「三年之喪如斬，期之喪如剡」，不曰「斬衰之喪如斬，齊衰之喪如剡」也。然則父在爲母期，所以達父之情，而非子之情有所殺，便父之事而於子之事無所變也，決矣。或問○則者，急辭也，但父卒即得爲母伸。疏引「三驗」，皆不可通。「有故，二十三年而嫁」，蓋舉父母之喪以爲極，而未暇計及於並有喪耳。如所云，必女遭父喪，定以正二月，父喪既畢，遭母喪，亦定以正二月，然後可强合。少有前後，即二十五年而嫁矣。況喪期二十五月而畢，而曰大祥後即嫁，其不可通者一也。服問注「母既葬，衰八升」，孔氏穎達已辨其誤，當爲七升，説甚具，其不可通者二也。且是二者皆鄭注，非經、記，惟間傳爲母既虞卒哭，衰七升，與爲父對舉，正父在爲母之服。疏於下齊衰期章亦云降服齊衰四升，既葬七升，而於此章乃云是父服除後乃爲母伸之升數，其不可通者三也。觀曾子問並有父母之喪及君與父母之喪，或先或後，其禮節母皆與父同，何獨於降服則父殁之後猶不得爲母伸乎？

慈母如母。

慈母如母，何也？非天屬也。婦人同室，志常不相得，今使字他人之子，故重其義以生恩也，又緣其恩以起義也。或問

妾之無子者，妾子之無母者，父命妾曰：「女以爲子。」命子曰：「女以爲母。」傳

士之妾子無母，理亦宜然。注專言大夫，未安。疏謂必舊有子而今無，乃可命養子，非也。設妾爲父母所愛，或久故勤勞，而爲立後以養其老，亦情理所宜。又或慈良敬慎，可託無母之子，反舍之而别屬乎？

母爲長子。

父在爲母齊衰期，而母爲長子三年，何也？痛先祖正體之摧而與夫同其戚。夫斬衰之期内不可以脱衰，與父既脱衰，子不敢伸母之服，以相感動，義相發也。

父在爲母。

父在爲母齊衰期，何也？所以達父之情而便其事也。期之外，父居復寢，樂作矣，而子纍然哭泣於其旁，是使父不自克也。若父之喪，則母與子同戚憂，故不慮其相感動也。古者大夫有出疆之政，則祭必攝。期之外，祭當攝而廢焉，是使父不得伸敬於祖、父也。然則父殁爲母三年，何以不慮祭之廢？子以哀而不得伸敬於祖、父，情也。以子之哀而使父不得伸敬於祖、父，是傷父之志也。然則後世加以三年，易以斬衰，而衆安焉，何也？古之爲喪也，責其實；後世之爲喪也，侈其文。古者服有厭降，而居處、飲食一如其常期，是文雖屈而不害其實之伸也。若實之亡而徒以三年爲隆，是相率而爲僞也，父母何别焉？又况斬、齊、苴、削象於外以爲文者乎？或問

妻。

爲妻齊衰期，何也？古之爲夫婦者，嚴於始而厚於終，故三月而後反馬，微不當於舅姑而遂出

焉。其能成婦順，則父母得其養，兄弟、姑、姊妹得其親，三黨得其和，子姓得其式。夫苟亡，常以死責之，其擔負至死而後弛，故於其喪，服以期而非過也。然則一同於母乎？妻則期之外，寢可復，樂可作矣，母則居處、飲食猶三年也。漢戴德喪服變除：天子諸侯庶昆弟、大夫庶子爲其母哭泣、飲食、居處、思慕，猶三年也。何以知其然也？諸侯絶期，而公族有死罪，素服居外，不舉不聽樂，如其倫之喪，況所生之痛如斬者乎？大夫之適子何以不降其妻也？舅姑爲之大功，則去期近矣，祭之宜攝而廢也僅矣。或問

出妻之子爲母。

出妻之子爲母與父在爲母同，何也？父之匹敵，身之所自出也，雖去父之室，服不可降於期，然自是而終矣。其無別於父之存歿，何也？爲父後者無服，則祭可攝矣，義既絶於父，雖達子之哀，而不慮其相感動也。其爲外祖父母無服，何也？從服也，母出則無所從矣，轉而服繼母之黨矣。別記曰：「妾從女君而出，則不爲女君之子服。」用此見婦而不婦，不惟自絶於舅姑，且絶其子於己之父母，不惟自遠其子，且絶其子於娣姪，雖終於父母之室，而終身怍焉，所以重懲婦行之放佚而使不敢犯也。或問○以義權之，以期爲斷，及出而他適者也。若終於母家，及惡疾，則服止於期，而居處、飲食、哭泣、思慕則三年。其哀痛宜視母之考，終者有加焉。

妾子於生母之棄絶而不改適者亦然。惟不事父母與淫佚，則宜無服而心喪期年，蓋爲父之罪人，且悖於人道，惟心喪以志生育之私恩可耳。

出妻之子爲父後者，則爲出母無服。傳

父没無服，以有服則不可以祭，故伯魚爲出母服期，孔子得以權制也。母之恩而可以無服者，君之庶昆弟於生母無一日之服，而居處、飲食、哭泣、思慕猶三年，凡降絶之服視此。

繼母嫁，從，爲之服，報。

繼母嫁，從，爲之服期，何也？此以權制，使背死而棄孤者無所逃其罪也。夫無大功之親相養以生，守死，義也，而孤則無與立矣。嫁而以從，於死者猶有説焉，故母子之恩不可絶也。古者同財相養，何以不及小功之兄弟？聖人不以衆人之所難者望人，蓋專其責於所親也。因母嫁而從者無文，何也？其服同也。何以知其同？無可加也。或問

何以期也？貴終也。傳

於妻之義雖未終，而於母之恩爲有終，故子不可不終其恩也。

世父母、叔父母。

父在爲母期，而世母、叔母亦期，母爲衆子期，而夫之昆弟之子亦期，何也？恩之所難屬也，故重其義以維之。幼失父母，舍是無依也，嫠而獨，舍是無歸也，故非其母也而母之，所以責母之義也，非其子也而子之，所以責子之義也。記曰：「叔母、世母疏衰，踊不絶地。」又曰：「叔母、世母、故主、宗子，食肉飲酒。」故知責以義爲多。○或問

大夫之適子爲妻。

大功章適婦通士、庶人。服問：「君所主，大子、適婦。」即此傳亦通上下而言。「大夫之」三字，乃莽、歆所增竄。

父之所不降，子亦不敢降也。傳

庶婦服見小功章。敖氏謂「降而無服」，誤也。若無適無長而庶子爲父後，記所謂「爲君母後者」。則其妻當與適婦同。

大夫之庶子爲適昆弟。

兼言弟者，庶子不得爲父後，無適長，必以次適傳重，故庶兄亦爲服期而不降也。○周道適子死則立適孫，設無孫，則必以次適承父後。蓋大夫兼孤、卿，或有賞田賜邑，應嗣宗職，故未仕者於君、夫人、太子服士服。傳所謂「門子」，記所謂「正室」，自不容以庶長繼承也。○李清植曰：天子、諸侯爲適長服期，則群王子、群公子於適昆弟亦服其本服可知。專言「大夫」者，以爲君之長子，特見於下經也。

適孫。

適孫爲祖父母三年，而服以期，何也？三年者，代其父也。原父之心，致痛於尊者之惸獨，無終極也，故累而相承，雖高、曾無殺焉。適子之服既三年矣，原子之心，見父母之致哀於卑者，惟恐其或過也，故適孫以期斷。此先王所以達人情，權禮義，而不可損益也。曰「適孫」而不曰「祖爲適孫」，故知祖母同。○夫承高、曾之重，則妻何服？凡祭必夫婦親之，父卒爲祖父後者斬，則妻從服如舅姑，可知也。高、曾視此矣。然則母在宜何服？原祖之情，不忍以孫之亡而遠其婦，緣婦之義，不敢以夫之亡而遠其祖，則服如舅姑可也。然則婦、姑同服可乎？義之重均，則高、曾之服同齊衰三月，恩之輕均，則從祖父母、諸父昆弟同小功，安在婦、姑不可以同服也？○適孫婦服不見經，何也？文脱也。適婦不爲舅姑後，降而爲小功，則適孫婦爲後者加而爲小功，可知矣。注謂適婦在，則孫婦不得爲適，非禮意也。凡祭必夫婦親之，孫爲祖後，其婦從焉。適婦廢，不與於祭，準以「有適子無適孫」之義，則失之矣。三條皆或問。

爲人後者爲其父母，報。

何以不得比於衆子而不杖也？既爲人後，舍晨昏之定省，復就其兄弟而居堊室，則所後者難乎爲情，杖於所後者之側，尤難乎其爲情也。既殯之後，當有事則往，事畢而旋歸，使旋杖而旋釋之，則於禮爲虚而比於慢矣。〇爲人後者，爲其父母、昆弟、姊妹適人者之外，服不見經，何也？以親兄弟之子而相後，則三者之外，服皆同也。以是知古之立後，親者盡，然後取於疏，所以則天經而定民志也。或問

爲人後者孰後？後大宗也。傳

疏據何休説，謂「小宗無後當絶」。小宗子之繼父祖者，父爲之斬，而忍聽其絶乎？大夫之庶子爲適兄弟不降，而忍聽適長繼父祖者之絶乎？公羊高傳春秋，於祭仲、衛輒大亂君臣、父子之義，而何休篤信之，則其心之蔽陷宜矣。

尊者尊統上，卑者尊統下。傳

敖氏專以「天子及始祖所自出，諸侯及其太祖」言，似偏。大宗百世不遷，則其尊之所統者遠，小宗高、曾遞降，則其尊之所統者近。不曰「遠」、「近」而曰「上」、「下」者，曰「上」、「下」，則由高祖等而上之，以至於始祖所自出，等而下之，以至祖禰，皆可通。直曰「遠」、「近」，則諸侯之祀太祖，卿、大夫之干祫及其高祖，不可以言「近」矣。下記曰「大宗者[二]，尊之統也」，正申明此義。而敖氏乃云「與大宗爲族人之尊統者，義不相關，特假此以發明之」，殊不可解。

婦人不貳斬也。傳

疏據雜記「與諸侯爲兄弟者服斬」[三]，謂「婦人爲夫并爲君得二斬」。婦人爲舅姑期，則於君更無加隆之道。大夫爲君居廬，士居堊室，庶人齊衰三月，尚有等差，而婦人之從服乃加隆於父母、舅姑，其義何居？賈氏蓋未達於「與諸侯服斬」，及昏義「爲天王斬衰」，皆以命夫言，而

[二] 「大」，原本、四庫本俱作「太」，據儀禮注疏改。
[三] 「雜記」，當作「喪服小記」。

未可以概其婦耳。○爲夫之君期，經有明文，而孔穎達戴記「外宗爲君、夫人猶内宗也」疏，亦云「於君服斬」。蓋唐之學者篤信鄭學，迷誤至此。試思國君之女兄弟嫁於諸侯或鄰國之大夫，而爲兄弟服斬，何以對其夫與舅姑？周官大喪，具列外命婦之哭位、喪衰，則后有服甚明，而此疏據鄭注謂「臣妻於夫人無服」，尤不可解。

婦人雖在外，必有歸宗。傳

謂出於父殁後，必歸其兄弟之爲後者。

繼父同居者。

繼父同居者服期，何也？所以存孤而使人不獨子其子也。鳧之喪其故雄者，常護其子，而卒莫能容，非其族也。能卵而翼之，有父道焉，故正其名，重報以教民厚也。古者大宗收族，而禮文復具此，何也？人事或有所窮也。如單微轉徙之類。○或問

夫死，妻穉，子幼，子無大功之親。傳

妻雖穉而子有大功之親，子無大功之親而妻之齒非甚穉，皆可以立孤。注乃以未滿五十爲

穉，謬矣。

爲夫之君。

疏謂「臣妻於夫人無服」，溺於鄭注而未嘗詳考經、傳也。周官大喪辨内外命婦之服位者，不一而足，司服職「爲后服齊衰」，服母之義也。戴記服問「外宗爲君、夫人猶内宗也」[一]，則臣妻爲夫人服明矣。古者男女之辨至嚴，故嫂叔無服，而群臣爲君斬，爲夫人齊，視猶父母也，而其妻反不爲夫人服，其義何居？

姑、姊妹、女子子適人無主者。

女子適人而無主者不爲父母斬，何也？父母之於女，服可加者，仁之通。女之於父母，服不可加者，義之限也。服過於期，則疑於去夫之室矣。然則姪與兄弟之期何以報也？期，其本服也。「小功皆在他邦，加一等」，況適人而無主後者於其兄弟乎？故加期以報而無所嫌焉耳。

或問

[一]「服問」，四庫本同，當作「雜記」。

妾之事女君，與婦之事舅姑等。傳夫於貴妾緦，而女君則無服，何也？娣姪有親疏，同室有久近，恩義有淺深，而或間以異姓，宜各以其等爲心喪而服不可定也。夫則極於緦而以貴爲準，又所以閑私情而正家則也。或問○敖氏謂娣、姪「親疏不同，則其服亦異」，是也。又云「當以出嫁降一等服之」，則未安。「小功皆在他邦，加一等。不及知父母，與兄弟居，加一等」，娣姒婦「以同居室中，生小功之親」，則娣姪從嫁，恩當有加而服不得反降，明矣。○苞兒時見黄岡杜先生濬謂先君子曰：「堯、舜亦不能無過，使二女共事一夫，不有傷於羞惡乎？」先君子曰：「周公制禮，國君以上，媵必以娣、姪，士、大夫則聽之。詩曰：『問我諸姑，遂及伯姊。』蓋以御叙有期，各當其夕，於義無傷而所全甚大。每見鄉里間嫡妾相忌害如仇讎，異母之兄弟鬩墻者十八九。使能用周公之禮，則和睦之風式於閨門，同氣之好延及子姓，人倫爲之厚，禮教爲之明矣。古者后、夫人無子，嗣立者先左右媵，所以定民志，遏亂萌，端由於此。」杜先生作而曰：「微子，不能止我之過言。」

婦爲舅姑。

婦爲舅姑齊衰期，何也？稱情以立文，其情適至是而止也。婦之痛其舅姑，信及子之半，可以稱婦順矣。其義之重，比於孫之喪其祖，不可謂非隆矣。「虞杖不入於室，祔杖不升於堂」，謂可以舍杖而仍焉，是作僞於其親也。婦爲舅姑，後世易以斬衰三年，將責以誠乎？抑任其僞乎？此以知禮非聖人不能作也。或問

女子子爲其祖父母。

正統之服不可入大小功，九月以下無齊衰，故女子已嫁者無可降也。三月以上無齊衰，故曾祖父母無可加也。

大夫之子爲世父母、叔父母、子、昆弟、昆弟之子、姑姊妹女子子無主者爲大夫命婦者，唯子不報。

説者謂周人貴貴，故服有厭降，而尊同則不降，非也。夏、殷忠質，禮節未詳。如五服之外同姓可婚之類。至周公制禮，然後貫通事理，曲盡人情。古者「喪三年不祭，唯祭天地、社稷，越紼而行事」。天子、諸侯所承之統大，使用卿、大夫之禮，期、大功廢祭，則祭之得行者僅矣。不敢以旁親卑幼之喪而廢宗廟、百神之祀，猶不敢以親喪而不親天地、社稷之祀也。卿、大夫則必降焉，而後可承王事與國事。記曰：「既葬，君言王事，不言國事，大夫、士言公事，不言家事。君既葬，王政入於

國，既卒哭，而服王事。大夫、士既葬，公政入於家，既卒哭，弁絰帶，金革之事無辟也。」大夫之適子必從降，而後可攝祖禰之祭。大夫之庶子、公之昆弟必從降，而後可以爲尸。皆事理之不得不然，非貴貴明矣。惟君在，庶子不服其母，似爲君與夫人所壓，然觀公妾、大夫之妾於其子得伸，則庶子非以貴壓，而義起於爲尸，可見矣。此節乃莽、歆所增竄，宜削之。蓋「公之庶昆弟、大夫之庶子爲母、妻、兄弟」已降列大功章，母且降，則世叔父母以下不待言矣。試思母既降爲大功，而於庶妹、庶女之嫁於大夫者則加期，設同時而喪，届期將除母之服，而留庶妹、庶女之服乎？設同時而有數喪，諸姊、諸姑之嫁於士者皆降爲小功，而庶妹、庶女、兄弟之庶女嫁於大夫者反服齊，群聚於喪次，不識其心何以自安？又何顏面以對降爲小功者之戚屬乎？門人問濮議，朱子曰：「試思仁宗、濮王同坐於此，英宗侍側，終不成皆唤爲父，便知道理不可如此，悖理逆情，害義傷教。」敖氏辨其謬誤甚詳，但未知其爲增竄耳。

大夫爲祖父母、適孫爲士者。

祖父母、適孫已明著於上經，而復竄此，以爲尊同不降之證。如其言，則祖父母之爲庶人者亦降矣，此與堯及瞽瞍北面而朝舜，荒謬略同，而先儒莫辨。蓋以儀禮早列於學官，疑其爲完書，必周公所手訂耳，不知莽招群士記説逸禮於庭中，正爲欲增竄無稽之言於既列學官之書，使學者疑爲庭中所記述耳。

妾不得體君，得爲其父母遂也。傳

敖氏謂「女君雖體君，亦未見有重降其私親者」，是也。莽不欲爲母服，歆上議曰：「禮：『庶子爲後者爲其母緦。』傳曰：『與尊者爲體，不得顧其私親。』攝皇帝奉漢大宗之後，不得顧私親。」故又竄爲此傳，以示妾不得體君，故得爲父母遂，與「攝皇帝與尊者爲體，不得爲父母遂」反對也。

寄公爲所寓。

失地之君不宜遽與民同，而特制此服，俾守宗廟、社稷者，知一旦可降爲鄰國之庶人，而慎乃有位也。孔子對哀公曰：「君出門而望，亡國之墟必有數蓋焉，平明而聽朝，諸侯之子孫必有在君之庭末者。」蓋國君敬懼之心，惟此可以發之。

宗子之母在，則不爲宗子之妻服。傳

疏「母在，年未七十，則自與祭，故族人爲之服」，非也。祭必夫婦親之，故舅没則姑老，冢婦所祭祀賓客，每事請於姑，則宗子之母不得與祭，明矣。族人所以爲之服者，雖不與祭，而族人合食。及將嫁之女，教於宗室，領之者必宗子之母，其妻不敢代也。考工記：「內鎮，必宗后守之。」不曰「王后」而曰「宗后」，以王后雖承祭，而內治必壹稟於王之母若大母耳。

爲舊君、君之母、妻。

既列「爲舊君、君之母、妻」，而後復重出「舊君」，何也？舊君之服本爲去國者設，若在國，則宜曰「先君」。此經兩列舊君之服，所以該事之變也。此傳云「仕焉而已者」，謂以罪廢，服已褫，爵已奪，而等於齊民，故不敢與士、大夫同服。注乃以老疾致仕者當之，則悖矣。以老致仕，則君之禮必將有加焉，以疾致仕，則君之恩亦必無改焉，其於君、夫人之服宜一同於有位者。雖不能廬於君之宮，當持服於家，一如其常期。惟以罪廢，則不敢君其君，故易先君而稱「舊君」以別之。何以知非謂去國者？以爲「君之母、妻」決之也。首列此條，以身雖廢黜而尚居父母之邦也，故身在外而妻與長子在國者次之，是田里未收，反不反未定者也。獨舉「舊君」者終焉，是終去不反，而妻子亦徙家者也。故惟服舊君，而君之母、妻則無服焉，身服舊君，而妻及長子則不服焉。蓋必分而爲三，然後事義明而言之倫序不失耳。或問庶人爲國君。

康成據此謂圻外之民爲天子無服，非也。曰「國君」者，以明大夫君則臣有服而民無服耳。周官太宰職：「以九兩繫邦國之民，一曰牧，以地得民。」則雖諸侯，不過爲天子之繫屬，此民與師長、主友之屬等，而謂侯國之民不爲天子服，不亦悖乎？喪期之變自漢文帝始，詔曰：「令到，出臨三日，皆釋服，毋禁娶婦、嫁女、祠祀、飲酒、食肉。」則漢文帝以前，天下之民皆齊衰三月，不得嫁娶、祠祀、飲酒、食肉，明矣。

妻，言與民同也。長子，言未去也。傳

命婦爲君期，以夫既去國，故與民同。觀此，則大夫以老疾致仕者，其妻仍以命婦服君、夫人，而傳所云「仕焉而已者」乃以罪黜，益明矣。「大夫之適子爲君、夫人、世子如士服」，則以老疾致仕者，其長子仍從士服，亦於此可見矣。大夫既去而妻子尚留，與民同服，則從徙於異國，於舊君、君之母、妻、世子皆無服，可知矣。蓋即未遽受職於異國，亦不敢以逐臣之妻、子而服舊君及君之母、妻、世子也。惟大夫於君，不忍不反服耳。

曾祖父母。

喪服不及高祖，何也？與曾祖同也。何以知其同？無可殺也。何以知其非無服也？未有旁服以是屬而反遺於正體者也。服之有差，所以責其誠，以義則高、曾等重，而恩亦未見其有差也。後世易曾祖爲五月，高祖三月，而例以小功、緦麻之月數，未達於先王稱情以立文之義也。或問

君埽其宗廟。傳

「埽」，注疏誤「歸」，宜從石經。宗子去國，庶子爲壇而祭，則歸其宗廟於何人哉？主祭者出，其留者不敢辟廟門，故君命有司春、秋埽除，示望其歸守先祀，以相感動耳。

曾祖父母爲士者如衆人。

曾祖父母非宗子之比也。宗子疑可降，故既列衆人之服，復言大夫之不降。正體相承，設遭變故，雖天子、諸侯亦無降服之理，不宜於大夫轉以爲疑。且曰「爲士者」，則爲庶人者遂降而無服乎？抑易以他服乎？凡此類，皆以爲莽事比證，而不知其僞亂之迹，即此可按，而不能匿其情矣。

女子子嫁者、未嫁者爲曾祖父母。

齊衰則無以易，三月又不可損益也，故嫁與未嫁同。傳、注甚無味，敖氏辨之，並宜删。

子、女子子之長殤、中殤。

古之詳於殤服，何也？先王之制喪禮，一以哀死，一以衛生也。「悲哀志懣氣盛，故袒而踊之，所以動體安心下氣也。」水漿糜粥，量而後納，恐其有所滯壅也。哭泣奠告，所以致其思慕也。蓋必備其禮，達其情，而後哀可節焉。人之愛其子也，於所親爲甚，服可除，其情不可抑而絶也。故子、婦之愚惷者，乃過時哭泣以傷長老，其敬順者，或攝隘以傷其生。用此知古之道，所以達人情之實而不可易也。或問

夫之昆弟之子、女子子之長殤、中殤。

爲兄弟之子、女子子之殤無文，而於妻見之，何也？不可以先叔父、姑、姊妹之殤也。然則子與女子子何以可先於叔父、姑、姊妹也？人情於子之殤，其哀心多過於叔父、姑、姊妹，故首舉之，以示喪服之制，皆以責人情之實而不可僞也。於妻之從服列之，則所從者不待言矣。

公爲適子之長殤、中殤。

國君絶期，而爲適子之長殤、中殤大功，何也？痛先祖正體之摧也。用此見父爲長子三年，通乎上下。或問

大夫爲世父母、叔父母、子、昆弟、昆弟之子。

大夫爲世父母、叔父母、子、昆弟、昆弟之子，何以降而大功也？殺其文以便事也。齊衰之重次於斬。期而杖者，雖公門不脱焉，不杖者，脱衰而仍絰焉。八者之服至衆也，不降則不可以服王事與鄰國之事矣。先王制禮，貴者恩每隆，哀每篤，是故「百官備，百物具，不言而事行者扶而起，言而後事行者杖而起」，謂以尊而降其親，非禮意也。然則尊同者何以不降也？此莽、歆所僞亂，所謂「顛倒五經，使學士疑惑」者也。或問○大夫之子、大夫之妾所不降者已見於齊衰，而大夫所降尚未見於經，以降爲大功，宜於大功正服見之也。自莽、歆於齊衰章竄入「爲祖父母、適孫爲士者」一條，此節又增「爲士者」三字，疏皆曲爲之解，而康成無注，則其心必有疑焉。天理之具於人心者，終豈能蔽哉？

公之庶昆弟、大夫之庶子爲母、妻、昆弟。

大夫之庶子、公之昆弟何以降也？爲爲尸也。卿、大夫將爲尸於公，未受宿，有齊衰内喪則廢，是以降而大功也。古者尸必以孫，無親者然後以其屬。傳曰公子厭於先君之餘尊，信乎？非也。公妾、大夫之妾爲其子與父母皆不降，則服之降非以尊厭，審矣。妾得伸，以不與於祭焉爾。大夫之庶子爲適昆弟不降，父之所不降，則祭與尸皆無事焉爾。○庶子之子爲父之母，服不見經，何也？大夫之庶子，父在爲母大功，父殁遂，則其子從服而每降焉可知也，不嫌於以之配祖而卑其祖與？庶子父殁爲母三年，不嫌於以之配父而卑其父也。先王制禮，恩與義並行而不相悖。别記曰：「有從輕而重，公子之妻爲其皇姑。」則君夫人在，既以正其姑之名而服以婦之服矣。庶子得服母之黨，庶子之子乃不得從父而服父之母乎？二條皆或問。○獨舉大夫之庶子，以適子於母、妻不降，庶子從父而降兄弟，則適子之降不待言矣。

先君餘尊之所壓，不得過大功也。傳

君在，則群公子當爲祖尸，其數少，故雖母之喪無服。先君殁，則君之昆弟當爲曾祖尸，其數多，故正期可伸。而大功以下降，義起於爲尸，則皆有倫次。曰「先君餘尊之所壓」，則大夫不聞壓其子，何爲與公之昆弟同降乎？

大夫之庶子，則從乎大夫而降也。傳

大夫之庶子從而降，以祭或宜攝也。「攝主不厭祭，不旅，不假，不綏祭，不配。其辭於賓曰：『宗兄、宗弟、宗子在他國，使某辭。』」以是知有出疆之政，則祭必攝也。春秋傳「大夫聞君之喪，攝主而往」，雖與曾子問不合，足徵以公事出疆，祭必攝。無子，然後攝以兄弟。祭禮「嗣舉奠」，喪服「大夫之子爲君、夫人、世子如士服」，故知無子，然後攝以兄弟。大夫之祭，內喪齊衰、大功皆廢，期雖降，祭仍不可得而攝也。期降而大功，然後大功可降而小功也。匪是則祭之得行者僅矣。殤之期，再降而小功，亦此義也。或問。

皆爲其從父兄弟之爲大夫者。

伯叔父、兄弟、姑、姊妹皆降，而從父兄弟之爲大夫者不降，此奴隸所不能平也，而聖人制爲典禮乎？

大夫之妾爲君之庶子。

「大夫之」三字竄入，刪。

女子子嫁者、未嫁者爲世父母、叔父母、姑、姊妹。

「未嫁者」三字亦竄入，蓋欲見許嫁於大夫即逆降其親屬，以示禮辨貴賤若此之嚴，以爲莽奉養皇太后，不得私服其母之徵也。注、疏謂「何以大功也」三句當在上「大夫之妾爲君之庶子」下，脱誤在此，得之，但未知「未嫁者」亦莽、歆所增。

妾爲君之黨服，得與女君同。傳○此傳前後皆莽、歆增竄，惟二句爲經、傳本文，賈疏及敖氏亦覺其悖謬，可徵心理之同。

妾爲女君、君之長子三年，何也？婦人之性，惟猜妒爲難化也，故以禮明彰其義而潛移易焉。一人有子，三人緩帶，所以同其喜，服爲女君、君之長子三年，所以同其憂，如此則女教明，家和理，而下型於兄弟矣。婦爲舅姑期，其情適至是而止。妾爲女君、君之長子三年，將責以誠乎？責以誠也。舅姑以考終，常也。長子死，家之大變也。先祖之正體摧，君及女君痛如斬，而不與同其憂，非事人之道也。其曰「女君、君之長子」，何也？無適，雖庶長不敢殺也。或問。

大夫、大夫之妻、大夫之子、公之昆弟爲姑、姊妹、女子子嫁於大夫者。君爲姑、姊妹、女子子嫁於國君者。

「大夫爲世父母、叔父母、子、昆弟之子」已前見，則其妻與之同服，女子子已在其中矣。「公之昆弟、大夫之庶子爲母、妻」已前見，此補所未見，宜舉昆弟、昆弟之子，而後及姑、姊妹、女子子。莽、歆欲實其「嫁於大夫」之説，故專舉「姑、姊妹、女子子」，而併「大夫、大夫之妻、大夫之子、公之昆弟」混而同之，竟忘大夫之子、公之昆弟於昆弟、昆弟之子之降服，不宜竟不見於經，又忘大夫之妻於姑、姊妹宜降在小功，而與女子子異。先儒皆習而不察耳。若果行此，則於不降者爲附勢，爲過情，於降者爲寡恩，爲悖義。國君、卿大夫、父子、兄弟、戚屬之閒，離心離德，瑕釁百出，而禍亂隨之矣。莽匿情悖行，至末年，妻、子皆怨叛，其明徵也。○爲王事、國事而降，爲攝祭爲尸而降，乃人事之匪是則窮天理之反心無愧者，降服者不飲酒食肉御内，本各如其喪期。經、傳可徵，人心允愜。自竄入尊同不降諸條，前儒詁經，皆以爲貴貴，而王事國事、攝祭爲尸之實義，蔽晦以終古。賊經誣聖，莫大於此，學者宜審思焉。○「期之喪達乎大夫」，中庸有明文。古書中未有言天子、諸侯爲旁親之期者。「上下各以其親」，檀弓已辨其爲古禮。春秋傳所云爲王姬服，乃魯莊公之慝禮耳。

諸侯之子稱公子，公子不得禰先君。公子之子稱公孫，公孫不得祖諸侯。此自卑別於尊者也。若公子之子孫有封爲國君者，則世世祖是人也，不祖公子。此自尊別於卑者也。是故始封之君不臣諸父、昆弟，封君之子不臣諸父而臣昆弟，封君之孫盡臣諸父、昆弟。故君之所爲服，子亦不敢不服也，君之所不服，子亦不敢服也。傳

此傳當繫「公之庶昆弟、大夫之庶子爲母、妻、兄弟」下，以竄入諸條，簡錯在此。

繐衰者何？以小功之繐也。傳

小功布十升以上，此四升半，以同小功布縷之細，故曰「繐衰裳」。

諸侯之大夫爲天子。

康成據此傳，謂：諸侯之大夫以時接見於天子，故爲天子服，而士無服。不知繐衰七月在大功之下，小功之上，則士服繐五月，以別於庶人之齊衰三月，無疑矣。大夫有雖聘頫而不得接見天子者，行人職「小客則受其幣而聽其辭」是也。士有從君而王朝且任之以事者，掌客職「凡作事：王之大事，諸侯；次事，卿；次事，大夫；次事，上士；下事，庶子」是也。使從君朝覲，適遭大喪，卿、大夫繐衰，庶人縞素，而士獨吉服，不惟不可以列朝夕哭位，即行於道路，出入於客館，亦顏面無所容，而大駭入臨者之視聽矣。

諸侯之大夫以時接見於天子。傳

傳以「接見天子」爲義，已失經指。注、疏遂謂「士、庶人無服」，又云「大夫未聘於天子者亦無服」，悖謬極矣。天崩地拆，凡食土之毛者無不爲之變，豈惟義不可以苟安，即情亦不能自已。唐堯之聖，百姓如喪考妣。宋仁宗崩，深山窮谷，莫不悲號，尚云恩德足以感人。周自幽、厲以後，王澤既竭，而衛詩曰：「伯也執殳，爲王前驅。」秦詩曰：「王子興師，與子同仇。」以此知天澤之義，乃民生而自具之本性也。天子之喪，而諸侯聽其臣民不爲一日之服，尚可望以敵王所愾乎？尚可教以親上死長乎？漢、唐諸儒，治經雖勤，程、朱既作，取其不當於理者辨析而更易之，誠懼經之本指以之蔽晦，況害義傷教如此其甚者乎？○諸侯之大夫爲天子服，世子誓於天子而不爲天子服，何也？古者繼世以象賢，故君薨，子承嗣，三年之喪畢，類見於天子，天子錫之命，而後其位定。未類見，視天子之元士以君其國。今父在，承嗣與定位不可知，故其服不可得而制也。古者諸侯覲於天子，既事，肉袒請刑，世子不爲天子服，皆所以使自戒懼而不忘其事守也。然則無變乎？喪之通禮，「父有服，宮中子不與於樂」，則既爲之變矣。或問

小功布衰、裳，澡麻帶、絰，五月者。

小功、大功，絰同牡麻，於殤之降服言「澡」，則正服與大功之不澡皆見矣。據經文大功始言「布帶」，則齊衰以上皆麻也。此經曰「澡麻帶、絰」〔二〕，别記亦曰「帶澡麻不絶本」，蓋以麻爲帶也。使用布爲帶，則何本之可絶？大功布帶而小功之帶轉用麻，何也？本齊衰、大功之親，哀其無受而用麻，故經與記特著之。倒「帶」於「絰」上者，如曰「澡麻絰、帶」，則似絰以麻而帶仍用布矣。

大夫庶子爲適昆弟之下殤。

庶子或十年或九年，則適昆弟並有服。○大夫之祭，至大功以上始爲之廢，則兄弟小功之殤似無容分異，未詳何故。

爲人後者爲其昆弟、從父昆弟之長殤。

本期、大功，再降而服同，必有譌，不可强爲之説。或曰「從父昆弟」衍。

〔二〕「帶、絰」，原本、四庫本作「絰，帶」，據上經文改。

爲姪、庶孫丈夫、婦人之長殤。

男子十六有父道，女子十四有母道，或凶荒殺禮，或孤幼無依，先期而早婚。既爲丈夫、婦人，疑不當以殤降，故著之也。必周以前，早婚而殤者以成人服之，故禮經具此。

大夫、公之昆弟、大夫之子爲其昆弟、庶子、姑、姊妹、女子子之長殤。

大夫之子又分而爲二，庶子爲適昆弟之下殤尚有服，而適子於昆弟之中殤、下殤則無之，小功不廢祭，何故創此悖情逆理之制乎？疑亦爲尊同不降之證。

從祖父母。

世父、叔父期，則從祖宜大功，而服小功，何也？大功之親皆屬乎祖與父者也，從祖則屬於曾祖者也，其恩不可强而同。且服止於五而窮於緦，若從祖大功，則三從之緦施於六世矣。朱子語類所載乃門人之問，非朱子之答也。○或問

從父姊妹、孫適人者。

舊截「孫適人者」别爲一節，義不可通。蓋從父姊妹及女孫適人者皆降在小功也。

從母。

從母之服乃隆於母之兄弟，何也？與母同生，而又同類也，故親其姊妹之子常過於舅之親其甥，是以稱其情而爲之服也。或問

外親之服皆緦也。傳

外親服廣，外祖父母、從母之外無小功，故以緦蔽之。

娣姒婦者，弟長也。傳

弟長，謂兄弟之友恭也。家之乖，恒由婦人，嫂叔既無服，故緣弟長之義而制娣姒之服，以教親睦，所以内和而家理也。○春秋傳穆姜稱聲伯之母爲姒，叔向之嫂曰：「長叔姒生男。」似據二婦年大小。而曲禮曰：「坐以夫之齒。」豈坐則從夫之序以正家則，而稱則從己之年以示撝謙與？

以爲相與居室中，則生小功之親焉。傳

古者大功同財而異宫，期之兄弟未有異居者，以問寢、視膳、佐餕，群子婦所同也，故娣姒婦曰

「相與居於室中」。夫之從父兄弟之妻，都宫則同，而所居分南北東西，故曰「相與同室」。

大夫、大夫之子、公之昆弟爲從父昆弟、庶孫、姑姊妹女子子適士者。

從父姑姊妹女子子，在室者已降爲大功，適人者自當降爲小功。「士」當作「人」，傳寫之誤也，或劉歆增竄以爲尊同不降之證。注、疏又從而爲之辭，誤矣。○尊同不降之説最害義傷教者，莫如大夫之子降世父、叔父、兄弟，而於庶子、兄弟之庶子爲大夫者則不降，母降爲大功，而庶女、兄弟之庶女嫁於大夫者服加於母，曾祖父母必爲士而後服不降，是三者於莽事尤爲切近。莽過禮以奉大將軍鳳，因此得舉，故忍爲此説，隱然謂先王制禮，於庶子、兄弟之庶子爲大夫者即加隆焉，況世父之尊位冠百僚而主國政乎？庶女、兄弟之庶女嫁於大夫者即加隆焉，況祖姑配先帝爲天下母而身受天位於此人者乎？雖曾祖父母正統之尊，必爲士而後不降，則莽之父以蚤死，獨未受封，其母功顯君之喪，以供奉太后而不爲之服，亦心安而理得矣。後之儒者若尚以芟薙此數條爲疑，是失其本心而自比於逆亂也。

大夫之妾爲庶子適人者。

大夫之妾爲君之庶子大功，則庶女適人者自當小功。注、疏之誤皆由惑於尊同不降之説耳。

〇妾爲女君之黨，女君雖死，服不絶，而於君之黨，則子女而外無延服，何也？妾雖卑賤，愛君之子女，不宜異於女君。若君之尊親同輩而服延焉，則與妻無别矣，所以辨微而防其漸也。

庶婦。

婦人爲子婦小功，而夫之兄弟之子婦大功，何也？報服也。姑之於婦則不可以言報。夫之兄弟之子婦，服不見經，何也？以婦服夫之世母、叔母，知其報也。何以知其報也？旁親之相爲服，無尊卑皆報。或問

君母之父母、從母。傳曰：何以小功也？君母在，則不敢不從服。君母不在，則不服。

傳以「不敢不服」爲義，則君母不在而不服，傷於恩而慤於義矣。蓋外祖父母、從母不必於己有恩，而君母之痛如斬如刻，則庶子當與同其憂。至君母不在，則心實無所感，而强爲之服，義無所處也。然則因母死，不爲繼母之黨服，何以與此異也？雖與繼母同其憂，而服則不可假也，假之服則疑於因母之出矣。

君子子爲庶母慈己者。

「慈母如母」，服至重，以子無母，母無子也。貴人之子自有母，以三母有慈己之恩，故服加於庶母，不宜以父殁異。

從父昆弟、姪之下殤。

「姪」字或衍，或「姊妹」二字傳寫遺其一，而又譌焉。

夫之叔父之中殤、下殤。

婦人於夫之叔父之殤猶爲之服，所以與舅姑同其哀而成婦順也，所以助夫之慟而使益篤於同氣也。抑於此見夫之兄弟無服爲遠同等之嫌。故曲禮「已嫁而反，不與同席而坐，同器而食」，專指兄弟，而不兼姑之於姪、世父叔父於兄弟之女也。

有死於宮中者，則爲之三月不舉祭，因是以服緦也。傳

觀此，則大夫之妻、大夫之適子從大夫而降，專爲服重且多而廢祭，益明矣。君之昆弟、大夫之庶子之從降，專爲尸必以孫，而大夫之庶子亦有時而攝祭，亦見矣。

士爲庶母。

父妾之無子者不得稱庶母。庶母有服，所以篤兄弟之恩義也，雖適長亦然。

貴臣、貴妾。

貴臣，乃祖父之室老，猶文王世子篇所謂「貴宫貴室」。於己有保持之義者。貴妾，則攝女君者歟？大夫於庶母無服而服臣、妾，此以義起者，猶天子、諸侯絶旁期，而有三衰爲諸臣弔服也。

乳母。

注義尚渾，疏則專以大夫之子言，謂「三母内之慈母有他故，使賤者代之」，俱未安。備三母而别有食子者，國君之禮也。食子者本不在三母數中，大夫之子未必皆備三母，而必有食子者，此經所謂「乳母」是也。若士之妻自食其子，而或死亡疾病，豈能不使人乳？至庶人之家，有故而代乳，則其恩倍篤，豈可不以服報乎？

君母之昆弟。

君母之父母、兄弟，妾子皆爲之服，而不報，何也？以是知妾子之服乃與君母同其憂，而義不起於其父母、兄弟也。若女君之父母、兄弟而使爲女之庶子服，則不論女之存亡，而情無由生，義亦無所處。以是知先王制禮，雖緦、小功之輕服，亦必緣哀心之感以爲之質，而非徒外之文也。

公子爲其母，練冠，麻，麻衣縓緣。記

戴德喪服變除：「天子諸侯庶昆弟、大夫庶子，爲其母哭泣、飲食、居處、思慕，猶三年也。」彼於天子、諸侯曰「庶昆弟」，則父殁後也，故曰「三年」，此曰「公子」，則父在時之服也，其不食肉、飲酒、居外寢，則不以父之存殁異。

大夫、公之昆弟、大夫之子，於兄弟降一等。

觀此記，而經、傳中本無尊同則不降之文，益明矣。記皆補經之缺。此記自首至「妾爲私兄弟，如邦人」，皆記禮之變也。此條及「爲人後」，乃變之尤大者，故雖已見於經，記仍略舉其要以該衆目。如降服中有尊同不降之例，則變中之再變，且爲經文所缺，必特書而詳闡其義矣。莽、歆於經、傳徧布增竄，而獨於此記遺焉，蓋民彝不容終晦，故作僞者必有時而自敗露焉耳。

兄弟皆在他邦，加一等。不及知父母，與兄弟居，加一等。

以事之變而生其恩，故不得服其常服也。別記曰：「生不及從祖父母〔二〕、諸父、昆弟，而父稅喪，己則否。」情之所不屬，不可作而致，或并其服而去之，所以責服其服者之誠也。或問○戴記專指小功，蓋以「小功以下爲兄弟」與「不及知父母，與兄弟居，加一等」決之也。古者大功同財，雖異居而同一都宮，則幼失父母，與大功之兄弟居者多矣，豈能徧加齊衰重服？必無大功之親，而後依小功之兄弟耳。

夫之所爲兄弟服，妻降一等。

妻從夫而服其親族，皆前見於經、記，惟兄弟無服。此約舉其大凡，而傳寫者誤衍「兄弟」二字也。

庶子爲後者，爲其外祖父母、從母、舅無服。

觀此，則大夫之子有降服，爲爲尸或攝祭，而非以父之尊厭，益明矣。「有死於宮中者，三月

〔二〕「從祖父母」，喪服小記無「從」字。

不舉祭」，故庶子得爲其母緦，雖適子亦得爲庶母緦，以庶母死於宫中，祭已爲之廢也。外祖父母雖尊親，而爲外喪，則祭不廢。祭不廢，無爲脱衰而即事，則無服而心喪焉，其可矣。然則小功而祭不廢者，非脱衰而即事乎？父族之小功，皆自高、曾以下一體而分焉者也，父母在殯，而遠兄弟之喪可往哭，即斯義也。

改葬，緦。

昌黎韓氏曰：「此謂子之於父母，其他則皆無服。衛司徒文子改葬其叔父，問服於子思，子思曰：『禮，父母改葬緦，既葬而除之，不忍無服送至親也。非父母無服，無服則弔服而加麻。』或曰，經稱『改葬緦』，而不著其月數，似三月而後除也。子思則曰：『既葬而除之。』今宜若何？曰：自啓至於既葬而三月，則除之。未三月，則服以終三月可也。」

命婦弔於大夫，亦錫衰。

必於所弔大夫之妻有連，或彼此皆春官世婦，與之屬公事，其夫死，不容不弔唁其妻，故具是禮。

何以言「子折笄首」而不言婦？終之也。傳言婦與子不同，宜齊衰惡笄以終喪也。女子居父母之喪，既練而歸，卒哭後，或以事暫還夫家，故易吉笄而折其首，蓋恐舅姑以爲嫌，與養有疾者易服之義同耳。其事畢而還父母家，仍宜惡笄。禮以權制，而旋反其常者，類如此。疏謂「婦人以飾事人，雖居喪，不可廢修容」，悖矣。

考定儀禮喪服附

大夫之子爲世父母、叔父母、子、昆弟、昆弟之子、姑姊妹女子子無主者爲大夫命婦者，唯子不報。

「爲大夫命婦者」六字，劉歆竄入，削之則經義坦然明白。

傳曰：大夫者，其男子之爲大夫者也。命婦者，其婦人之爲大夫妻者也。無主者，命婦之無祭主者也。何以言「唯子不報」也？女子子適人者爲其父母期，故言不報也，言其餘皆報也。何以期也？父之所不降，子亦不敢降也。大夫曷爲不降命婦也？夫尊於朝，妻貴於室矣。

無主者，無祭主也。唯子不報，言其餘皆報也。傳本文宜止此。此傳義悖辭舛，全不可通。鄭氏止辨「唯子不報」，專主女子適人者之非，而不知無主者下增「命婦之」三字，則非命婦，雖無主，亦降，顯與經背。況此經本言父族正服之期，而兼及姑姊妹女子子無主後者，而首曰「大夫者，其男子之爲大夫者也。命婦者，其婦人之爲大夫妻者也」，使人莫知其所指。且于「其餘皆報也」下，忽接「何以期也？父之所不降，子亦不敢降也」，更不知其義之所屬矣。至謂大夫不降姑姊妹女子子之爲大夫妻者，乃爲其「夫尊於朝」，則苟有人心者忍爲此語乎？蓋經文本無「爲大夫命婦者」六字，歆既竄入，故復竄傳文而故亂其緒，使人莫解，正與文王世子篇所增竄「周公踐阼」等語，及莽傳奏議詔誥悠謬恍忽之語略同。使果有尊同不降之禮，則經文當云「大夫之子爲世父母、叔父母、子、昆弟、昆弟之子、姑姊妹女子子之子爲大夫命婦者、姑姊妹女子子無主者，唯子不報」，其義始明，其辭始順，以是知爲歆所僞亂，無疑也。

大夫爲祖父母、適孫爲士者。

上經已明著祖父母、適孫，不宜復有此經此傳。莽、歆之意，蓋謂大夫于祖父母之服尚疑於降，而特著其不敢降，則等而下之者之降絕無疑矣，此皆陰爲莽不服其母解爾。

曾祖父母爲士者，如衆人。

「爲士者如衆人」亦歆所竄也。正統之服，齊衰三月，而猶疑於降絶乎？不仁人之言，其流毒遠矣。

女子子嫁者、未嫁者爲曾祖父母。

傳曰：「嫁者，其嫁于大夫者也。」然則嫁于士、庶人者，曾祖父母之服有異乎？合下二語，皆歆所竄。

大夫爲世父母、叔父母、子、昆弟、昆弟之子爲士者。

傳曰：「尊不同也。尊同則得服其親服。」甚乎哉！非莽、歆不能爲此言也。經有「爲士者」之文，亦歆所竄也。服之有降，義別有在，與所服者之爲士與否何與乎？增之以爲尊同不降之徵爾。

公之庶昆弟、大夫之庶子爲母、妻、兄弟。

義別有在，傳亦失之。

女子子嫁者、未嫁者爲世父母、叔父母、姑、姊妹。

傳曰：「嫁者，其嫁于大夫者也。未嫁者，成人而未嫁者也。」蓋謂許嫁于大夫而未嫁者，即逆降其世父母、叔父母、姑、姊妹之服也。異哉！是之謂人而畜鳴者與？鄭氏譏其「不辭」，抑末矣。

大夫、大夫之妻、大夫之子、公之昆弟爲姑姊妹女子子嫁于大夫者。

其文重出，與文王世子篇「周公踐阼」之疊見同，皆故亂其緒以設疑而惑衆也。公之昆弟，乃以姑、姊妹之嫁于大夫爲榮乎？○儀禮、戴記而外，無言服有厭降者，何以知非莽、歆所僞竄也？事有所窮則禮從而變，乃殺其文以便事，而喪之實無加損也。詳見喪服或問。王子有其母死者，孟子曰：「是欲終之而不可得。」則服有厭降，非莽、歆所構造，明矣。

君爲姑姊妹女子子嫁于國君者。

「期之喪達乎大夫」，「封君之孫盡臣諸父、昆弟」，則其服皆絶矣，而于姑姊妹女子子嫁于國君者不降。聖人制禮，乃若是其僨乎？

儀禮析疑卷之十二

士喪禮

死于適室。

敖氏本引注作「北墉」，是也。「亳社北牖，使陰明也」。生人寢室，北不宜有牖。

幠用斂衾。

大斂二衾，注謂用其一以覆尸，是也。夷者，等也。大斂衣倍多，衾必稱其廣狹而與之等，故曰「夷衾」。天子曰夷盤，大夫、士亦曰夷盤，則「夷」當以等訓，明矣。斂衣有多少，盤必與之稱，故通曰「夷盤」。覆柩之衾又宜與棺之廣狹相稱，故通謂之「夷衾」。覆柩而曰「夷衾」，則不得以尸訓，明矣。

復者一人，以爵弁服，簪裳于衣，左何之，扱領于帶。

爵弁，士之上服也。春秋傳魯叔孫豹聘於周，王賜以三命車服。將葬，季孫使舍之，其臣杜洩曰：「若命服，生不敢服，死又不以，將焉用之？」則復宜用上服。周官夏采「以冕服復於太祖，以乘車建綏復於四郊」，而不用大裘，蓋大裘惟冬至祀天乃用之。王之出郊不皆以祀天，又廟宜用服，郊宜用綏，非以大裘爲上服而不用也。○張爾岐曰：「扱領于帶，平叠衣裳，使領與帶齊。」○別以物關之而非縫也，故曰「簪」。

受用篋，升自阼階，以衣尸。

別記「復衣不以衣尸」，謂斂也。此云「衣」，蓋暫覆之。

綴足用燕几。

張爾岐曰：「側立此几，並排兩足於几兩脛之間以夾持之。」

奠脯醢、醴酒，升自阼階，奠于尸東。

張爾岐曰：「喪禮大端有二，一以奉魄體，一以萃精神。楔齒綴足，奉魄體之始也。奠脯醢、醴酒，萃精神之始也。」

乃赴于君。主人西階東，南面命赴者，拜送。

告於君，必親命赴者而拜送之。若族姻朋友，則所赴不一，致辭各異，且有在他邦者，主人哀毁昏迷，豈能一一自命？故父兄代之。檀弓記所云是也。疏乃以爲大夫、士之别，誤矣。赴於君而不北面，何也？以赴者必南行出門，拜送宜鄉之也。

入，坐于牀東。衆主人在其後。

敖氏云：「衆主人若有斬衰者亦存焉。」謂父主適子之喪，而其子以斬衰隨祖後也。女子在室者則從母後，無母，其從適婦之後與？

婦人俠牀，東面。

喪大記並舉「主人」、「主婦」，道其常也。此第曰「婦人」，該其變也。蓋或死者妻早亡，則子婦不可以稱主婦。

主人哭，拜稽顙，成踊。

前此哭無停聲，辟踊無算，至是有君命，以敬節哀，然後成踊。

襚者入，衣尸。

衣，謂以覆尸也。庶襚旋徹以適房，惟君襚不言徹，則襲與小斂後仍以覆衾，直至大斂，然後以覆於外而包庶襚耳。

親者襚，不將命，以即陳。

始喪，親者在室，不忍離尸，且同宮同財，雖宮分南北東西，而並在都宮之中。故使人陳衣，無庸將命。小功、緦麻衆多，或在他邦，或貧不能襚，又或以疾病、事故身不能親，故必使人將命。其立於堂下者，或執喪事，或待弔賓，亦不親襚也。

庶兄弟襚，使人以將命于室。主人拜于位。

父不主衆子之喪，以卑幼而屈尊者以拜賓，非禮也。雖主長子之喪，其所立之位與拜賓之時與地必與子異。若襚者將命，父拜於尸旁，何以安死者之心？必使其子拜，無子則妻拜，無妻則兄弟拜也。君視臣斂，即位於序端，既殯而往，即位於阼，大夫君臨其臣，則即位於堂下，是尊臨卑喪，各以時義而異其立位也。父主長子之喪，室中之位宜負北墉，其東西俠尸者必其妻、子，無妻、子則弟、妹。父拜賓，必俟其退而拜於階下。舅主適婦，則位不宜在室。凡此類，必已見於大夫之禮。○曰「庶兄弟」，兼同族之小功、緦麻，及異姓之内外兄弟、舅甥。

朋友襚，親以進。主人拜。委衣如初，退。哭，不踊。

惟朋友之襚以哭答。親以襚進，必死者所親厚，故哀心之感不能自遏也。何以必俟其退而後哭？襚者本末哭也。未小斂，主人創鉅痛甚，附身之事猶未營，無庸以哭擾之。小斂畢，則朋友進襚，以哭踊先之矣。先王制禮，親者陳衣而不將命，小功以下使人將命而不親，朋友親襚而不哭，非略襚者之儀節，慮孝子致禮以傷生也。自始死，主人啼聲無停，故轉以禮事之至而停其哭，使少休息，皆天理自然之節也。踊必興，襚者衆多，使每哭必興踊，力不能任矣。

爲銘，各以其物。亡，則以緇，長半幅，赬末，長終幅，廣三寸。

「赬末」以下，皆緇度也。物有定制不待言，且大夫與上、中、下士各有等差，不宜同用赬末，疏：「雜帛者，旗旜之縿，以絳帛爲之，以白色之帛裨緣之。」其末亦不宜太短且狹。

竹杠長三尺，置于宇，西階上。

以是知肂依西壁，其上亦爲宇以吐霤，不使零於肂也。如指南檐爲宇，則汎言「宇西」，不知置於何所。

陳襲事于房中，西領，南上，不綪。

西領，取以入室便也。冠禮「陳服於西墉下，東領」，冠者入而服之，便也。户在南，此「南上」，取以入室，由近以及遠；冠禮「北上」，入而服之，亦由近以及遠。○張爾岐曰：「衣裳少，單行列去可盡，不須屈轉重列。」

鬠笄用桑，長四寸，纋中。

注、疏謂「死者不冠」，以「母之喪無笄」決之，非也。男女冠笄乃責以成人之禮，正望其受而全歸，未有附身細物無一不備，而轉削去首服之義。況陳服器，亦弁與服並舉，首設掩、幎，足結綦屨後，承以「乃襲三稱」，則并包弁服，明矣。笄止四寸，正以鬠外加弁，弁外加冒，不可更用生時關弁之長笄也。母喪無笄，亦以束髮爲鬠，鬠外加編次，編次外加冒，不可更用關編次之長笄也。纋，廣韻謂「笄巾」，其文左方從絲，則詁繞髮之巾，於義爲順。「纋中」者，生時作鬠多向後，死則圍髮於中央，以便加弁而就枕也。舊説「死者不冠」，必謂冠則不便於襲、斂耳。以弁之遺制度之，弁而加冒，絶無妨閡，即天子、諸侯之冕旒，但削約其方版，前後無出，而綴以旒，自可以加冒，何故奪其親身之元服乎？

瑱用白纊。

生時以玉石、象角爲瑱，懸之當耳，死則無所用懸，故以纊裹瑱而塞之。疏因檀弓記「角瑱」鄭注專以君言，遂疑人臣送死無瑱，而云「直用纊塞」，不知檀弓雜記喪禮，無以見其專主人君。況角柶、燕几，君、大夫、士一也，而士獨無瑱，義不可通。此經所以未著瑱用何物者，蓋禮文全備時士之瑱别有所見，而今不可考耳。

幎目，用緇。

周官幂人注：「以巾覆物曰幂。」此經文義本明，注改「讀若葛藟之縈」，轉支而不切。

握手，用玄，纁裏，長尺二寸，廣五寸，牢中旁寸，著，組繫。

長尺廣五寸，乃以一面言。其制宜合二面如囊，大指最短，小指亦短。使囊之廣狹均，則韜手不固，故必削約握之前半，旁各一寸，然後中三指結束牢固。其大小二指，則稱其短長、巨細而分韜之，以組連結，然後與手穩稱。下經「設決，麗於掔」，爲大指，明矣。又曰「設握，乃連搴」，正大指别韜而以組連結於握之徵也。自大指及掌，乃正廣五寸耳。

爵弁服，純衣；皮弁服，褖衣。

不言素積，冠、衣同色，舉皮弁則知白布衣、素裳矣。子羔之襲以素衣，此則褖衣，即玄端也。襲、斂自明衣以外皆用生時吉服，則此經爲正。

庶襚繼陳，不用。

喪大記「親戚之衣受之，不以即陳」，鄭注謂不用以小斂，此疏則云「不用以襲，至小斂用之」。蓋襲衣少，自無用襚之理。小斂十有九稱，或主人祭服既畢，則庶襚亦可用耳。

貝三，實于笲。

惟大夫飯含未知何物。莊子云：「未解裙襦，口中有珠。」又引詩曰：「生不布施，死何含珠。」天子、諸侯用玉，士用貝，經、傳有明文，以差次，卿、大夫或用珠。雜記又云自天子以下皆用貝。蓋各記所聞，其傳或異也。

管人汲，不説繘，屈之。

不言所授，以淅米者祝，而管人又受潘焉，則與祝相授受，不待言矣。

主人皆出。

浴者將入而主人皆出，則前此皆未離牀東西之位，明矣。主人辟浴，則婦人之出，不待言矣。至復入亦惟舉主人，以衆主人、婦人、親者必入視飯含，不待言也。

蚤揃如他日。

古「蚤」、「爪」通。考工記「爪」皆作「蚤」。

商祝襲祭服，褖衣次。

張爾岐曰：「此但布衣於牀，尚未襲而云『襲』者，衣與衣相襲而布之也。其布也，先祭服，次褖衣，至衣尸則褖衣近明衣〔二〕，祭服在外。」

〔二〕「明衣」，四庫本同。四庫本儀禮鄭注句讀無「衣」字。

主人出，南面，左袒。

必袒者，逢掖長袖不利於飯含也。死者南首，主人尸西東面，必用左手，故左袒。

宰洗柶，建于米，執以從。

注於冠、昏、喪、祭執事者皆曰「有司」，而以府、史當之。古者府、史、胥數甚少，僅足以供官中之事，使爲官中群士執吉、凶、嘉禮之役，日不暇給矣。蓋凡執事而不以名見者，皆主人之隸子弟也。其假以有司之稱，如宰、史、老、祝、宗人、甸人、管人之類及贊者、使者，則宜以姻黨及弟子能其事者充之。惟冠與特牲饋食，經特見「有司」之文，則或同官中中、下士耳。周官黨正掌五族冠、昏、喪、祭之禮事，則同黨中、下士宜與焉，而昏、喪無「有司」之文，以執事者必其親暱也。冠之宰宜爲二十五家之里宰，喪之家人宜爲掌墓地之有司，其宰則隸子弟董其家事而假以是稱者。非然，則宰與老乃卿、大夫之貴臣，士無臣，不宜有宰與老。

徹枕，設巾。

徹枕者，頭、頸必直，然後實米可盈也。設巾者，使孝子心壹於飯含，恐哀痛觸而不能自持也。

主人由足西，牀上坐。

祝受貝而後主人西，受米椢而後宰西，則始入皆立於尸東，明矣，蓋以待祝之入而受貝與米、椢也。牀西婦人之位，主人有事於飯含而宰贊，則婦人宜少退以辟之。其不於牀東飯含，何也？飯含畢，當移尸於牀而襲。飯含時，執事者必俟於牀東。衣尸非商祝一人所能共，必左右各一人佐之乃可舉。執事者移尸，然後主人自牀西而反位以視襲。所以曲得其次序也。據喪大記「始死遷尸於牀」，仍疾時所卧也。「設牀襢笫有枕」，乃含牀也。浴畢宜有移尸於含牀之節，飯含畢宜有移尸於襲牀之節，經皆不見，必已見於卿、大夫之禮。〇米、貝皆及時授受，襲衣及掩、瑱、幎、屨、笏、決、握、冒無授受之文，蓋上經「陳祭服、褖衣」於襲牀時已設於左右也。

主人左扱米，實于右，三。實一貝。左、中亦如之。

惟飯含主人親執，朝夕進食至是而終，不忍使他人代也。

乃屨，綦結于跗，連絇。

張爾岐曰：「屨繫既結，以餘組穿連兩屨之絇，使兩足不相離也。」

乃襲，三稱。

上經云「祭服、褖衣次」，則爵弁、皮弁、褖衣爲三稱，故「明衣不在算」也。但衣可重而冠、屨不可重，足用皮弁之屨，則首宜爵弁。經、記無文，必前已別見也。○注引喪大記「皆左衽，結絞不紐」，疏引禮記注，皆以衽爲衣襟，非也。衣襟無左衽之理，朝、祭之服及常服，亦無改爲左衽之法。鄭氏、孔氏蓋謂惟衣有衽，不知凡物相掩皆可謂之衽，大記蓋言衾之衽結於左耳。即據此經，以席冪鬲，亦曰左衽，況以衾斂衣乎？詳見戴記本節辨。

明衣不在算。

張爾岐曰：「親體之衣非法服，故不算。」

設決，麗于掔，自飯持之。設握，乃連掔。

張爾岐曰：「其左手無決者，則下記云『設握，裹親膚，繫鉤中指，結於掔』是也。」

重木，刊鑿之。甸人置重于中庭，三分庭一，在南。既襲設冒，親之形容不可復見，故設木於中庭使神依焉。此時尸尚在堂〔一〕，即殯後，尸猶在柩，而復立木以依神，故謂之重。至虞，則親已離其室，不可復言重，故埋重而作主，迎精而返，宗廟之祭皆以爲主也。○尸在堂則直其南，尸在肂則直其東，孝子居廬，使觸目而感於心也。

夏祝鬻餘飯。

「鬻」宜作「粥」。以口實之餘爲粥而懸于重，蓋親之養至是而終矣，朝夕見之，孝子之心有隱焉，所謂「以故興物」也。

冪用疏布，久之。

或曰：久，「糾」音之誤也。鬲，瓦器，非以篾索糾結其下，不可以軩繫。或曰：鬲懸於庭中，經風雨，必以堅牢之物承之乃可久。既夕禮「木桁，久之」，謂結甒于桁也。

〔一〕「堂」，四庫本同，當作「室」。

祝取銘，置于重。

不言置重之南北及銘所面，何也？冪重之席面鄉北，則銘置於重南，不待言矣。銘以示族姻、賓友之自外入者，則南面，不待言矣。

婦人之帶，牡麻結本。

曰「婦人之帶」，則首絰以苴，一同於男子，可知矣。

牀第、夷衾，饌于西坫南。

小斂後尸當夷於堂，故夷衾與牀第並饌於西坫南，即奉尸侇堂後所用以幠也。大斂二衾，此衾宜入斂。疏乃據啓殯「幠用夷衾」，謂「此衾本爲覆尸覆柩，不以入棺」，誤矣。啓殯後覆柩之衾，蓋別爲之，而與柩之廣狹等，故亦曰「夷衾」。此「夷衾」則注謂「大斂所并用之衾」是也。

布席于户内，下莞上簟。

襲於牀，衣少也。小斂衣多，必於地斂，事始可展，故布莞、簟。既斂，然後奉而侇於楹閒之牀。

祭服不倒。

上經曰「襲三稱」，并明衣已四重矣。衣至數重，雖生人難更加，況死而手足辟戾乎？襲後加冒，則手足已囊。小斂之衣，不得如襲衣之穩稱於身與生時無異矣，其薦於下而掩於上者宜不過三重，餘則折疊卷摶以充其陷缺。蓋人之身中實，而首之兩旁、足之左右中間皆虛，故斂衣之横從、廣狹必與陷缺相稱，使上下左右停均平帖，然後以衾左右掩覆而絞結堅牢也。

設牀第于兩楹之閒，衽如初。

小斂後將奉尸侇於堂，故預設以待事。

主人西面馮尸，踊無算。

自始死，君襚而外皆不踊，哀痛充充，衆事迫遽，勢不能備禮也。至此則附身之事小備，親之容色、髮膚欲再見而不可得矣，故踊無算。

主婦東面馮，亦如之。

用此知始死「婦人俠牀」乃變文以該無主婦者。

主人髻髪，袒。衆主人免于房。

衆主人，乃大功以上親者，以「免於房」知之也。注專舉「齊衰」，其實衆兄弟位堂下者亦宜免也。朋友死於他邦，爲之主者尚免，而況小功之兄弟乎？上經著髻髪與免之異，而統之曰「衆主人」，無以見免者獨齊衰。别記曰「不冠者之所服」，無以見小功、緦之不免也。以「小功皆在他邦，加一等。不及知父母，與兄弟居，加一等」推之，小功加一等，則服與親者同矣。如無主後而小功者王其喪〔一〕，飯含及大斂亦宜袒以致哀，特禮文殘闕無考耳。

婦人髽于室。

曰「髽于室」，則衆婦人之在户外者不髽，明矣。即大功之婦人，亦不宜髽。喪服記「婦人爲父母、舅姑，惡笄有首以髽」是也。男子雖輕服必免，婦人非斬齊不髽，何也？文王世子記：「族之相爲也，宜弔不弔，宜免不免，有司罰之。」雖輕必免，所以厚恩也。婦人朝夕侍舅姑，故雖父母之喪，卒哭後即易吉笄，而以輕服髽，則道大悖矣。

〔一〕「王」，四庫本同，當爲「主」之誤。

男女如室位，踊無算。

喪事即遠，此則親離其室之始也，故踊無算。

婦人阼階上西面。

婦人位阼階上，以尸在堂，不得復入於房，賓之襚者將升自西階也。主人位阼階下，便拜賓也。

大夫特拜，士旅之。

「士旅之」，非以其位卑而簡於禮也。士之弔者多，一一特拜，力實不勝，且衆兄弟、朋友之襚已每人而拜之，今旅拜可也。

襲絰于序東，復位。

小斂以後，主人終位於堂下，何也？尸在楹間，婦人阼階上西面，賓及朋友繼襚者升降於西階，惟房户之外可立，而其地則嘉禮中賓位也，在喪則功、緦婦人立焉。必位於阼階下，然後便於送賓與繼襚者爲禮。且小斂以前，親形未掩，男女宜共守之，既小斂，則男女分堂上下，即既殯後，次分内外，以中門爲限之義也。

載兩髀于兩端。

敖氏謂「兩端爲俎之前後」，非也，應爲左方右方。蓋髀賤先載居兩旁，兩肩、兩胉次之，則脊、肺正居中央，其序乃順。

祝受巾，巾之，由足降自西階。婦人踊。

婦人在阼階上，惟見設奠而降，故一踊。丈夫在西階下，故見奠者之升而踊，降又踊。其節宜然，非哀有淺深。

乃代哭，不以官。

小斂徹奠後乃代哭，則前此哭無停聲。遞代者，必主人、主婦、衆子姓、衆婦及女子子，可知矣。代哭不以官，宜大功、小功之兄弟、姑、姊妹、兄弟之子之子婦也。○疏謂：哭無時有三節，「惟練前葬後朝夕哭阼階下，無無時之哭」。未安。自虞至練，日月甚長，親喪未久，廬中竟無哀心之感，則非人理，哀至而抑不使哭，則非人情。其然，則朝夕之哭亦似强赴其節而不誠矣。蓋父母之喪哭無時，本無分於久近，特其中自有疏數耳。

賓入中庭，北面致命。

君使人弔，尸在室，使者自西階升，致命於堂上，自當東面。小斂後尸在楹間，主人在阼階下，使者致命於中庭，自當北面。君襚致命於堂，自當與弔者同入衣尸，而不言其面位，何也？以自右而衣之，不待言也。知然者，奉君襚，不可遶足而由左。

賓升自西階，出于足，西面委衣，如于室禮，降，出。主人出，拜送。

任賓自升委衣，而主人不與之俱，以襚者非一人，毁痛方深，水漿未入，不能備禮也。

朋友親襚，如初儀，西階東，北面哭，踊三，降。主人不踊。

朋友哭踊，而主人不以踊答，何也？辟踊哀之甚也，親、賓將襚，宜各致其哀，主人則不食三日，哭無停聲，若皆以踊答，將病不能興矣。小斂以後哭使人代，義亦如此。如必勉焉以觀衆人之耳目，則反不得其情。○初儀，謂將命、擯傳至拜送之儀，非如小斂前親襚之儀也。小斂惟親者、庶兄弟襚，大斂然後衆賓襚，必定制如此。朋友則情親義重，故大小斂皆襚，襚必親。

襚者以褶，則必有裳。

至大斂乃見此文，明小斂不以褶也，或以衆賓中有窶不能爲禮者，而不以物薄廢與？古無木綿，著必以繭。

宵，爲燎于中庭。

大斂增馮尸、升柩、攢塗三大節，或君親視斂，禮事繁重，前夕必有夜事於中庭，故爲燎也。小斂衣衾、器物夙具，斂日陳之，事不紛，前夕當無夜事。若尸未入棺，男女守之，室中、房中，夜不息燭，自不待言，故無其文。但尸俠於堂，則及宵，婦人當入於房，主人及親者當俠夷牀。經不言，必已見於君、卿、大夫之禮耳。

厥明，滅燎。陳衣于房，南領西上，綪。絞，紟，衾二。

「死與往日」。曰「厥明」，則知襲以次日，而明爲三日之朝。但言「衾二」，不舉絞、紟之數者，喪大記：「小斂布絞，縮者一，横者三。大斂布絞，縮者三，横者五。」小斂絞數已見上經，而大斂不言，非遺之也，必已别見而不覆舉耳。

君襚，祭服，散衣，庶襚，凡三十稱。

始襲，明衣之外加褖衣，死者朝夕所恒服也。再加祭服，其命服也。小斂則祭服在内，近身宜尊服也。君襚至尊而至大斂然後用者，大斂之衣，美者在外，列之在先則被之在後，鋪之在下則掩之在上。君襚至尊，無敢被其上者。必如是而後大斂既畢，惟君襚上覆，而私服、庶襚盡包其内耳。○古人儉於服用，而襲、斂之衣至五十二稱，非獨不忍儉其親也。死者朝、祭之服，子孫不忍服，又不可以予他人，惟以斂爲宜。三王之世，禮教彰明，風俗淳厚，生則比居，死則族葬，墓大夫居其中以守厲禁，故含用珠貝，襚服衆多，而無意外之患。至衰周而發冢探珠之變見矣，然後知先王之道不行，則人心、風俗之變百出而不可防也。五代時，郭威至以紙爲衣，以瓦爲棺，而刻石墓道，可哀也矣。

奠席在饌北，斂席在其東。

小斂奠無席，以尸未入棺，不忍以神道事之也。大斂奠席與斂席並陳東堂下，以尸在堂上，若神式憑焉。既殯，升奠於室中，祝執巾、席以先之，若神實依而往也。義與宿奠徹而仍設於序西南，吉祭遷尸薦、俎、敦、厞於室西北隅略同，不知神之所在，於彼於此焉耳。

棺入，主人不哭。

奠之升降，主人哭踊，哀親之不復生饗也。棺之入乃不哭，冀親之魂魄安焉，而不敢哭踊以震驚之也。既奉尸斂於棺，將蓋然後踊，自是則與親永隔矣。皆人情之實，故先王因之以制節焉。

升棺用軸，蓋在下。

敖氏謂「卻蓋於棺下」，似未安。蓋之形制，未審可卻而置棺於其上否，疑棺以軸升，而蓋仍留階下，俟置棺於肂，然後手舉蓋以升也。其升而置於何所無文，必已别見。

祝徹巾，授執事者以待。

上經「祝徹，盥於門外」，衆徹奠者並盥，然後祝獨「徹巾，授執事者以待，而先徹醴酒」。下「取先設者」，則衆徹奠者也。獨言「祝徹」，明其主徹事也。衆徹者之盥，則不言可知。

徹饌，先取醴酒，北面。

吉祭祝先酌奠，尸先執奠，飯畢主人酳尸，故喪奠祝亦先執醴酒，俟豆、俎既錯而後錯焉。其徹也，亦先取醴酒，而後及其餘。蓋以酒包食之始終，而祝主祀事，故始之終之者皆祝也。

帷堂。

未奠之前不帷堂，以襚者尚欲見尸而委衣以致其哀，奠時，執事者方升降以饌徹也。

婦人尸西，東面。主人及親者升自西階，出于足，西面袒。

主人舉親者，以疏者本位於堂下也。女婦之疏者則無不出於房之義，故統之曰「婦人」，明亦與親者比次也。不著主人及親者之位，何也？知婦人之位，則知男子視此矣。○親者與主人同袒，是小功以下衆主人不袒也。小斂畢，主人髺髮，衆主人免，不辨其親疏，免者皆袒。袒者，哀之甚也。先王制禮，稱情以立文。袒不及疏者，所以責親者之致其哀，又以明君親弔則衆主人皆袒以昭異敬也。

布席如初。

斂席之布與小斂同，奠席亦下莞上簟，「如初」兼此二義。

商祝布絞、紟、衾、衣，美者在外，君襚不倒。

小斂「祭服不倒」，則衆服倒矣。大斂「君襚不倒」，則祭服亦倒矣。斂衣何以必倒？非倒不可以斂也。小斂之倒，折疊卷摶，填實限缺，以取平正。至大斂之衣裳，則並不能展布，以襟衽相交，惟結衽平布，或自首順而下，或自足倒而上，鱗次相承，以兩袖左右上掩而交於中央，然後停均平帖，可至三十稱之多。等而上之，雖百稱可加也。此斂法之必不可不詳者，而經傳無文，必已詳於卿、大夫之禮。○司馬温公嘗歎世俗有襲而無大小斂，究其原，蓋因古卷疊倒置之法無傳。襲用四稱之後，雖欲加而難爲被也，故諸大儒終無能用古斂衣之數者。然聖人制禮，必隨世變而後能與民宜。自漢文帝時張釋之已云：「使其中有可欲，雖錮南山猶有郄。」後世公卿富家以鐵石窆封，發掘不絶，則數稱之外亦無庸多加，但以命服之尊者上覆。棺中未實，則用瀝青或以布衣、葛草之類充之可也。延陵季子葬其子，「深不至於泉，斂以時服」，蓋已見其微矣。

士舉遷尸，復位。主人踊無算。

小斂，既斂馮尸，而後踊無算，前事方殷也。「附於身者，必誠必信」，目視而心注焉，主於敬而不可以哀閒也。大斂始遷尸而踊無算，卒斂馮尸復踊無算，蓋棺加塗又踊無算，蓋自是與親之音容永幽隔矣，故心絶志摧而不能自已也。

卒斂，徹帷。

小斂、大斂，第曰「卒斂」，而斂之人數及絞紟之制、結束之法，胥無及焉，必已前見也。惟沐浴、飯含、襲事獨詳，以其爲貴賤所通用，故於士禮見之，使庶人可仿焉。卿、大夫以上，不過所用器物加貴重耳，其節次、儀法則不容有異。祭禮爲貴賤所同者皆具於特牲，其義亦然，俾士無田及庶人薦於寢者可略知其疏節耳。

主人降，拜大夫之後至者，北面視肂。

肂在西階上，主人必北面於西階東，始可視肂。疏以「不忍即阼階位」爲義，失之矣。尸在楹閒，主人即阼階下位，豈忍於遠親乎？地限之耳。衆子不視肂，以賓位西階下，更無地以容也。婦人復阼階上位，以工役方有事於西階，不宜偪近也。

衆主人復位。婦人東復位。

揭衆主人、婦人之復位，則主人奉尸斂於棺，皆從至西階視蓋與肂，可知矣。遷尸者士，則舉以入棺者仍此士，而男女奉之皆如初，亦可知矣。聖人之經，辭簡而事不遺，義愈著，皆此類也。將浴尸，衆主人、婦人之出，將飯含，衆主人、婦人之入，經皆無文，而此獨特文以見之，何也？在彼雖不言出入，而無不出不入之疑。在此不言「復位」，將疑主人奉尸斂於棺，衆主人、婦人皆不從矣。婦人不入於房而復阼階上之位，何也？尚未加塗也。

設熬，旁一筐。乃塗。踊無算。

設熬，即飯用米貝、遣車載牲體之義。如「以惑蜉蚍」，則以置殯内而後塗，是招之使入也。殯而加塗，直至啓而後見親柩，故踊無算。

卒塗，祝取銘，置于肂。

「死者不可别，故銘以識之。」尸在室，朋友、親者尚入視。尸在堂，朋友、親者弔，賓尚升堂親致襚。故銘置重南，今既肂，自當依尸柩而設之。注在肂東，敖氏謂在南，俱擬議之辭，注爲長，蓋介於殯與重之間，使賓出入皆見之也。

乃奠。燭升自阼階。祝執巾，席從，設于奥，東面。

自始死至小斂，奠於尸旁，以親之魄體尚在室堂也。古不墓祭，以祭乃飲食之道，宜在室、堂。既殯於西階，不得奠於階前，故當室之奧，是廟祭之始也。

錯者出，立于户西，西上。祝後，闔户，先由楹西，降自西階。

錯者序立，以俟祝出而讓之先降也。祝降則錯者從之。○自一斂至遣奠，有司陳薦，主人不親，祝亦不代獻侑。蓋未葬以前，主人創鉅痛甚，即使視豆籩、牲醴，其心亦逐於物而閒其哀矣。惟獻材井椁，哭踊而視之，「附於棺者，必誠必信」也。獻侑者，生人飲食之禮而假以事鬼神也，故必有尸而後有獻侑。魄體尚在堂而使祝獻侑，是誣於祭也。故既葬而虞，始用陰厭，使佐食與祝代神祭於苴，然後出迎尸，蓋易事生之道以事死，義各有所起而變必以漸也。

賓出，婦人踊。

主人不踊，以拜送賓，不暇自伸其哀也。而婦人踊，何也？唁弔者各還其家，而父母、舅姑之音容則永世不再見矣，此正「以故興物」之節會也。故成服朝奠，亦以賓出爲婦人踊節。古者喪禮宫中必有相，職此之由。

闔門。主人揖，就次。

既殯就次而後有苫有塊，則未殯之前有坐、起而無寢、興，明矣。

君若有賜焉，則視斂。

君視士斂，非公族姻親則同學於師氏、保氏者，非可以近幸而私爲之賜也。必有典則著於禮經，今殘闕耳。

主人出迎于外門外，見馬首，不哭。

男子出寢門外，見人不哭，以謀喪事而見人，非哭之時與地也。若君親臨弔則震動感傷，有不知涕之何從者，故號泣而出迎，但不敢徹聲使聞於君耳。

巫止于廟門外，祝代之先〔二〕。

「君臨臣喪，以巫祝桃茢執戈」，本掃除不祥之意。但祝以通鬼神，而巫主招弭以除疾病。宫

〔二〕「先」，儀禮注疏經文無。

中方有死喪，而以巫入，似重以不祥相擬，故止於門外。且桃爲鬼所畏，執桃茢者巫也，不以桃茢入，恐死者惡之。

君釋采，入門。主人辟。

君入門而辟，不敢以凶服近君也。俟君升，而後哭拜於中庭，君升之，而後就西楹以視斂，哀、敬並伸，而義各有當如此。

卒，公、卿、大夫逆降，復位。

喪大記馮尸惟君及父母、妻子、兄弟。此經君尚未馮，公、卿、大夫逆降，君馮後獨升主人，則公、卿、大夫視斂而不馮尸，明矣。而後記「大夫升自西階，既馮尸，大夫逆降」，何也？以義揆之，舅甥、内外兄弟之親，同學、同官之久，亦宜聽其馮，豈君親視斂，則主人、主婦之外皆不敢馮？若君無賜或重爲之賜，視小斂而大斂不臨，則大夫之爲親戚故舊者亦有馮尸之禮與？蓋馮者，哀戚之至也，若姻賓之疏遠者皆馮，則在馮者爲非情，而主人一一以哭踊答亦實不能勝。觀斂繸主人之不踊，則知衆賓不馮之義矣。

君坐撫，當心。主人拜稽顙，成踊。

非君踊，主人不敢踊，則君坐撫，興必踊。别記云「君稱言，視祝而踊」，則始入而哭亦宜踊。文皆略者，以禮終將出，總言君要節而踊，主人從踊，著其凡也。

君降，西鄉，命主人馮尸。

主人、主婦馮，當踊無算，故命之馮則君先降，使伸其哀，而馮者之踊亦不敢無算，使君久立以待也。君降不言立位，入棺加蓋並不見其儀法，必已於臨卿、大夫見之。○據喪大記，君視斂，「主人房外南面，主婦尸西東面，卒斂，升主人馮之，命主婦馮之」。此經斂時雖不見主婦之位，但馮尸云「主婦東面亦如之」，則斂時本在堂上，明矣。惟主人之位與面不同，以義揆之，則此經爲正。蓋君位在尸東，則主人主婦宜皆向君，且主婦位在尸西，主人位在西楹，卿、大夫繼主人而東，則去主婦位遠，而又有主人之位間之，於禮意爲得。如記所云，則卿、大夫直當主婦之南，又卿、大夫北面而主人南面，更非所宜。○君位堂東西鄉，宜近北。主婦之位，宜如主人當西楹而近北，然後於對君視斂皆順。主人正當西楹，主婦則正對尸，故云「尸西」。

君升，即位。

君加蓋而後升。男女號踊，君臨視之，則瀆矣。常禮，主人奉尸斂於棺，婦人東復阼階之位，君視斂，降立於階下，而旋當升，則主婦宜仍西楹東之位，或退立於房外南面。經、記無文，必已前見。

君出門，廟中哭。

大斂後常禮，賓出，婦人踊，主人送賓於門外，入及兄弟北面哭殯。此曰「君出門，廟中哭」，則不獨婦人踊於堂上，而衆主人亦哭於階下矣。所以不俟主人之入同哭殯者，主人至是水漿不入者三日矣，君親臨視，拜趨益勞，宜少息之也。哭殯之禮，乃因兄弟將歸者辭殯必哭，而與之同哀，非哭親之正禮也，故主人送賓後亦不復哭，皆人情之實也。○統於君，故下賓出，婦人不再踊。

貳車畢乘。主人哭，拜送。

君始至，主人見馬首而入，不敢以凶服迎君而使前君者見其迎，君之歸，不敢哭以送君而使從君者見其哭，是謂「連而不相及」也。

襲，入，即位。衆主人襲。拜大夫之後至者，成踊。

君不臨，則殯奠，丈夫、婦人各二踊，送賓後，主人及兄弟哭殯。今惟君踊，主人從，君出，廟中一哭，而奠升降無踊，君在不敢私踊也。惟拜大夫後至者成踊，而不復與兄弟哭殯，必拜大夫成踊時兄弟皆哭，故即以當哭殯之節也。經無文，必已前見。蓋至大斂禮終，又重以君弔，不惟主人力不能勝，即兄弟亦憊矣。故節文宜減，皆天理之自然也。

三日成服，杖。拜君命及衆賓，不拜棺中之賜。朝夕哭，不辟子卯。

成服，大禮也，必君有命，故有公、卿、大夫之位。拜，即於殯宫拜也。若親、賓有含襚之贈而不及尸，則告以既殯而辭不受，故不拜。注、疏謂出拜君與衆賓之弔臨，非也。曲禮〔二〕：「君弔之，必有拜者，雖朋友、州里、舍人可也。」乃以成服之日，躬出拜衆賓乎？且拜君之臨，則不宜曰「君命」。蓋此三節乃總言是日禮事，「婦人即位」以下乃詳叙朝哭儀位耳。○必數來日，以四日之朝爲三日者，或死在夜分以前，而以死日爲期，則實未及三日，孝子所不忍也。

〔二〕「曲禮」，四庫本同，當作「檀弓」。

婦人即位于堂，南上，哭。

時廟門未辟，而婦人已位於堂上，何也？按雜記諸侯之夫人奔父母之喪，「入自闈門，升自側階」，婦人自外入者，由闈門以適側階，由側階以入東房，則自內出者可知矣。蓋闈門本爲婦人有事於外寢而設，不獨主婦、姑、姊妹、女子子婦，凡宗婦及外宗皆然。此經没其文，必已別見也。○必南上，主婦親者，乃與殯相對而近。主人堂下直東序，亦以殯在西序，相對而近也。婦人哭，見殯而哀心感也，故丈夫亦入門見殯而後哭。疏乃引雜記「祥而外無哭者」〔二〕，謂殯後門外皆有哭，以下注爲徵，失之矣。雜記謂大祥後門外堊室中無哭，而朔月、月半之奠，殯宮內尚有哭耳。男子出寢門外見人不哭，自君視斂外，雖初喪，無哭於門外之禮，下注乃言「入門，即位而哭」耳。

門東，北面西上；門西，北面東上；西方，東面北上。

門內外主賓之位皆分爲兩重，以當門地狹，不能容多人，門東西地寬，必分行序列，然後各居其所而不相雜也。他國之異爵者無多人，故其位正當門西，其下則以位他國及本國之士。門

〔二〕「雜記」，四庫本同，儀禮注疏作「喪大記」。

東、門西，下經皆目其人，而西方不目其人，蓋本國、他國之公、卿、大夫位皆見經，則衆士位在西方，不待言矣。本國之衆士不位於門東，何也？諸公之下尚有公有司及私臣執事者，舍門東別無地以容。且士爲弔賓，不宜與有司執事者同列，故位於他國之士之下而統之曰「西方」，下經亦不目其人也。公有司及私臣之位不著於經，何也？冠、昏私禮，執事者微，則不著其位，或并没其人，喪禮亦然，與射鄉國事異，乃經之通例。○衆賓位次至此始詳，蓋未殯以前，遠者未至，且主人大事方殷，不暇與賓序立也。○主賓親疏貴賤、門内門外位次有同有異，若兩番叙述，不獨辭事重複，且樊然殽亂，觀者爲之目眩矣。此經前列其地，後目其人，或列其地而不目其人，或没其人而并空其地，彼此互證，隱見相參，而其人、其地、其位朗然在目。凡聖賢之文，簡而有法，類如此，不獨春秋爲然。

主人拜賓，旁三，右還，入門，哭。婦人踊。

婦人即位以前，宜有丈夫、婦人易服儀位。主人入門哭以後，宜詳與兄弟哭殯或升階或即在堂下位面。此類大節目俱不見於經，則前已別見無疑。

卿、大夫在主人之南。諸公門東，少進。他國之異爵者門西，少進。

此既殯次日朝哭之禮，即成服之朝也。故卿、大夫、諸公、他國之異爵者皆至，必死者君之親舊，或私與公、卿有連。

謂弔賓中有爵位敵者。

敵，則先拜他國之賓。

立俟祝錯醴，而從之適新饌也。

豆西面錯，立于豆北，南面。籩、俎既錯，立于執豆之西，東上。

先後分二節，而後送曰「卒」，以顯其義。

前已拜送賓，復拜送，何也？公、卿、大夫有國事者宜先出，姻黨、朋友去留亦不能齊，故出者

主人卒拜送賓。

張爾岐曰：「朝夕之奠無黍稷，以下室又有燕之饌也。」既奠殯宮，又奠下室，莫必神之所在也。

無籩，有黍稷。

主人拜賓，如朝夕哭。

以是知古俗之厚也。未葬之先，賓蓋日有至者焉。既葬之後，朔奠猶會焉，姻黨且然，族未移者可知矣。祭祀同福，死喪同恤，比、閭、族、黨中忿争鬬辨，不戒而潛消矣。曾子曰：「慎終追遠，民德歸厚。」蓋深探乎先王制禮之原也。

筮宅，冢人營之。

周官冢人「掌公墓之地，凡諸侯及諸臣皆授之兆，均其禁」，故士之葬地授於冢人，與庶民之掌於墓大夫者異也。王朝冢人「下大夫二人，中士四人，而胥十有二人，徒百有二十人」，蓋鄉遂、公邑、都家皆有兆域，冢人按圖以授，定其丘封之度及樹數，而使胥、徒爲之營，居其中之室以守之者，則有地治之中、下士也。

掘四隅，外其壤。掘中，南其壤。

南其壤者，藏明器，加折、抗，必自東西，壤積則事難展也。鑿壙掘壤，井椁，獻材，獻素，獻成，雖小而具詳，俾衆庶徧知其儀法也。

命筮者在主人之右。

以下卜日準之。命筮者宜宗人。

度茲幽宅，兆基無有後艱？

兆基，謂宅兆始定於此也。張爾岐曰：「謂兆域之基址。」

主人絰，哭，不踊。

主人免絰已前見，而復曰「主人絰」，示中無更易，直待事畢而後反常服也。自卜宅及井椁、獻材、獻素、獻成，皆哭而不踊。其哭也，感時撫事而哀不能禁；其不踊也，卜幽埏，治明器，以安親之魄體，而哀不敢過：皆稱情以立文也。

若不從，筮擇如初儀。

古者族葬，五服中兆域共一區，故不從，則左右可更擇也。

既井椁。

殯後椁材已散布，及筮宅定，將用之，然後構架於殯門外，如井形。

卜日。既朝哭，皆復外位。

此與前筮宅皆言「既朝哭」，井椁、獻材無文，何也？筮宅不言，則疑主人皆往兆域，或如重喪既啓，輕喪不奠，而闕一朝奠。卜日不言，或疑昧爽行筮事而後朝奠。視材、獻器禮輕事簡，則朝奠而後視，不待言也。

族長莅卜。

曰「族長」，斷自服内也。設其人有君事，或自有喪，則以其次代。記曰「絶族無移服」，經特著其服之吉，則爲有服者明矣。不以宗子，或行卑而年少也。

左擁之。

喪禮絰垂，以敬卜事而異其節，故擁之，與吉時雜佩有時而擁同義。或疑三字義無著，蓋衍。考降，無有近悔？

卜宅曰「無有後艱」，恐宅不吉而後日有艱也。卜日曰「無有近悔」，謂在途陟降，無有傾側、顛頓之悔也。「近」與「後」義相對，舊説未析。敖氏説尤未安。

西面坐，命龜。

以涖卜所命命龜也。

告于主婦，主婦哭。

筮宅告占，主人加絰而哭，此不哭，何也？墓在郊野，親之魄體將於是焉藏，哀心之感，不能至家乃哭也，故哭有再。此則旋入門而哭，理無容再。卜日主婦哭，則筮宅主人歸而哭，主婦必同之矣。

告于異爵者。使人告于衆賓。

注知「衆賓謂僚友不來者」，蓋僚友來者及外姻、執友，則告異爵者，即衆聞之矣。曰「使人」，告於其家之辭也。

儀禮析疑卷之十三

既夕禮

注謂「上士二廟，則夕哭先葬三日」，疏因謂大夫四日，諸侯六日，天子八日，非也。婦人不居廬，不寢苫，以起居動作與男子異也。一夕朝廟，可於帷幕中坐以待旦，若至三日、五日，則廟中將别有婦人栖息之所乎？抑仍反其寢宫乎？「天子崩，國君薨，祝取群廟之主藏諸祖廟，主既出廟，則日朝於無主之廟何爲？卒哭成事，而後主各反其廟。」則朝祖廟時群廟之主皆在焉，雖天子、諸侯同此一夕之期，明矣，惟大夫喪禮無考。按：諸侯在其國，車服、政教多與天子同。大夫在其家，號名、禮度多與國君同。廟數既異，雖藏主一節上同於人君，不爲僭忒也。惟上士二廟，可由禰以之祖耳。

請啓期，告于賓。

既卜日，即告於賓。賓知葬日，則知啓日矣，而前夕又告者，喪奠，大夫以上用諸臣，士則朋友，虞祔然後退，不獨賓長三獻，即衆賓亦代主人執事。倘届期或有喪疾，或服公事，不得與奠，則當更易其人，次敘其事，非啓之前夕不能定也。○喪禮質，請於主人故無辭，下文曰「夙興」，則爲明旦，不待言矣，故與祖期告以「日側」異也。

聲三，啓三，命哭。

營葬，宜虚中以檢察附棺之物、屬引下窆及待親賓之事宜，故男女夙興皆不哭，祝要節而命之。

祝降，與夏祝交于階下。取銘，置于重。

敖氏謂「周祝取銘而降」，非也。使祝取銘，則「與夏祝交於階下」於文爲贅矣。周祝方執醴酒而降，則夏祝之升爲取銘，無疑也。疏因此奠不言所置之地，遂謂亦遷於「序西南」，以下經曰「奠從」，遂謂「宿奠擬朝廟所設」，皆非也。朝廟大禮不新之而以宿奠薦，不亦悖乎？祭奠品物從無復薦之禮。　柩旋出殯宮，宮門當閉，宿奠必徹於造而別用之，故不復陳於序西，義與柩在殯宮異矣，即此可徵「奠從」爲朝夕新奠。

商祝拂柩用功布，幠用夷衾。

觀此，則「夷」不可以「尸」訓，益明矣，蓋更作大衾與柩相稱也。既蓋棺而名爲「尸衾」，何義乎？經云「自小斂以往用夷衾」，正以別於始死之斂衾也。前此所陳夷衾，大斂既盡用之，則此別爲覆柩之夷衾明矣。

遷于祖，用軸。

天子、諸侯殯皆用輴車承柩，置殯中，蓋爲火備倉卒，可御以行也。士用輁軸，亦宜置殯中。上篇「升棺用軸」，謂承棺以軸，然後可傅衆力以舉之，非謂以軸轉而上也。此亦人舉之以降，然後御以遷於祖，非以軸轉而下也。階有級，軸不能轉而上下；棺無輁，人不能徒手以舉之。輁狀如牀，前後横木，兩旁直木，束棺於輁，然後衆手可齊舉。下經「正柩於兩楹閒，用夷牀」，亦人舉輁軸以升，而後遷於夷牀以正其位也。雜記：「大夫死於外，至於家而脱輤，載以輲車，至于阼階下而脱車，舉自阼階，升適所殯。」此禮蓋上下同之，故諸侯升正柩至五百人，蓋或舉之，或挽之，升降出入，更番以傳其力也。○桯，蓋柄之容達常者，故注以名軸髀之容軸者。○按：檀弓記惟天子、諸侯用輴，魯三家猶未敢用，注乃謂大夫宜用輴，疏既知大夫殯葬不用輴，又以士朝廟用軸爲大夫朝廟當用輴之徵，皆曲説也。

重先，奠從，燭從，柩從，燭從，主人從。

疏以至祖廟後接時而再設奠，疑始設者爲夕哭之宿奠，遂於上經「祝降」云「所徹宿奠擬朝廟用之」，獨不思已奠之物決無更薦之理。果一宿一新，則宜有特文以見之，蓋二奠皆新，而夙具以從也。子婦事父母、舅姑，昧爽而朝，慈以甘旨，然後具朝饋。啓殯本宜有奠，而夜中非進食之時，殯旁非設奠之地，柩方行，諸事迫遽，亦無更設奠於室中之理。故必待至祖廟，既正柩而後設之。既奠而後質明，則設時正昧爽而朝之節也。朝祖載柩而又奠，則朝饋之節也。是日已再奠，至日側，則前所陳如殯之祖奠設焉，故無夕奠。厥明，少牢五鼎之遣奠設焉，故無朝奠。如父母生時有嘉好慶事，具盛饌，則朝夕恒饋不復陳，皆事死如生，稱情事而爲之節也。○殯初啓，柩將行，「主人拜賓」，至是從柩者惟主人，則賓不從，明矣。而柩至祖廟，又曰「拜賓」，則知啓時主人拜賓後，賓即前行而俟於祖廟矣。蓋賓若從柩，則必與婦人相先後，且有執事之賓如祝、宗人、巾奠、匕牲者，宜先至祖廟以待事也。○注謂「男賓在前，女賓在後」，主人居中，男女分左右以行，敖氏謂「女賓從男賓在後」，皆未安。喪之女賓乃姑姊妹女子子已嫁、宗婦之以事相助者，皆宜與衆子婦偕行。賓及執事者先俟於祖廟，則主人從柩，丈夫先，婦人後，自然之序也。婦見舅姑，兄公、群叔並立階下，而不正行相見之禮。送喪乃序昭穆，而使同等之男、婦相左右，何義乎？

升自西階。

自始殯升棺於西階，及啓殯降自西階而用軸。還於祖廟，復升柩於兩楹之閒，而用夷牀。既正柩朝祖，又自夷牀降載於車。中途屬引執披，及壙負綍下棺，所用人數，及以升、以降、以行、以載、以束、以引、以窆之法，乃喪紀之最要，雖微而不可略者。而經第曰「升」曰「降」曰「正」曰「載」曰「束」曰「窆」，而不更置一辭，必其法已詳具於諸侯、卿、大夫之喪而無庸更舉也。

主人從升。婦人升，東面。

柩升自西階，而正位於兩楹間，故主人之升，暫立於西方以俟之，正柩畢，乃轉適柩東而西面。猶婦人本位柩西，及主人既降而不復升，則轉適柩東而西面，以再奠仍設於柩西，升降皆自西階，故辟之也。

正柩于兩楹間，用夷牀。

既以輁軸升柩，而必遷於夷牀，何也？輁軸所以行也，始朝祖，不宜遂用行具，且其形迫地，非所以尊先靈。故必正柩於夷牀，而後降載於柩車。○未含飯，死者南首，不忍遽用死禮也。

遷尸於堂，殯於西階則北首，不敢仍用生禮也。惟既祖降載於柩車，旋車之夕則南首，以出廟由堩至於壙皆宜北首。

席升設于柩西。

設奠之東西，先儒多據尸首所鄉南北爲義。但以事義求之，尸在室，婦人俠牀東面，主人坐於牀東。小斂男女如室位，設奠自宜近主人而與婦人相避也。大斂之奠設於室中，而初陳奠時衆賓位在西階下，升棺爲殯，工役執事者皆升降於西階，舍阼階下别無可以陳奠之地。至朝祖，則柩東主人在焉，主人降，則婦人即焉，西階上别無堂事，自宜設奠於柩西，婦人可暫避於室户西，以待主人之降而東也。至祖奠，則將載時奠於柩西，以降自西階，暫停焉以俟車之旋。既旋車，乃饌於主人之南。蓋方是時，明器陳於乘車之西，公賵賓賵，奉幣將命，皆在庭西，舍主人之南更無可以設奠之地也。遣奠在阼階下，與祖奠同，皆時義宜然，義不起於尸之南北首。○記云「祝及執事者舉奠，卒束前，降奠，席於柩西」，即經所謂「降奠，當前束」也。記云舉奠降席而不言饌，至旋車之後乃云「祝饌祖奠於主人之南」，則舉奠降席，祝及執事者手執而不設，與大射禮服不以所得獻爵祭侯，薦、俎皆執以從而不奠，直待祭侯畢然後奠於服不所居之乏前同義。禮之細入無間若此。

薦車，直東榮。

薦車、馬事宜相連，而分舉之，何也？昏夜惟車可陳，馬則宜以質明薦也。「直東榮」，階間乃柩車之位也，故下經陳明器於乘車之西，柩車之東。

徹者升自阼階，降自西階。

前此奠升，後此奠降，皆自西階，而徹者升自阼階，則「口實不由足過」，義自著見矣。

乃奠如初。

注以此爲陳鼎如殯之奠。果爾，則日側之祖奠必別陳鼎俎，經宜特文以見之。蓋自殯以後，朝夕常奠未嘗一日闕，故朝祖夙具二奠以從，至日側祖道，乃用前陳之奠。經所以三奠同辭而不別白之者，以祖用如殯之盛奠，不待言耳。

賓出，主人送于門外。

賓中夜以興，至是可就次，少休息，進食飲，以待後事矣。其有執於載柩、飾柩、降奠、設奠、陳器、還車者，宜復入以治事。衆賓送葬，則俟於門外可矣。

有司請祖期。曰：「日側。」

祖者，餞行之祭，故不以日中，亦卜日先遠之意，且容載柩、説飾、屬引、陳器之節也。不以日夕者，容公賵、賓賵、書方、書策之節也。

主人入，袒。乃載。

儀禮中有必不可略之大節，而篇中則闕焉。如覲禮所闕，必已見於朝、宗也。此篇朝祖曰「薦車」，非後記則不知其爲何車也。此節云「乃載」，非後記不知其載於何車，一似仍用遷祖之輁軸矣。蓋自天子、諸侯以至卿、大夫，朝祖必薦生時所乘之車，正柩後，天子、諸侯陳柩輅，卿、大夫陳命車，已屢書，不一書，故於士略之。周衰禮廢，及漢初河間獻王所獻邦國禮藏於内府，而列於學官者惟十七篇，故諸老儒各爲傳、記以補其闕。

商祝飾柩：一池，紐前經後緇，齊三采，無貝。

張爾岐曰：「牆柳，自其縛木爲格者而言。帷荒，自其張於外者而言。」

折，横覆之。抗木，横三縮二。

壙中虛，土壤易陷，故以木抗之，猶懼其撓折，又於其下設折以承之。折但言「橫」，敖氏以爲「未必有縮」，是也。記曰：「甕、甒、筲、衡實見間，而後折入。」曰「入」，則在壙内，周圍必疊石甓，爲短垣以承折，折入，適與壙平，然後加席設抗，而實土以爲冢。折不言數，以排列滿壙爲度。所用之木但取堅實，大小不可定也。設折與抗，每加席者，木與木相湊，其間或容塵壤也。折之橫者爲一重，抗之縮者再重，橫者三重，橫從相任，則雖久而無撓折之患矣。抗之廣輪，必周於壙外，縮二橫三，雖大木，必連木而中貫之，然後能合度。秦、晉之間疊石爲垣，覆以大石，視抗折之用木，更爲可久。注謂折亦縮三橫五，似折亦再重，但經止言「橫」，記言「却之」，則不可謂再重。疏謂「壙口大小容棺，明器皆由羨道入」，尤遠於事理。

加茵，用疏布，緇翦，有幅，亦縮二橫三。

張爾岐曰：「茵設壙中，先布橫三，乃布縮二，厝柩後施抗壙上，先用縮二，乃用橫三。注云『木三在上，茵二在下』，據既設後人所見而言，其實抗茵皆三在外，二在内，象天之包乎地也。」

器，西南上，綪。茵。

上言「陳明器於乘車之西」，折、抗、茵、席乃藉覆棺柩之物，宜以類從，不可别見也。故先列之以爲表，以示明器之陳，由是而西，以南爲上，屈而反之，以取方焉。○抗上於折，茵加於席，四物重累而茵在上，故獨舉茵。○張爾岐曰：「『緒』當連下『茵』字爲句，言陳器從茵屈而北也。非然，則前已詳茵，不應更舉。」

無祭器。

明器中無祭器，上下同之。注謂：「士禮略，大夫以上兼用人器、鬼器。」敖氏謂：大夫有無未可知，諸侯以上則有之。皆臆説也。壙中藏用器、樂器，孝子不忍死其親之意耳。祭器所以享祖考，而納諸壙中，則誣且褻矣。周禮春官之樂器、夏官之兵器，廞之奉之藏之，每職必舉，不厭其煩，而鼎、鉶、籩、豆，天官膳夫以下諸職無一語及此，此天子明器中無祭器之明徵也。證以鬱人職「大喪，共裸器，遂貍之」〔二〕，更無可疑。蓋未葬以前，先王之體魄在堂，無灌以求神之理。及葬，則新陟王永離裸享先王之事，平生所用灌器，嗣王不忍復用，故貍之宗廟階閒，仁之至，義之盡也。康成既知貍於祖廟，而又謂裸器遣奠所用，則惑之甚矣。賈疏因謂

〔二〕「鬱人職」，原本、四庫本皆作「肆師職」，據周禮經文改。

「祖祭以前奠小，不合用彝，惟大遣有此祼器」，益謬悠而義無所處。

有燕樂器可也。

曰「可也」，則不有亦可，非若用器、役器必不可無也。而祭器不可入壙，義益明矣。

乃祖。

後言「乃奠」，則此言「乃祖」者，以將還車而設祖奠告於柩也。

祖，還車，不還器。

車必還，乃可駕而行。器則人持之，無所用還。

布席，乃奠如初。

每奠之先必布席者，擬神降於席而受享也。

賓出，主人送。

至是則有執事之賓，亦可退休而即次矣。惟擯者及宰留待賵、奠、賻、贈耳。

宰由主人之北，舉幣以東。

張爾岐曰：「此時主人仍在門東北面。經云『主人之北』，指柩東定位而言，此時此位雖無主人，宰不得履之以過，故由其北。」

主人拜于位，不踊。

主人自啓以後，至虞以前，夙夜不寧，哭踊無算者五，要節而哭踊者十有九，雖强有力者亦憊矣。親、賓賵、奠、賻、贈之事並集於一時，尤煩且充，故自公奠、公賵以外，皆有拜而無哭踊，即拜亦不離其位，不惟力不能勝，時亦懼不逮也。

士受羊，如受馬。

注於「士」皆以爲「胥、徒之長」，非也。古者下士多而胥、徒少，士之喪不得多發官中胥、徒，所謂士，必其族姻、朋友、州里之下士也。君有賵而敢使胥、徒受乎？士生時不得用少牢，助遣奠而以羊，必卿、大夫也，故亦不敢使私人受。

主人拜。賓坐委之。

聘禮陳幣布幕，則受幣亦布幕可知。蓋玉、幣親授，皮則設於幕上也。主人獨以賻出門，何也？賵、奠以禮死者，致命於柩前，故主人拜於位；賻以助生者，物將於門外，不得不出拜也。賓於賵幣親奉之，而賻物則坐委之，亦「重禮而輕財之義」。

若無器，則捂受之。

惟賻物有盛之之器，何也？賵幣有定，可手奉以授。賻則多寡無定數，布帛則承以筐、篚，泉布亦別以器貯。其無器，則賻物少，可手授擯者。若坐委之，嫌於「約而爲泰」，故捂受也。

兄弟，賵、奠可也。

賓可兼賻，而兄弟止於賵、奠，何也？恐其力不能備禮也。於賓則受賵之後曰「出請」，曰「又請」，則或備其全，或舉其一二。於兄弟之賵、奠曰「可也」，則或加焉，或損焉，皆稱其力之所能致，明矣。惟所知則賵而不奠，蓋於疏者過厚則親者必轉薄，所以稱情立文而責之以分誼之實也。別言贈者，則不問親疏、貧富而皆可行，賵、奠、賻備具而復有贈焉可也，未舉三者而獨有贈焉亦可也，故記曰「贈幣無常」。

乃代哭，如初。

代哭之禮，後儒或以爲疑，不知先王所以養天下忠敬仁恕之心而厚其俗，端由於此。蓋大夫以上使官代哭，示久故相承之義不可忘也；士則族姻，示親戚相依之情不可恝也。且使子姓近親觸耳動心，蹙然有隱，時自驗其哀敬之誠否，則所以警發乎人心者，至深且切矣。

宵，爲燎于門内之右。

宵爲燎之後，直接質明，無夜事，主人、衆主人宜就其位而張帷幕，婦人宜張幄幕於東夾之南，柩既降於庭中，不得復入東房。遠兄弟、姻、賓宜張次於西夾之南，私有司、隸子弟宜次於門内之左右。柩車幕覆，以備風雨，此宿夜之事必不可缺者也。古者貴賤有等，士之壙宜具廣輪之度，折與抗木宜具廣厚之度，而經、記皆無文。宿夜之事必已前見，壙、封、折、抗之度必可以爵等比次而得之，今所存惟士禮，故無考。

厥明，陳鼎五于門外。

遣奠得用少牢，猶冠禮之用爵弁，昏禮之用墨車也。昏、冠則假之於始，以厲其志，宵雅肄三之義也。喪奠則厚之於終，以報其勤，士有賜帟、大夫没不呼名之義也。祖奠以前猶用事生之禮，不敢逾也。葬引則自是而終矣，故於遣奠而特假焉，而禮之起各有其義。學士而至於冠，則入大學者六年矣。九年出學，舍不帥教，未有不身爲士者。三十而受室，則鄉邑之士或升於司徒而入於太學矣，太學之士或升於司馬矣，虎門之士或列於侍御、僕從矣。既身爲士，則攝用大夫之禮可也。守官之士，終其身而無廢事，如天假之年，未有不廁下大夫之列者，故特假焉，以示能於其職而君恩方渥也。故大夫廢其事則以士禮葬之，蓋即是以勸懲焉。

東方之饌。

自小斂以後皆曰「東方之饌亦如之」，而此復具列其物，以籩豆倍加也。舉「醴酒」，則瓦甒、觶、柶可無更舉矣。

賓入者，拜之。

此時惟有執事之賓，如祝、史、苞牲、執披者，然後入，其餘皆待於門外。柩就塗而執紼，以廟庭中不能容也。

甸人抗重，出自道，道左倚之。

重先柩而出者，以柩出則廟門當闔，反葬則日中而虞，不暇更舉抗重之禮也。自始作重，位在柩前，及啓，重先柩後，又無柩出而後抗重之義，故先出而倚之道左。東階，主人平時行立之處，故即而埋之。甸人，蓋助耕圭田者。

薦馬，馬出自道，車各從其馬。

朝祖時柩車入廟中，闑與下檻已脱去矣，河北高門旅店，車出入皆旅脱闑檻。故重與車馬得由中道出也。注云「不由闑東西」，似闑尚未脱，有闑則車豈能出入乎？

徹巾，苞牲，取下體。

擬上體神已歆饗也。疏謂留以「分禱五祀」，五祀外神，敢以喪奠之餘禱乎？且記「行禱於五祀」在卒之前，而以爲柩出宫之後，可乎？○張爾岐曰：「牲體陳於俎，其脛骨在兩端，故注云『脛骨爲俎實之終始也』。」

行器，茵、苞、器序從。車從。

入壙之器已列序，而復特言「行器」，以著器與車之先後，又以見器皆人持以行而不以車載也。首舉茵、苞，則苞以人持。士無遺車，亦於此可徵矣。

公史自西方，東面，命毋哭。

周官太史「凡喪事考焉」，御史之屬「史百二十人」。故士之喪，公使讀遣以示恩禮，而僭忒亦無由生矣，亦所以飭喪紀也。上言「主人之史」，此曰「公史」，則凡假以有司之名者非公士，具見矣。

主人、主婦皆不哭。

讀賵則哭者，事已過矣，不過以告於神，而柩將行，主人、主婦哀不可抑也。若遣，則附棺之物必誠必信，雖執事者自無遺忘，而主人、主婦必傾耳而聽之，於心始安，故俟讀遣畢而後命之哭也。

商祝執功布以御柩。執披。

古者載柩用車，設披屬引以防傾虧，不若後世以木架承柩，人舉之爲安，非聖人之知反有所未周也，其時肩輿之制未興，先王以人道使人，故念不到此。

出宫，踊，襲。

注曰「哀次」，疏謂次爲平時「賓客所受大門外舍」，國君朝門外設次以待聘賓，卿、大夫或亦有之，俾屬吏待事者次焉，士不宜有此，未知所據。

至于邦門，公使宰夫贈。

親、賓贈於家，君則致於邦門者，使國人榮之。

由左聽命。賓由右致命。

公使人弔賵，主人皆在門東，使者在西，以至其家，則使者有賓道也。贈於塗，則主人在西，使者在東，以國門乃君之門，使者有主道也。其義與君弔位東序端相發，賵北面將命，向柩也，則贈南面，不待言矣。

主人哭，拜稽顙。

君賵，拜稽顙，成踊，贈則稽顙而不踊，非以在塗而殺禮也。柩行至壙，鼓窆實土，日未中而反虞，恐時不逮耳。下記「惟君命，止柩於堩，其餘則否」，蓋遠方親、賓赴弔後時，及賵贈者，皆從柩以之墓，而柩車不爲之停，以葬必在日中以前，少遼緩則防虞祭矣。

至于壙，陳器于道東西，北上。

注、疏未分句讀，敖氏繼公以「西北上」爲句，非也。「道」即羨道，器藏於柩之兩旁，必東西分陳而夾羨道，入壙乃便。且士之羨道上不覆土，若專陳於道東，藏器時將逾羨道而西乎？抑迂出於羨道之南，然後折而西又轉而北乎？器陳於廟中南上，將出門也；陳於墓前北上，將入壙也。

茵先入。

注謂「士葬則用輁軸」，疏謂「先以輁軸由羨道入」，並誤。周官遂人「及窆，陳役」，遂師「抱磨」，喪祝「及葬，説載，小喪亦如之」，則雖天子諸侯用輴，及壙則脱之矣。喪大記「凡封用綍，去碑負引，君以衡，大夫、士以咸，以鼓封」，則雖用輴者，皆以碑綍下棺，明矣。檀弓記所謂「輴而設幬，爲榆沈，故設撥」，爲柩引在路言之耳，而以爲載柩入壙之徵，又因此決大夫亦用輴，上士用輁軸，豈不謬與？然則壙前之設羨道，何爲也？壙之南有埏門，門之下爲羨道，使水潦下洩而不滲於壙中也。

乃窆。主人哭，踊無算。

窆以鼓，俾引者聽鼓聲以爲節也。主喪者一人哭踊猶可，使衆主人、婦人皆哭踊，轟闐雜亂，則鼓音難辨。

贈用制幣。

入藏器物詳見於經而贈幣不見，即公所贈也。春秋傳曰：「若命服，生弗敢服，死又不以，將焉用之？」公所贈幣不以入壙，將焉用之乎？其曰「制幣」，以非適士，公或無贈，亦可以用親、賓之贈也。

賓出，則拜送。

不曰「退」而曰「出」者，言「退」，嫌於尚立而待事，曰「出」，則既窆而退者不復從至喪家，朋友與虞祔者亦各還其家，然後復弔，具見矣。墓無門、階而有塋域，故亦可言「出」。

藏器于旁，加見。

此謂棺旁也。下曰「藏苞、筲於旁」，則見旁也。蓋用器、役器、燕器皆久而後敝之物，故切附於棺之兩旁而加見焉。甕、甒、苞、筲之實皆速敗之物，故以見覆諸器，而後實之見與壙之間，記曰「甕、甒、筲、衡實見間，而後折入」是也。敖氏分「左旁、右旁」，失之矣。用器、役器、燕器衆多，甕、甒、苞、筲則少，分左右藏之，或蹙或曠，界限亦不均。

加折，卻之。加抗席，覆之。

折必以善面向下，然後措於土者平，以粗面向上，然後著於席者固。

實土三。主人拜鄉人。

歸而反哭，日中而虞，故以實土爲節，不得俟束版以爲封也。

乃反哭。入，升自西階，東面。

朝祖而行，據生者之義，宜歸告於祖。迎精而反，探死者之情，亦必先就考妣而後可反其私室。故反哭於廟，而後虞於寢也。凡爲人子之禮，「升降不由阼階」，故自小斂、大斂以至於啓，升降皆自西階，其在堂上亦未嘗就阼階之位，不忍死其親也。既葬迎精而反，仍升自西階，儼若神之陟降於堂，猶在生時有事於廟中阼階上之位，故東面以向之，是乃孝子悵惘惚恍之實情，他日僾見愾聞思成之始事也。注、疏以「西方神位」爲義，指未分明。

主婦入于室，踊，出，即位。

未小斂，主婦及婦人、親者皆在室，至此入室者惟主婦，何也？居常寢室，婦人、親者亦入焉。尸未斂，不忍離，故並立於室中。至祭祀饋食於廟，惟主婦與主人有事於室中，故反哭入而致其哀。記所謂「反諸其所養」者，謂與主人追養考妣之所，非謂宫中饋食之奉養也。且柩已出宫，餘婦人何爲入祖廟之室哉？主婦既出，及丈夫哭踊，則婦人之親者、疏者皆從主婦而哭踊，可知矣。○不言衆婦人之踊，何也？婦人而送葬至墓，必親者也。丈夫之疏者皆與主人拾踊，則婦人之親者與主婦拾踊，不待言矣。

賓弔者升自西階，曰：「如之何！」主人拜稽顙。

衆賓偕弔，惟長賓致辭。賓降而遂出，以主人即適殯宫也。主人拜稽顙者再，皆總拜衆賓。○小斂畢，凡襚者主人皆拜稽顙，以附身之事略定，可勉赴禮節也。及反葬，賓升自西階曰：「如之何！」則自始喪來助，至虞祔而後退，其勤至矣，故主人稽顙至於再。

遂適殯宮，皆如啓位，拾踊三。

虞於殯宮，以主未入廟，神當反於寢，又母葬則立女尸，不得於祖廟也。拾踊三之後當行虞祭，以別爲一篇，故此經不載。

兄弟出，主人拜送。

虞禮「兄弟、賓即位於西方」，則此時小功之兄弟及朋友，或以事暫反其家而日中復來會，故主人拜送。其無事者，則出廟而仍俟於殯宮之外也。凡喪禮，賓、兄弟出門未有不拜送者。啓在夜中，賓出殯宮即先赴祖廟明矣，而主人拜送。祖後，賓宿夜以待送葬，而賓出，主人亦拜送。故知反哭拜送後，無他事者仍適殯宮以待虞祭也。小斂時惟有送賓之文，則兄弟皆次於階下而不出也。自啓以後惟有拜賓送賓之文，則知大功、小功皆包於衆兄弟之中，從主人之後而未嘗離，與未殯之前同。故直至卒哭，始有拜送兄弟之文。〇兄弟自啓至葬，宿廟必有次。既窆，内外男子、婦人食飲必各有次。初啓時，賓之入廟宜有時有位。經皆無文，非已别見，不宜疏濶至此。

乃就次。

少息，而後虞可更舉也。

猶朝夕哭，不奠。

注、疏謂卒去廬堊室無時之哭，惟殯宫朝夕哭。以經文按之，顯然相悖。蓋葬後猶朝夕哭，至三虞並卒去朝夕之哭，惟廬堊室中哀至則哭耳。未葬以前，朝夕哭奠，周語所謂「日祭」也。卒哭以後，朔奠、望奠，所謂「月祀」也。先王緣人情而制禮，雖中人以下，未葬之前未有遽忘哀痛者，故朝夕奠哭乃事之不容苟已，情之不能苟安者也。既祔之後使朝夕哭，則或有哀情漸釋，强爲號哭以觀衆人之耳目而中誠不應者，惟廬堊室中聽其哀至而哭，則賢者可自致其誠，而中人以下亦不至以禮爲僞焉耳。○敖氏謂「此朝夕哭乃未虞以前之禮」，與戴記葬「日中而虞」異，疑記非舊典，蓋以辭而害意也。此於反哭後總記虞祔而約其文，謂虞之夕及閒日之朝夕皆哭而不奠耳。

有疾，疾者齊，養者皆齊。記

齊室，即適寢也，凡有疾即居焉，所以教疾者持生之道盡矣。養者皆齊，所以教子孫、妻妾忠養之道盡矣。及至於大病，亦不待遷移而終於正寢。聖人制禮，所以盡人之性也。

御者四人，皆坐持體。

詩曰「小大莫處，御於君所」，内則「父没母存，冢子御食」，曲禮曰「御同於長者」，則「御」乃卑幼侍於尊長之稱。「曾子寢疾病，樂正子春坐於牀下，曾元、曾申坐於足」，則持體者必子弟門人。注謂「侍御之人」，誤矣。孔子曰：「與其死於臣之手也，毋寧死於二三子之手乎？」伯魚早卒，子思尚幼，故云然。若子弟門人環立而使死於僮僕之手，忍乎哉？疏引大記「内御者抗衾而浴」以證之，益非也。持體非喪浴之比。生時父之浴，御者多僮僕，即母之浴亦不使女婦御，故喪浴不得不用内外御者耳。

男子不絶于婦人之手，婦人不絶于男子之手。

凡人遘疾以至於死，彌留之際，親身褻事，亦不能不假手於人。慮夫婦溺愛而不自嫌，故特設此禁，使毋相瀆以正其終耳。若母將絶，子豈忍離？子將絶，母豈忍離？特褻事不以手治，男子則子弟及外御者親之，婦人則女婦及内御者親之耳。

室中唯主人、主婦坐。兄弟有命夫、命婦在焉，亦坐。

據經惟主人、主婦坐，據傳則命夫、命婦亦坐，據喪大記則父兄、主人、主婦、姑姊妹皆坐。蓋經乃成周所布之典禮，記則隨世而增之變禮也。主人、主婦之坐非以優尊，自父母疾病，晝夜服勤，以至含、斂，豈惟心絶志摧，即筋骨亦勞苦倦極矣，實不能久立，故有事而後興也。禮之變，必始於期、大功之兄弟，有同爲大夫者，年過艾耆，亦實不能久立，故大夫之禮，室中有命夫、命婦皆坐。又或士之兄弟有爲大夫者，覺獨使命夫、命婦坐而同等者立，情不能安，故兄弟、姑姊妹皆坐也。禮之中變有久近，俗之相承有異同，故此記又與喪大記别耳。至於父兄行，則雖無爵而必坐，子姓行，雖異爵而必立，則一定而不可移，故此記與大記並以兄弟、姊妹爲限也。

實貝，柱右䪼、左䪼。

張爾岐曰：「䪼，兩畔牙最長者。以貝柱，象生時齕堅。」

縓綼緆。

張爾岐曰：「在幅裳之側緣也。」

無踊節。

未小斂，主人、主婦俠牀以守尸，如斬如剡，而使時坐時起以赴踊節，轉不得自致其情，故哭不停聲而不制踊節。凡浴沐、飯含、揜幎、襲冒，皆宜踊之節也，而經無踊文。至於拜賓受禭，又特文以揭之曰「不踊」，直至小斂畢而馮尸，然後踊無筭，蓋以恤孝子之病，俾哀痛中兼注心於附身之事也。不曰「未小斂，不踊」而曰「無踊節」者，以君使人弔則踊。始死，婦人爵踊，則丈夫辟踊可知。但此二節外，皆無踊法耳。或曰：小斂設奠，及徹，主人、主婦皆要升降之節而踊，此「辟奠不出室中」，故無踊節。

大夫升自西階，階東，北面東上。既馮尸，大夫逆降，復位。

惟君親視斂，然後有升卿、大夫之禮。君不在，則賓不視斂，不馮尸，無堂上之事。蓋自小斂俠尸於堂，大斂入棺，止宜使主人、親者專致其哀誠。且婦人俠夷牀，外賓不宜閒之。其中或爲死者同道同志之友，則於始死未襲斂時入室而親禭，蓋義同兄弟，使得一見其形貌。經於賓之外别言朋友，則其人無多，皆虞祔而後退者也。大夫馮尸，其朋友而兼親懿者與？

居倚廬。

殯在西階上，故知廬在東方。廬在門外，故知户必北鄉。

不説經、帶。

以故興物者，惟喪禮爲多。婦人不居廬而聚於内次，喪期之内不説經、帶，豈惟過行無由而作，即動作、語言、容貌之閒，或違於禮，則衆目所視，莫能自掩，而自顧所居、所服，必有不安於心者矣，是謂「制於外以養其中」也。

主人乘惡車。

注謂「拜君命、衆賓所乘車」，未知何據。「君子不奪人之親」，故曰：「喪，公弔之，必有拜者，雖朋友、州里、舍人可也。」君弔，主人且不親拜，況衆賓乎？或既葬而親拜於門，義亦可通。然於君則爲重拜矣，非所安也，故禮經無之。春秋傳列國之君親弔或奔喪，主國未聞使人拜勤，則成周之典禮可知。其以喪事出，則如「筮宅，主人皆往」是也。以弔事出，則「有殯，聞遠兄弟之喪」是也。至君與父母同時而喪，其歸於家及反君所，無問孰先孰後，其乘惡車，並以君喪爲主，「有君喪服於身，不敢私服」是也。

御以蒲菆。

以菆爲幹而繫之以蒲也。漢時尚用蒲鞭。

犬服。

行於道路，輿必有衛，雖喪不廢。

貳車，白狗攝服。

士無二車，喪則有之，以衆主人老者疾者不能徒行也。惟乘車者衆主人，故服以白狗加攝焉，以別於主人之斬衰者，又以見犬服革無毛且不緣也。

從徹者而入。

玉藻：「見先生，從人而入。」平時且然，喪事縱縱，故進退皆從執事之人。

埽室，聚諸窔。

聚諸窔，恐塵之揚也。卒奠而執帚垂末，則於時乃斂諸箕，明矣。

燕養、饋、羞、湯沐之饌如他日。

下室之饋，義與「祝祭於主，索祭於祊」同，不知神之所在，於彼於此，而孝子因以致其思慕恍惚之忱焉。其執事之人與陳薦之儀，必以前見而略也。

家人物土。

古者族葬，兆域雖共，而土壤之墳埴、水泉之淺深，尋常間即不能齊，故有家人物土之法，與周語「物土之宜」同義。

重止于門外之西。

注、疏爲日朝一廟之說，蓋據此記自禰適祖，不知重止於門外而不入，奠徹而從於祖廟，則並在一日，明矣。禰廟惟有兄弟之位而賓皆不與，蓋惟恐日不暇給也。疏乃據「序從如初」謂燭在其中，朝禰與祖必各分一日，不知此正必不可分爲二日之徵也。蓋朝禰在丑寅之交，至祖廟猶未辨明，故必以燭從也。「巾、席從奠以降而柩即從」，經文顯著，則日朝一廟之誤不待辨而明矣。然則大夫三廟，何不可更早啓期？同日而畢事也。朝一廟，啓可以丑寅。兼二廟，則啓以子初猶恐其薄遽。若朝三廟，則啓必以啓之前夕，而非啓之日矣。

徹，乃奠。

上記曰「饌於禰廟」，此曰「徹，乃奠」，則所徹乃從柩而入升於柩西朝奠之脯醢。此則前饌於禰廟，如小斂之奠。下記「舉奠」兼此二奠，蓋禰廟將闔，凡奠皆宜適祖以供宿夜之衆也。蓋義以祖廟爲重，而仁於禰廟尤親，故辭禰而適祖用小斂之奠，辭祖而適墓用大斂而殯之奠，遣則事親之終事，故用少牢，哀彌深而禮愈隆也。朝禰朝祖，一日而再用有牲之奠，故夕奠之常不復陳。

祝及執事舉奠，巾、席從而降，柩從，序從如初，適祖。

主人踊畢，奠隨巾、席而降，柩從奠，主人以下從柩適祖，中閒無俄頃之停，正以朝祖事方殷，惟恐費時而失事也。如注説，柩止於禰廟，「此明日舉奠適祖之序」，則此日夕奠之陳、夕哭之節、弔賓之退、主人主婦親者衆主人衆婦人之位次、有司從者所執之夜事，必一一具列，然後大書「厥明適祖」，然後其事備，其義明。乃於奠升，主人踊之下，直承以奠降、柩從、序從、適祖，本欲著二廟分日以朝之禮，而反爲同日以朝之辭，使觀者索之而不得其解，强爲之説而必不可通，記者不宜鹵莽暗昧至此。觀敖氏之説，則其失顯然矣。

干、笮、革靾。

弓矢，經載用器中，而注云「有干無兵，有箙無弓矢」，豈兵器中之弓矢不用而但以備用器耶？周官「大喪廞五兵」，則國君以上可具兵衛。

載旜，載皮弁服。

乘車、道車、稾車〔二〕，各載生時所服，何也？柩入壙，斂而載於柩車，迎精而反，將以設於寢廟也。旜可攝，而服止於皮弁，何也？爵弁服盡用於襲斂也。遣以少牢，乘車載旜，攝盛以觀示國人，昭君之恩禮也。而被於身、設於寢廟者，不得逾其爵等，故襲、斂極於爵弁，喪車惟載皮弁、朝服也。

卒窆而歸，不驅。

至窆後，則孝子之憊甚矣，且非從柩之比，不必徒行也。

詳考士喪禮，惟主人拜賓，賓於死者雖親襚，有哭踊而無拜。非惟弔賓，即衆子姓、兄弟，親者疏者亦然。蓋主喪者惟適惟長，餘則自致其哀誠而禮不敢參也。觀「父不主衆子之喪，則其子得以杖

〔二〕「稾」，四庫本同，儀禮注疏作「槀」。

即位」，可知此義。豈惟士、大夫，天子之喪，諸侯、卿、大夫亦無拜禮，顧命卿士、邦君入即位，惟太保祭酢乃拜是也。諸侯奔天子之喪，似宜拜殯，而康王嗣位，二伯率諸侯以見新君，並無特拜殯宫之文，惜邦國禮亡，他無所見。但士、大夫奔喪亦無拜尸、拜柩之禮。蓋子事父母，必歲時嘉慶乃有拜事，朝夕問寢上食，未聞進拜。故親始死，不忍異於生，至既葬，虞祔練祥，然後主喪者得拜於寢廟，其餘亦惟各致哀誠於其位次而已。

儀禮析疑卷之十四

士虞禮

特豕饋食。

曰「特豕」，以别於吉祭也。自小斂至虞皆直指其物而不言牲，惟苞稱「牲」，以兼羊、豕，文當然耳。自小斂至祖皆用豚，遣奠及虞始用豕，蓋未啓以前，不惟主人及衆主人、親者疏食水飲，即遠兄弟、姻、賓、執事者食可以肉而不忍飽也。至遣及虞，則執事者之勤甚矣，必牲體充盈而後可給，即用物之節而至教亦存焉。〇昏禮婦歸之明日以特豚饋，子婦忠養之始也。既葬而虞，以特豕饋食，追養之始也。此先王制禮，事死如生，事亡如存之義。過此以往，始有禴、祠、烝、嘗之名。而儀禮春、秋吉祭但曰「饋食」，兼明士、大夫之祭自羹定始，而無薦血、燔膋之節耳。

側亨于廟門外之右。

吉祭合升而虞止一胖，何也？吉祭敷筵設同几，祖妣共之。虞則或父或母，即並有喪，亦一先一後。故義變於吉，非有惜於牲體也。

設洗于西階西南。

以尸當盥於此。敖氏謂「以主人位於西階上」，未審其義。

尊于室中北墉下，當户。

吉祭尸或東面，或南北面。如尊於室中，則無獻祝、佐食之席位矣。虞惟一尸，故北墉下可並設兩甒。吉祭衆賓、衆兄弟、有司、執事者皆受獻，與旅酬及無筭爵，必尊於室、房之外乃便升酌。虞所獻惟及祝、佐食，無室外之事，且葬而反，日中而虞，人倦時促，使尊於堂上，則義無所取而不近於人情。

兩甒醴、酒，酒在東。

凡喪奠皆醴、酒並設，蓋象親生時饌有所宜，時有所欲，故孝子忠養，不知神之所便，於彼於此。而陰厭所酌惟醴，以朝夕常饋，醴列漿飲中，親没未久，仍奉以人道也。至即遠而吉祭，則薦馨致味，必以酒爲宜矣。

苴刌茅，長五寸，束之。

喪奠何以無苴？柩未藏也，初虞迎精而反，主尚未作，故設苴藉祭，以示靈之所宜降也。既祔後之朔奠則有桑主，小祥後之練、禫則有栗主，無所用苴矣。疏謂諸侯以下不立主，非也。尸在柩，尚有重，重既埋而無主，可乎？若無主，則二廟、三廟可以不立矣。宗子去國，必載主祏，故庶子無爵而居者望墓爲壇而祭，正以廟無主故也。

匕、俎在西塾之西。羞燔俎在内西塾上。

以此知門之左右室皆中隔，而内外並名塾也。燔俎曰「内西塾」，明匕、俎在門外也。鼎陳於門外，故匕、俎從設以俟升載。牲爨在門外而燔俎乃在内塾者，俟正俎既升，然後以俎出受燔，不相混也。

賓執事者如弔服。

虞之賓惟來執事者，故特文以見之。又以見反哭以前，執事者皆賓與私有司，至虞則賓或以官守不能皆留，故取於兄弟以共其事也。

婦人及内兄弟服，即位于堂，亦如之。

小斂後婦人即位於堂，以尸在堂，殯在西階上也。既葬而仍朝夕奠之位，何也？主尚未作而遽入於房，義無所處，又迎精而反，子婦之心悵愴惚愾，仍若神之陟降在庭，且尸入當哭踊也。既祔而主反於寢，則朔奠、薦新必即位於房中矣。○主宜成於末虞既畢之後，厥明奉以祔廟。左傳「祔而作主」，據入廟而言，公羊虞而作主，據刊木爲主而言，其實一也，相隔僅一夕耳。○以是知女賓即内兄弟及外宗，送葬時必與衆子婦隨主婦之後，注、疏之誤即此可徵矣。

祝免，澡葛經、帶，布席于室中，東面，右几。

戴記「虞而立尸，有几、筵」，合之此經，則初虞尚未作主，明矣。如已作主，則布几、筵後宜有奉主入室之節〔二〕。○特牲、少牢饋食禮亦惟設几、筵，而無迎主入之節〔三〕。康成注王制，謂大

〔二〕「入」，原本作「人」，據四庫本改。

〔三〕「主」下，原本、四庫本衍「主」字，删。

夫、士無主，據此。又據戴記「祝取群廟之主藏於祖廟」，「主出廟入廟必蹕」，「周旅酬六尸」，皆邦國禮，故後儒不能辨正，獨不思若無主則無爲多立虚廟，而庶人私祭高、曾於寢，亦無術以稽之，無法以禁之矣。記云「重既虞而埋之」，又云「殷主綴重焉，周主重徹焉」。雖庶人必有重，則雖庶人必立主，此喪之大綱也。作主之節必已見於王、侯、公、孤之虞，迎主之節必已見於王、侯、公、孤之祭，而大夫、士之儀數已附見焉。如大夫相見，大夫、士、庶人見於君，見他邦之君，侍坐於君子，一切言視之法、飲食之禮、執玉幣之儀，皆附於士相見禮是也。若以經、記無文遂謂古無是禮，則謂諸侯入覲無及郊以前之禮事，大夫、士筮尸惟祭其祖，而下不及禰，上不及曾祖，可乎？

主人倚杖入。祝從，在左。

凡吉祭，祝先入而主人從。祝之接神舊矣，故先入以導主人也。虞則人子以神事其親之始，猶親在時朝夕御食，不忍遽變其常，故主人先而祝從也。喪奠皆祝帥執事者設之，主人惟要節而踊，以如斬如刲之痛方切，雖視薦徹猶恐閒其哀也。虞爲易奠之始，故主人不親舉鼎，不羞肵俎，惟恐事益而哀心爲之損也。吉祭尸未入室，設饌祝神，祝酌奠者一，主人再拜稽首者二。虞則祝奠觶者再，主人再拜稽首者三，形音未遠，致其恍惚以與神明交，於尸未入宜詳也。敖氏謂「無尸之祭亦主人先入」，以聘禮釋幣徵之則不然，未知何據。

佐食及執事盥，出，舉，長在左。

惟喪祭之賓專爲執事而來，故上經云「賓執事者如弔服」。此「長」，謂執事之賓長也。吉祭主人及佐食舉鼎，主婦視饎設敦，此時心絶志悲，故一切不與。

贊設二敦于俎南，黍，其東稷。設一鉶于豆南。

設敦與鉶，主婦事也。主婦方在堂東俟尸之入，故贊代之。

主人再拜稽首。

自斂奠至遣奠，主人惟哭踊，至是而後拜，何也？子事父母之禮莫詳於内則，而朝夕奉養未嘗有拜，即世子問寢視膳亦無拜禮。惟始昏婦餕餘，姑酳之，婦拜受，姑亦拜送，其初饋食亦無拜禮。蓋拜者，君臣、朋友饗燕之禮也。大親不文，故就養無方，無所用拜。未葬，親之魄體尚在宫中，不忍父母而賓客之也。至迎精而反，則形已潛藏，以神道事之，故尸未入而陰厭，爲主人祭拜之始。既設尸矣，而復有厭祭，何也？頌所謂「綏我思成」，記所謂「入室，僾然必有見乎其位，周旋出户，肅然必有聞乎其容聲」者，正謂此時。至尸入以後，則升降、進反、拜獻、揖讓之節繁，而「思其居處，思其笑語」、「如見於位，如聞其聲」者，轉不能若是之誠壹矣。曾子以祭必有尸不若陰厭爲疑，正爲此也。然則何以必立尸也？日遠則哀敬漸弛，故禮「有以故興物者」。執父母之書册、桮棬，必有動於中，況設其裳衣而使人被服之，則感痛倍深，即生而未識其祖考者望其冠服，亦將肅恭悵愾而思繼承之重矣。又體祖考之情，生時祭祀燕飲合食，必與兄弟、朋友獻酬渥洽，而後盡其懽，且下洽子姓，旁及族婣，而教以親睦，莫此爲切也。

命佐食祭。佐食許諾，鈎袒，取黍稷，祭于苴，三，取膚祭，祭如初。祝取奠觶祭，亦如之，不盡，益，反奠之。

此孝子躬祭於室中之始也。鬼神依人而行，故使祝、佐食代祭，冀迎精而反，庶或陟降而馮之也。喪奠無此禮，尸柩尚在堂，不忍使人代也。吉祭陰厭無此禮，僾見愾聞，自致其恍惚可矣，非若音容始隔，不敢遽易朝夕御食之常也。〇祝接神，佐食事尸，尸未入室，陰厭之事宜皆祝主之而以命佐食，故再言「佐食許諾」，以見代祝而執其事也。尸入以後，則佐食自共其職，而祝詔之以其節，故不復有「許諾」之文。

祝祝卒，主人拜如初，哭，出，復位。

薦食飲，冀神之歆饗，不宜哭於室中，蓋出户而後哭也。加「哭」於「出」之上，見饗祝時不哭，乃抑哀而自强，故甫出户而嗚咽不自禁，與獻尸畢復位而不遽哭異也。

祝迎尸。一人衰絰奉篚，哭從尸。

尸，亡者之親屬也，以象神，不可以哀弛其敬，故使衰絰者奉篚以從而代之哭也。哭而不踊，以奉篚故也。

尸入門，丈夫踊，婦人踊。

奠之遣，父母而賓客之，所以爲哀也。虞之尸，父母而神像之，哀愠慕思之中變也。吉祭，主婦設豆、敦、鉶、毛於室中以爲陰厭，至亞獻，然後與尸接，故位在房中。虞則衆子婦、衆女與父母、舅姑之音容永隔，一旦使人被其裳衣以象焉，心絶志摧，故陰厭之室事，主婦不親而群俟於堂，視尸之入，哭踊以致其哀，而後獻薦於室中。是以亞獻畢，仍反於堂，以俟尸之出而哭踊以送之也。

尸升，宗人詔踊如初。尸入户，踊如初，哭止。婦人入于房。以此知喪禮有哭而不踊，無踊而不哭也。○尸入室，婦人入於房，以尸爲先靈所馮也，故尸謖，又復堂上之位。

主人及祝拜妥尸。

古人事死如事生。廟中之神，祝相主人以追養舊矣，故吉祭惟主人拜妥尸。虞而立尸，則孝子以鬼享其親之始，亦祝接見於新尸之始，故與主人同拜。然則不於陰厭時拜，何也？時祝方告饗命祭，且代神祭酒，不得與主人同拜也。

從者錯篚于尸左席上〔一〕，立于其北。

室中尊嚴而從者久立於尸左，何也？不忍遽異於生也。婦人行動，内御者必從，母之尸有從者，則父之尸不容有異。非然，則篚既奠，從者當如宗人之立户外，佐食之無事則出矣。吉祭則無此禮，何也？即遠而以鬼享，惟宜致其恍惚以與神明交，而聚衆從者於室中，義無所處。

〔一〕「左」，原本、四庫本皆作「在」，據儀禮注疏經文改。

祝祝。主人拜如初。尸嘗醴，奠之。

吉祭九飯，主人拜，尸亦不答，説見特牲饋食。

佐食舉肺、脊授尸。尸受，振祭，嚌之，左手執之。

虞之異於吉祭者，不設肵俎，不備庶羞，尸不食舉，佐食不舉魚、腊，亞飯舉魚、腊，實於篚而不以授尸，祝不侑，主人不拜。蓋以主人心絶志摧，不得已而虞以安神，尸乃子屬，與主人同憂，惟九飯爲饋食之大節，不可減損，不惟尸不忍食肺、脊，即佐食每飯舉魚、腊以授尸，祝每飯必侑，使主人要節而亟拜，亦不近於人情而於禮爲虚，故實篚之牲體亦不以歸於尸也。○張爾岐曰：「此肺、脊，至尸卒食，佐食始受之實於篚，中間食時宜奠於豆。」

泰羹湇入自門。

入自門，取諸鑊也。飯以湇、醬，故湇必温，是以無尸則無泰羹湇也。

尸飯，播餘于篚，三飯。佐食舉幹。尸受，振祭，嚌之，實于篚。

吉祭尸食舉，此嚌而不食，播黍之餘，則雖備三飯之數，而食者少播者多，明矣。此尸之哀見於飲食者，故特著之。篚奠於尸左，親播之爲便，而幹因自實焉。後六飯並曰「如初」，皆尸自播自實也。魚、腊尸不食，故佐食以實於篚。肺、脊最貴，嘗醴之後即舉之，而卒食始授焉，故受者因代爲之實。

舉魚、腊俎，俎釋三个。

牲、腊並七體，魚七个，佐食前所舉牲體四，則留俎者惟臂、臑、肫三，故腊亦舉四體，魚舉四个，而留俎者亦三个，以將改饌於室西北隅，不可虛也。舉者實於篚，故留者曰「釋」。〇於亞飯舉魚、腊，見初飯不舉也。於終三飯言「俎釋三个」，見并舉初飯之魚、腊實於篚，而留於俎者惟三个也。

尸卒食。

吉祭拜妥尸而後，尸啐酒告旨，嘗鉶告旨，九飯告飽者三，祝三侑，主人皆要節而拜。虞拜妥尸而後，嘗醴、嘗鉶、九飯壹與吉祭同，而主人皆不拜，蓋思親之痛方殷，故事尸之禮宜略也。而尸亦不告旨告飽，祝亦不侑，皆致其内心以助主人之哀痛也。使葬日之虞尸即告旨告飽，祝即三侑，則不情。吉祭，主人設肵俎，尸食舉，九飯之牲體皆佐食受而加於肵俎。虞則從者錯筐於尸左，尸執舉而不食，不受魚、腊，黍與牲體自播自實於筐，何也？朝夕盥饋，始變而爲神享，孝子之心愴焉恍焉，如見親之容聲，不忍遽用即遠之儀而設肵俎也。尸於亡者，非孫行則孫婦行，猶如侍食於尊者，受賜而捧持以歸，故自播自實而不敢假手於佐食也。舉尚不忍食，手掬之餘黍尚不忍多食而播之筐，況受魚、腊以盡味乎？凡此乃孝子之志，人情之實，聖人制禮所以循而達之也。

反黍，如初設。

舉黍時佐食邇敦，至是反其所。

主人洗廢爵，酌酒，酳尸。

祭名饋食，以食爲主，尸九飯畢，而後主人進酒，故義取於「酳」而不稱「獻」也。主婦、賓長則主於進酒，故並曰「獻」。

尸拜受爵。主人北面答拜。

同一拜也，吉祭曰「拜送」爵，虞則曰「答拜」者，沉痛惚荒，不忍循獻酢之常儀，惟見尸之拜而不敢不答焉耳。尸卒爵，祝受而不相者，不以送爵命主人也，義正與此相發。祭肝加於俎而不加於菹豆，亦遭變而不忍用常儀。

賓降，反俎于西塾。

吉祭之肝加於菹豆，將合摶黍以嘏主人也。虞無嘏，故仍加於俎而反之。亞獻、三獻之燔俎不反，何也？哀主人之遭閔凶而祭無嘏，故特反之以見義也。燔俎，則俟禮終而與豆、俎、鉶、籩同徹可矣。

尸卒爵，祝受，不相爵。

凡送爵未有不拜者。主人哀痛方深，無庸以呼唱爲禮。

主人拜受爵，尸答拜。

尸亦稱「答拜」而不曰「拜送」爵，與主人同憂戚也。

主人坐祭，卒爵，拜。尸答拜。

按：雜記「小祥之祭，主人之酢也嚌之，衆賓、兄弟則皆啐之。大祥，主人啐之，衆賓、兄弟飲之」，而虞則主人卒爵，此禮以權制，與喪疾飲酒食肉同義也。蓋自初啓以至反哭，哭踊無算，宵旦靡寧，故緣亡者之情，憫孝子勞苦倦極而假神賜，使一卒爵以少扶其氣體。祥之祭，則惟懼哀心之懈也，故以嚴終焉。虞惟祝、佐食有獻，何也？哀痛方深，不暇與賓、兄弟爲禮也。

筵祝，南面。

敖氏謂「筵於北墉下尊之西」，似據少牢「佐食户内墉東北面」比類而得之。蓋佐食北面在墉東，則祝南面，必負北墉，尊既設於北墉之東，則祝筵當在尊西。佐食雖與祝同獻，以其爲同姓子弟，故室中不得設席，而牲俎亦陳於階閒。

主人獻祝。祝拜，坐受爵。

主人自飲之爵不洗而獻祝，心絶志摧，而與祝爲小禮則不情，又所承乃獻尸之爵，示己與祝、佐食皆受尸之賜而飲其餘瀝，故不敢洗以致其私敬也。吉祭亦不洗而獻祝，義與此同。

佐食北面拜，坐受爵。

士虞朋友不足則取於兄弟大功以下者，佐食當以小功之兄弟，故受爵北面而拜。

受爵，出，實于篚。

「出」當作「降」。

自反兩籩棗、栗，設于會南。

吉祭宗婦執兩籩户外坐，主婦受而設之。虞則自反，不忍遽變朝夕進食於舅姑之常而使宗婦傳致也。觀此而不曰「拜送爵」，與尸自播黍實牲體之義，益明矣。

賓以燔從。

吉祭長兄弟以燔從，當喪，故以賓代。

尸祭燔，卒爵，如初。

如肝之祭嚌而加於俎，卒爵祝受而不相爵也。

以虚爵入于房。

共祀事者，祝與佐食爲要，求神侑尸，禮莫重焉，事莫勤焉。古者賓祭必夫婦親之，主人繼尸而獻之，主婦不可不從獻也。

賓長洗繶爵，三獻，燔從，如初儀。

亞獻、三獻，吉祭所以皆酢者，體祖考之心，凡有吉祥慶事，必與子、婦、親、賓共樂之，然後快於心。虞則主婦上堂入室，悲不自勝，賓亦爲之惘然。使尸抑哀而强致爵，則酢者、受酢者中皆不自得，故廢酢，乃所以達生者之情也。觀此而主人獨受酢且卒爵，爲達亡者之情而輔其病，義益著矣。

婦人復位。

吉祭婦人位在房中，喪奠則位在堂上，以尸柩在堂，當要奠之升徹而踊也。虞仍位於堂，以要尸之入門入户而踊也。故尸入哭止，則入於房。三獻畢，婦人復堂上之位，以祝告利成，主人哭，則丈夫、婦人皆哭，尸出户、降堂、出門皆踊如初也。〇葬日虞，冀先靈之安於寢室也。故尸入户，堂上之哭止，虞既畢，主人、婦人復堂上之位，然後哭，尸出户，然後踊，恐室神之不安也。尸不哭，而使以篚從者代哭，義亦然。

祝入，尸謖。

吉祭三獻爵止後，主人、主婦交獻酢，虞則獻加爵、旅酬皆廢，禮當然也。

從者奉篚哭，如初。

以是知乃代尸而哭也。尸出入，衆主人、婦人皆哭踊。尸爲主人之子行，固宜與主人同哀者也，以爲尸而止哭，故要其節，必使人代焉。

祝前尸，出户。

以尸入户，祝從尸後，故特著「祝前」以明其先導也。凡導及詔、相必於前，從後則不能詔、相。周官寺人職：「凡内人弔臨於外，立於其前而詔相之。」

出門亦如之。

凡尸出，主人不拜送。禮事既畢，則仍子行也。

祝反，入，徹，設于西北隅。

徹而設於西北隅，亦索祭於祊之意。又衆賓皆退，祝執事者不宜獨留，故惟獻祝之席與俎出，而饌則俟主人之兄弟、宗婦自徹。

几在南，厞用席。

厞，隱蔽之意，以饌不久停，行當徹，無庸一一巾冪，而總以席蔽之也。將徂，「徹奠，巾、席俟於西方」，則久停越宿之奠皆各加巾冪可知矣。○注當爲「變吉，又明東面，不南面」，傳寫「吉」譌「古」，又譌「文」，賈疏又從而爲之辭，固矣。

祝薦席徹入于房。祝自執其俎出。

以此知佐食雖與祝同獻，而席不設也。薦徹入於房，本自房出也。佐食之俎不在室，故自徹者惟祝。少牢饋食禮佐食之俎設於階間，特牲禮佐食受酢惟祭酒，皆爲同姓子弟之徵。

宗人告事畢。賓出，主人送，拜稽顙。

再言「賓出」，前所出，廟門也，故主人出門則哭止，而賓、主人皆復未入時序列之位，俟宗人告事畢，然後賓出大門，而主人拜送於大門外也。

虞，沐浴，不櫛。記

葬日虞，及日之未中而浴，無暇更櫛，斬、齊之喪一也。

殺于廟門西，主人不視。

「反而亡焉，失之矣」，哀慕方切，不忍視殺，又當以其間沐浴，無暇也。

主人在室，則宗人升，户外北面。

宗人不入室，佐食無事則出，俾主人幽默以致其哀誠，是以「僾然必有見乎其位」也。

尸謖。祝前，鄉尸；還，出户，又鄉尸；還，過主人，又鄉尸；還，降階，又鄉尸；降階，還，及門，如出户。

每還必先鄉尸者，雖無辭，若告尸以行與轉之節也。前後皆以户、階、門爲節，惟過主人不言地，以下言「降階」，則適當階上，可知也。再言「降階」而後言「還」者，祝先降，鄉尸立，待尸之盡階而後還也。

男，男尸。女，女尸。

廟祭設同几，惟喪祭在寢，可設女尸。祔用嗣尸，專指男尸而言也。練、祥、禫於寢，則皆有女尸可知。

既饗，祭于苴，祝祝卒，不綏祭，無泰羹湇、胾、從獻。

世儒多謂古祭用尸不若後世無尸爲安，不知無尸則儀節不得不簡，而群義皆無由而見。惟既葬，日中而虞，各致其哀而退，尚若可行。若時祭如此，則與奠告無異，於追養爲率慢而不足以萃祖考之精神，於親賓爲涼薄而不足以盡十倫之義類矣。

主人哭，出，復位。

有尸則主婦亞獻，主人復位而俟，賓三獻，婦人復位而俟，至祝告利成，然後哭，尸出户，然後踊。既無尸，則出而哭，同時而踊，可矣。

祝闔牖户，降。

有尸則主人復位而祝迎尸。既無尸，則事神之事畢矣，於孝子徬徨周浹之心未能慊也，故闔牖户，冀神之憺安而久留於斯，以致其思成之慤焉。

男女拾踊三。

曰「男女」，兼朋友與内外宗也。有尸則尸入門而踊，入户而踊，出户出門亦如之。無尸則總而爲拾踊，三者三也。

祝升，止哭。

以是知闔牖户如尸九飯之閒哭無停聲也。自小斂以後，未有哭踊如此其久者。大斂即代哭，葬之前夕亦代哭，即踊無算，亦要其節而後舉。主人、衆主人、婦人哭踊正禮，未有三者三無停聲如此其久者。蓋至無尸，則死者必惻然有隱，而孝子之哀痛更深矣。先王制禮，皆所以效人情之實而不得不然者也。

主人入，祝從，啓牖鄉如初。

復入於室，僾見愾聞，如親奉侍也。如初，久立於位，洞洞屬屬，如將失之也。有尸則不復入者，尸，神像也，悵焉愴焉，惚焉愾焉，親之容聲無時不刻著於心目，而復入於室則煩且黷矣。○陰厭之初，主人入，祝從，在左，西面，此仍西面，故曰「鄉如初」。

始虞用柔日。

葬日虞，迎精而反，不忍一日未有所歸也。錯見傳、記，義極明著。敖氏乃謂「言『用』則非葬日」，又援祝辭「夙興夜處」以證之，非也。始虞宜用柔日，則卜葬以柔日，可知矣，至祝辭乃云早夜不寧耳，無以見虞之隔宿也。○「外事用剛日，内事用柔日。」鄭注以國中、郊外言，徵以郊用辛，社用戊辰，既不可通。崔靈恩易爲兵事、廟祭，考之詩、書，亦不盡合。曲禮「内事稱『孝王某』，外事稱『嗣王某』」，則冠、昏告廟及四時之祭，皆内事也，賓、戎、祀外神，皆外事也。觀武成祭周廟用丁未，柴望用庚戌可徵。

哀子某，哀顯相。

如稱亞獻之主婦，則不得云「顯」，稱三獻之賓長，則不得云「哀」，蓋謂衆子及嗣孫也。弟副兄，孫承祖，皆天之顯道，故曰「哀顯相」。

敢用潔牲剛鬣、香合、嘉薦、普淖。豕、腊，天産也。黍稷，地産也。尸所飯惟黍，故獨舉「香合」。籩豆之薦，陸産、水草之和具備，正所謂「嘉薦」、「普淖也」。辭意本不待釋而明，注誤以曲禮剛鬣、香合等爲人君祝號，而不知其爲上下之通稱，由此曲生支節，義皆蒙混。

明齊溲酒。

喪奠皆兼用酒、醴，象生人之飲也。至虞則用明水和醴齊，漸易而即吉，雜記所謂「以吉祭易喪祭」，此類是也。注謂以新水釀酒，固失之。敖氏謂「溲酒」爲衍，義亦未安。

三虞、卒哭、他，用剛日，亦如初，曰：「哀薦成事。」

記本謂三虞則廟寢奠祭之哭至此而終，而注乃謂別有卒哭之祭，蓋惑於檀弓記文，而不知彼記所云「卒哭曰成事」者，乃舉卒哭以當三虞，曰「以吉祭易喪祭」者，蓋於是日丈夫脱絰、帶，婦人脱絰，則祭之儀物必有異於初虞、再虞，如雜記虞與卒哭祔異牢之類。而非謂三虞後別有卒哭之祭也。知然者，下記曰「獻畢未徹，乃餞」，餞而事畢，則三虞外別無所謂卒哭之祭，明矣。且「哀薦成事」乃三虞之祝辭，與初虞、再虞正相對者，不容別爲臆説也。○初曰「袷事」，以當祔於祖告，乃異日祫祭於祖廟之始事也。再曰「虞事」，魄體有歸，得從先人於廟，則靈魂可安也。卒曰「成事」，詰旦而祔，禮終事備也。

主人出，即位于門東，少南。婦人出，即位于主人之北。皆西面，哭不止。

即位後，主人、衆主人、婦人皆哭無停聲，以俟尸之即席也。至此則親之靈魂亦將離其室矣，故哀心之感更深。

尸即席坐。唯主人不哭，洗廢爵，酌獻尸。尸拜受。主人拜送，哭復位。

尸即席，主人將有事，故以敬抑哀。既拜送，則獻事畢，哀心不能自抑矣。曰「哭復位」者，號泣而行，别於即位而後哭也。○三虞既畢而餞，則喪祭既終而吉祭以始，故用吉祭之辭而曰「拜送」。

祭酒，卒爵，奠于南方。

吉祭卒爵，獻者拜，尸答拜，象祖考樂康，嘉孝子之追養也。虞以安神，故承用其儀。若餞，則獻者哭，男女衆賓皆踊，而用從容獻酢之儀，則悖人情而失禮義矣。

主人及兄弟踊，婦人亦如之。

餞在廟門之外，惟獻者不哭而衆人之哭不止，每獻畢，男女齊哭踊，與室中不哭不敢驚室神異也。

主婦洗足爵，亞獻，如主人儀，無從。

主人獻而尸不酢，主婦獻而燔不從，以餞行理無淹久，又舉於三虞之末，不宜過繁，且詰旦而祔，事宜預治，時亦不暇給也。

賓長洗繶爵，三獻，如亞獻，踊如初。

初獻，尸卒爵，「主人及兄弟踊，婦人亦如之」。亞獻，主婦及婦人踊如初，則主人及兄弟亦如之。三獻，則凡在列者皆踊，哭之久，踊之多，幾與殯前、啓後等，哀親之魄體既藏而靈魂亦將離其室也。虞以安神，故室中不哭；餞以送神，故號泣而從。每獻必踊，各以義起也。

尸出門，哭者止。

主人無送尸之禮，以尸本子行也。廟中則以神事之，出門則仍兼子道，無拜送之義。祔仍虞尸，則尸出門仍各反其次以待事也。

入，徹，主人不與。

文立於「丈夫説經、帶」之後，「婦人説經」之前，以見婦人不與徹也。吉祭設於室中、堂上，故主婦、宗婦與諸宰並徹。餞設於廟門之外，則非婦人所宜有事，故兄弟大功以下入徹而主人不與，婦人則拜女賓後即自闈門而反其次矣。

無尸則不餞，猶出，几、席設如初，拾踊三。

上記尸出門右，几、席既設，「賓出復位，主人出，即位於門東，婦人出，即位於主人之北」，故此記明雖無尸不餞，而主人、婦人及賓猶出也。「猶出」斷句，「几、席設」斷句，則情事顯然。注、疏以「猶出几、席」爲句，辭義俱不相貫。〇尸先出，則几、席從之，而後賓、主人出。無尸，則主人、主婦先出，視几、筵之設以致其哀慕。曰「拾踊三」，則賓亦出，可知矣。虞祔而退之賓，義比於兄弟，故與衆主人同踊。

遂卒哭。

舊説卒哭謂卒去無時之哭，非也。記曰「父母之喪哭無時」，本無分於久近，如斬如剡之痛有動於中，乃以限於既祔而不敢哭，非人情。蓋自啓殯以後，朝廟入壙，哭踊無算；反哭以後，三虞及餞，哭踊無算：皆自是而終。即既祔以後，殯宫朝夕奠之哭亦自是而終也。

將旦而祔，則薦。卒辭曰：「哀子某，來日某，隮祔爾于皇祖某甫。尚饗。」

「薦」即「餞」也，以音同而訛，或記者即以「餞」爲「薦」也。末虞既畢，將夕而後餞，則餞乃虞之終，故曰「卒辭」。注蓋誤以此爲卒哭之祝辭，而謂别有卒哭之祭也。獻畢未徹而餞，則不得别爲一祭，明矣。將謂卒哭在餞之前，不惟經、記無文，且其後尚有餞之哭踊，不得謂之卒哭。蓋前記至「告事畢，賓出」而止，後記别一人所爲，故始於「死三日而殯」，終於小祥、大祥、吉祭。凡禮事、禮辭爲前記所未備者，則以所聞補之，而特揭卒辭以見其他辭事之同也。如一人所記，則饗辭宜附於饗之下，祔辭宜次於末虞之後，何故言之無序若此？〇卒辭宜施於尸出門右設席置几時，所以明餞神之義，爲將祔之本也。疏謂「迎尸之前」，誤。〇敖氏謂既餞而復薦於寢，無此禮義。

女子，曰「皇祖妣某氏」。

父母之心，哀其魂魄無歸，故祔之，蓋必祔廟，而後可比於殤與無後者從祖祔食也。其祭至適若長爲父後者而止，與妾母之不世祭同，但妾母於適孫止，而庶子之子可承祀，女子無歸者則不及再世耳。

明日，以其班祔。

疏謂天子、諸侯始有主，「士、大夫無木主，以幣主其神」，臆説也。曾子問天子、諸侯出師，無毁廟之主，乃以幣、帛、皮、圭告於祖廟，載於齊車。惟受命於主，故可以幣代耳。廟既毁，主猶藏之祏，況無木主而專用速朽易蠹之幣乎？○人壽以百年爲極，子死而己之父尚存者有矣，父没而父之祖尚存未之有也，萬有一然，則士、大夫無高祖之廟，安得祔於中一以上哉？禮窮則變，必有以權制，如妾祔於女君者，以其事曠世不見，故經、記無文耳。

用嗣尸。

注稱「虞、祔尚質，未暇卜尸」，近之而義未盡也。祔與奠告之祭相類，爲新死者設尸，像其進見於祖，祖之尸不必設也。人君月朔、朝廟、聘使、出入奠告，皆不設尸。爲新死者設尸而改卜，則悖矣。故嗣用虞尸，理當然也。

孝子某，孝顯相，夙興夜處，小心畏忌，不惰其身，不寧。

未葬以前，耳目思慮瞬息不在於親，則爲失其本心而無所畏忌，又或昏忽懈惰則形色必違於禮，故著之祝辭。春秋傳叔向稱范武子之德曰：「其祝、史陳信於鬼神無愧辭。」若主喪者及衆主人心無畏忌，身實懈惰，夙興夜寐無甚不寧，而以此告於先靈，能不怵然内愧而怍於族姻、友黨乎？先王制哭踊之節，正薦告之辭，皆所以振發人之本心而俾自循省也。

用尹祭。

尹，正也。三虞皆以將祔告於新亡者，至此乃正告於祖而以孫祔，乃祔祭之正也，不必以「脯曰尹祭」詁。○劉捷曰：虞祭側亨，至祔特豕合升，乃用吉祭之正禮耳。

適爾皇祖某甫，以隮祔爾孫某甫。尚饗。

時祭必袷，則饗辭宜備告。如一世無尸可卜，則獻、薦之儀同於因事奠告而不設尸者，其事則同於以某妃配，而受獻者惟男尸也。

中月而禫。

注謂「與大祥間一月」而禫，記曰「祥而縞，是月禫」，則非間一月，明矣。「魯人有朝祥而暮歌者，孔子曰：『逾月則其善也。』」故曰「三年之喪，二十五月而畢」，又曰「禫而從御，吉祭而復寢」。古者祭必以仲月，除喪之日與吉祭近者必一月，遠者或二月、三月，故不以月計而惟以吉祭爲斷。後世因此定爲二十七月，非古制，固然也。

是月也，吉祭，猶未配。

母先父没而不配，何也？母之祔食於祖姑也久矣，吉祭與祔同月，祖始祧，廟始遷，原亡者之心，不忍遽改其舊，故遲之又久而後配也。用此知惟父没廟始遷，母祔於祖姑，則其祭也，亦如女子子未嫁而死及反父之室與歸葬於女氏之黨者，從祖祔食焉耳。○周官大宗伯六享特揭「饋食」，即指「吉祭猶未配」者。蓋禘、祫、四時正祭外，惟此爲廟祀先王之吉祭，而不與時祭同也。大戴記言諸侯「遷廟事畢」，乃「擇日而祭焉」，宜上下同之。

儀禮析疑卷之十五

特牲饋食

疏謂「無問廟數多少，皆同日而祭畢」，是也。又云「皆先祭祖後祭禰」，則失之矣。獻有多寡，每獻同時而畢事，然後節簡時寬，禮意浹洽。若祭分先後，即兼祭祖禰亦日不暇給，而況三廟、五廟乎？至天子祫祭，惟陰厭俎、豆、鉶、籩並陳。啓户，宜徹於堂東西。尸入，更次第以進。既祭既嚌，旋以俎、籩降，然後能畢獻。視群下室中之禮，必大有變通，惜今無可考耳。惟牲則廟各一牢，「洛邑烝祭歲，文王騂牛一，武王騂牛一」是也。○士祭祖禰宜用二牲，大夫三廟，宜用三牢，而經、記無文，必已附見於公、孤之禮也。神俎、尸俎必用右體，特牲不足以充四俎，少牢不足以充六俎。故聘禮賜饔，飪一牢，九鼎，而筮一尸，若祖若禰，正爲牲體有定，雖太牢不可以並祀祖禰耳。魯頌曰：「白牡騂剛。」公羊傳曰：「周公白牡，魯公騂剛，群公不毛。」祫祭，群廟之主皆合食於太廟，則主各異牲，明矣。○疏：大夫「有公事及病，祭使人攝」，士則廢，而引公羊傳「士不及兹四者，則冬不裘，夏不葛」爲徵，非也。記曰：「士不攝大夫，士攝大夫惟宗子。」蓋大夫之祭，鼎俎、服物與士庶人絶殊，器與名不可假人，故嗣子幼則惟宗子之爲士者可攝，是以特著之。若士，則凡兄弟之爲士者皆可攝，故文略耳。經、傳中不見庶人攝大夫士之祭，蓋雖一命之士，其賓與公有司、私有司不可以庶人臨之也。公羊傳所云乃士之失田禄而不祭者，未可援據。○周官「王不與祭祀，則大宗伯攝位」，量人職「凡宰祭，與鬱人受斝歷而飲之」，而諸侯朝覲，國中之祭不得使人攝，何也？王在是而以喪疾命攝，義可通也。諸侯出國，則匕、鬯不可假人。春秋傳云：「君怒未怠，子姑歸祭。」季氏亂臣，不難逐君，故敢干大禮耳。以宰與宗伯之攝位，知諸侯在國亦如之。以諸侯入王之廢一時祭，知王之巡狩亦如之。然不可以終歲而缺宗廟之祀也，其諸祠而出，歸而烝與？

子姓、兄弟如主人之服。

主人之子嗣舉奠者也，主人之孫亦老而傳之後舉奠者也，故先於兄弟。敖氏謂「以服之親疏爲序」，似未安。

有司、群執事如兄弟服。

冠禮始加玄端，則玄冠、玄端通乎庶人之服，故士之子姓、兄弟及執事者服皆同。○玄冠、玄端同，而於有司群執事則曰「如兄弟」，於尸於賓則曰「如主人」，尊卑各以其倫，亦言之序。

孝孫某，筮來日某，諏此某事，適其皇祖某子。

方舟曰：「適其皇祖某子」，則有二廟者迎禰主而合祭於祖廟，明矣。命筮之辭不及於考，祖既許則父必從之也。迎禰主，或於前夕，或於祭之晨。二尸、三尸，入廟、入室，受獻、行酬之儀，經、記無文，必已詳見於諸侯、孤、卿之禮也。○注謂「不言妃，容大祥後禫月之吉祭」，非也。禮同則互備，少牢、特牲是也。相類則參見，鄉飲與鄉射，燕與大射是也。已前見則後不覆見，覲禮未及郊以前，已見於朝、宗則闕是也。享祖考未有遺先妣者，必邦國禮已前見也。少牢復著之，示臣下之禮同也。既見於少牢，則特牲不待言矣。虞未全吉，故「吉祭猶未配」，附記於虞。特牲饋食全吉，而同於祥後禫月之不配，則義無所處矣。時祭所卜惟一日，則祫無疑也。少牢、特牲惟見祖而不見禰，獻酢及酬亦惟見一尸之禮而不及群尸。記曰：「周旅酬六尸。」尚書作洛，烝祭歲，文、武牲異而日同，則並獻群尸、與群尸揖讓酬酢之儀，必已見於王室邦君之禮，故於群下不復言，正與此經不言妃，不載嘏辭，覲禮闕未至王郊以前之義例同耳。

卒筮，寫卦。

疏引士冠禮注，謂彼乃筮人書之，此則卦者書之，非也。二篇文義未有殊異，皆卦者書於方而筮者以示主人耳。

筮某之某爲尸。

注謂「連言其親，庶幾其馮依之」，非也。尸未必即所祭者之孫，屬有親疏，非舉其父不可辨也。虞祭有無尸者，必五服之外不用也。天子、諸侯之時祭則不可無尸，同姓皆可卜，曾子問「卿、大夫將爲尸於公」是也。

乃宿尸。

宿者，夙戒而兼齊肅之義也。古人重禮，既聞期，則尸與賓亦當各次其齊宫。及祭之日，齊亦三日矣。

主人辟，皆東面北上。

於門外北面，以祖考擬尸也。尸出則辟而東面，不敢正對尸而旁立，亦侍尊者之儀。

主人再拜，尸答拜。

主人之拜，尸猶答焉，擯者尚未釋辭也，然已知應爲尸，故不迎拜。

宗人擯辭如初，卒曰：「筮子爲某尸，占曰吉，敢宿。」

張爾岐曰：「如初者，如初筮曰『孝孫某，諏此某事，適其皇祖某子』，乃易去下二語，而曰『筮子爲某尸，曰吉』也。」

尸入，主人退。

主人與尸相見於門外，何也？尸，主人子行也，在門外乃可以神道接，入其門則宜兼家人之禮，故尸入而主人遂退也。凡主賓相見之禮，擯者傳言，而後主人出，尸則聞主人之至而遽出，父之行不敢以賓接也。凡戒賓，出迎於門外，皆面交辭，惟宿尸相見而後擯傳言，以像祖考不可以親相與言也。古者卜尸必以孤子，非孤子，則祭之時父或宜加爵也。宿尸時，不可以父不出而使子迎也。

某薦歲事，吾子將莅之。

注以前無戒賓之文而云「吾子將莅之」，遂謂「賓在有司中」，非也。詩、書所稱，宗廟之祭，賓之重幾並於尸。詩曰：「畀我尸賓，壽考萬年。」士、大夫之賓，當以屬世交執友，或州黨之有德譽者。苟以公有司爲之，則上不足爲宗廟之榮，下不足爲兄弟、子姓、衆賓之式，且以屬吏而致爵於主婦，尤覺不倫。按：記序俎實，賓及衆賓與公有司、私臣各別，公有司獻次衆賓，則卑微甚矣，而可爲賓長乎？○篇首筮日，有司、群執事位在門東，是時賓不與也。經所以不具戒賓之節者，冠與鄉射、飲酒戒賓之禮衆所習也，曰「宿賓」，則前已戒，可知矣。篇首所謂「有司」者，在鄉則閭胥、里宰之類，在國則官中下士，假以祝、宗人、筮人、雍人之號，即記所云「公有司」也。篇首所謂「群執事」者，乃隸子弟，即記所云「私臣」也。經於筮日舉「有司、群執事」，乃供筮事及省牲、濯器者，別言「宿賓」，則佐主人事尸於室中、舉酬於堂上者，可混而一之乎？

棜在其南，南順。實獸于其上，東首。牲在其西，北首，東足。

獸腊去毛，不宜置地上，其體微，以加於棜，高下乃與牲平。排其足於棜上，爲伏狀，故但言「東首」。牲則縛其足而寢之，故並及足所鄉也。

主人及子姓、兄弟即位于門東，如初。賓及衆賓即位于門西，東面北上。宗人、祝立于賓西北，東面南上。

此又賓非有司之徵也。主人及子姓、兄弟，賓及衆賓，門東西正相對。祝、宗人以事先於賓，故立於賓之北，少退而西，以示不敢與賓並。舉宗人、祝之位，則其他有司、群執事立於賓之西南而東面北上，不待言矣。約略言之，而其人可包，位亦可辨，惟儀禮有此義法。○張爾岐曰「宰在門西，舉賓同行，皆與筮位異」，故不蒙「如初」之文。

宗人舉獸尾，告備；舉鼎鼏，告潔。

祭前一日，設器、陳牲、省牲、視濯之儀，主人、兄弟、賓長、衆賓之位，具詳於特牲而少牢則闕焉。牲體之數，實鼎、升俎之人，陳俎、執匕、割制、升載之法，具詳於少牢而特牲則闕焉，何也？牲牢、鼎、俎、豆、籩至大夫而倍加於士，則陳、執、割制、升載之法自宜詳於少牢。若士用特牲、魚、腊，牲用肺、脊、幹、骼、肩、膚，則已見於虞祭，無庸覆舉也。設器、陳牲、省牲、視濯，上下同之。主人承祀而兄弟、子姓從，賓長備獻而衆賓助，亦上下同之。匹士以上始得廟祭，其儀自宜具於特牲。大夫以上宜小異而大同。如上大夫儐尸、下大夫不儐尸之類。至庶人祭於寢，則時物惟力所能共，并無主賓、祝佐、俎豆之儀法，故祭禮自士始。

夙興，主人服如初。

張爾岐曰：「按：下記惟尸、祝、佐食與主人同服，賓及兄弟筮日、筮尸、視濯亦玄端，至祭日則朝服，玄端、緇帶、緇韠。」

羹飪，實鼎，陳于門外。

曰「實鼎」而不言割牲之人以及牲體之數、骨物之别、升俎之法、饋設之位，一切不見，皆以見於少牢也。

祝筵几于室中，東面。

方舟曰：周旅酬六尸，惟太祖尊，雖設尸而不相酬。士、大夫之禮，祖禰並宜設尸，即已附見於諸侯或王朝卿大夫之禮。其次主之位、獻酬之法，亦宜略見其大者。而經、記之文皆似止一尸者，此十七篇内莫解之疑，姑發之以俟後之君子。

主婦纚、笄、宵衣，立于房中。

注據「舅殁則姑老」，謂姑雖存，主祭者乃主人之妻，是也。然婺而主祭者有二焉。戴記曰：

「大功者主人之喪，有三年者則必爲之再祭。」則子幼或無子，虞、祔、練、祥，族子可攝，而共主婦之事者必婺也。魯語：「公父文伯之母，季康子之從祖叔母也。祭悼子，康子與焉，酢不受，徹俎不宴，繹不盡，飫則退。」時文伯尚幼，故敬姜主祭，而康子攝文伯之事。之二者，必別見於他篇而今無考耳。群儒或援喪服傳「妻不敢與焉」，謂妻不改適者不主祭而猶與於祭，非也。子幼，族子攝祭，婺爲主婦可也。子受室，妻爲主婦，而姑從其婦可乎？宗婦之事不可使姑執，不可與内兄弟同居賓位，不可與主婦同居主位，不可與宗婦同立北堂，不可如冠禮之别在東壁而位於東夾。蓋立於東壁，俟冠者以脯見也。若祭祀而母在廟中，則主人、主婦之獻，長賓之致爵，當次於尸而特舉焉，事紛禮黷而義無所取，不若齋居於内，私致其哀敬爲安也。

主人及賓、兄弟、群執事即位于門外，如初。

不言子姓、衆賓及門東西，以曰「如初」，則其人、其位不必具詳也。

主婦盥于房中。

饋食之饌，惟主婦爲最先，以生時盥饋，主婦職也。薦先兩豆，象生時恒食先陳醢醬也。

主人在右，及佐食舉牲鼎。

凡事宜尊賓，而舉鼎則主人先，所以致養於親者，必自盡其力而後可求助於人也。

主人降，立于阼階東。

雖不迎，而不敢安於堂上也。至阼階東而止，立視尸之盥，待其升而從之，不敢與爲禮也。

尸入門左，北面盥。

雖爲尸，未即席，猶有子姓之道，故北面而盥。

尸至于階，祝延尸。尸升，入，祝先，主人從。

招延、延佇、延頸，皆面嚮而望之之辭。玩此經文義，亦祝先而延尸以升。注謂「由後詔相曰延」，蓋據少牢饋食禮「尸升自西階，入，祝從」決之，但少牢尸入室，祝從，非謂升階時祝亦在尸後也。

主人拜妥尸。尸答拜，執奠。祝饗。主人拜如初。

陰厭主人再拜稽首，及尸入則拜而不稽首，何也？陰厭乃事祖考之正禮，致其恍忽以與神明交，非稽首不足以見情。尸以象神，則宜微有別矣。不見主人之面位，何也？虞禮「尸拜受爵，主人北面答拜」，則拜尸皆北面，可知矣。父母、舅姑生時，子婦拜皆北面，故祭亦如之。若西面，則主婦拜尸之位，西北面，則主人答祝、佐食之位也。少牢祝與主人同拜妥尸，何也？祝貴，不宜以私臣爲之。大夫之祝必官中屬士也，故與長官同拜。士之祝則朋友、姻親，即同官下士亦僚友，無隨主人拜妥尸之義。

祝命挼祭。

「命」疑當作「詔」，以後「命爾敦」而誤。

祭于豆閒。

豆閒，兩豆閒之隙地也。惟虞祭陰厭祭於苴，恐污席，則餘皆委於地也。自冠、婚至大射皆不言祭所委之地，脯醢則於豆旁，肺則於俎旁，不待言也。惟公食大夫曰「上豆之閒」，以有六豆也。士虞、特牲饋食皆兩豆，故曰「豆閒」。於特牲覆舉之，著吉祭與虞同也。少牢四豆，亦曰「豆閒」，以「取韭菹，辯擩於三豆，祭於豆閒」，則於上豆之閒，不待言矣。

乃食，食舉。

篇名特牲饋食，以食爲主，此承上經「邇黍稷」、「舉肺脊」而言，故先食食，繼以食舉，下經乃承此而曰「三飯告飽」也。疏乃以「食」爲食肺[一]，則不言「食食」而曰「三飯」，辭事有缺，以「乃食」爲食肺，「食舉」爲食正脊，則指意不明，當以敖氏爲正。

主人羞肵俎。

祭俎多，主人既舉鼎以致敬，故使執事者設之，而親羞者惟肵俎，以此俎專爲尸設也。

尸三飯，告飽。祝侑。主人拜。

前此啐酒告旨，嘗鉶告旨，後此送爵，主人拜，尸皆答拜，惟侑食之拜不答，何也？九飯者，饋食之正禮也。卒飯，尸親執黍以嘏主人，故侑食時亦若神式憑焉，是以聽主人之拜而不答也。

尸實舉于菹豆。

[一] 「乃以食爲食肺」，四庫本同。據疏「『乃食』謂食肺」，疑「乃以」爲「以乃」之倒。

前云「食舉」，此復「實舉於菹豆」，代神受饗，不敢盡食也。肺，周人所尚，脊，牲體之正，故不置肵俎而實於菹豆，示欲留以嘏主人也。佐食復自菹豆舉之以加於肵俎，示神俎之肺、脊宜歸於尸，而所以嘏主人者專用黍稷爲宜也。嘏辭獨言「宜稼於田」。肝亦加於菹豆，而佐食不以加於肵，嗣舉奠，尸將舉以授之也。

主人洗角，升酌，酳尸。尸拜受。

每三飯，主人拜，尸皆不答，至酳始拜受。酒以行氣，舉爵而拜興可也。方食而數拜興，易至哽噎。故公食大夫禮賓再三飯，皆飯畢而後降拜。聖人體性作儀，或兼涵茲義。

祝受尸角，曰：「送爵。皇尸卒爵。」

尸受角時主人已拜送，祝受角又曰「送爵」，言所送之爵皇尸已卒，主人宜先拜尸之既爵也。或曰：言尸既卒爵，而將還送於主人也。○主賓相爲禮，皆受爵者先拜，而後授者拜送爵。蓋爵方在手，必已授已奠，然後可拜，執爵而拜，惟主人受嘏則然。而受者急於拜禮，不敢俟其拜送也。尸，神象也，故待主人拜送而後答拜。

主人拜受角。尸拜送。

送爵必拜，雖尸酢主人亦然，於士祭見禮之常，至大夫則曰「答拜」，與士妻獻尸不俠拜而內子俠拜義同，示貴者事尸益嚴而尸之體益尊也。

主人坐，左執角，受祭祭之，祭酒，啐酒，進聽嘏。

受酢禮輕而先於受嘏，何也？必酳酢之小節既畢，然後傳神語，始足以明主人自始至終，盡慤盡敬，僾見愾聞之誠，而彰神賜之重也。啐而不飲，何也？尸代神賜爵，必待嘏辭既傳，稽首受黍，而後敢飲神之福也。

佐食摶黍授祝〔二〕，祝授尸。尸受以菹豆，執以親嘏主人。

古人於福不敢妄邀。穀食，人所以生，雖庶人寢祭，必具菹豆，故以受黍，而牲鼎、服命之隆，嘏辭無一及焉，言不過物，而不願乎其外也。上蓑之嘏惟「胡壽保建室家」〔三〕，義亦如此。○主人

〔二〕「摶」，原本作「摶」，據儀禮注疏經文改。下文同。
〔三〕「保建」，原本倒作「建保」，據儀禮注疏經文改。

拜妥尸之面位、升鉶祭鉶之儀、賓長羞肝牢之法、祝侑尸主人之辭，一切不言，皆見於少牢。

主人左執角，再拜稽首受，復位，詩懷之，實于左袂，挂于季指，卒角。

敖氏謂「拜不奠爵，異於大夫」，是也。云「受黍不祭」，則未然，乃與少牢互見而文略耳。黍者，尸所親執以嘏也，未有祭酒而不祭黍，啐酒而不嘗黍者，此亦如黍非摶不可以授人，雖摶亦不可以手承，故各舉其一，於特牲見少牢之黍亦受以菹豆，於少牢見特牲之黍亦摶而授耳。

興，取肺，坐祭，嚌之，興，加于俎。

祝、佐食、主人、主婦、賓長之俎不言設者，其人微也。義例於少牢主人獻祝，設俎自佐食〔一〕，而設佐食之俎者不言見之。不言陳俎以待薦之地，何也？執事之俎設於階間，則祝、佐食、主人、主婦、賓長之俎，非與祭俎、肵俎並陳於阼階西無地可陳。且少牢儐尸，主人、主婦之俎與尸、侑同升並陳，則特牲可知，猶特牲執事之俎設於階間，則少牢可知，皆互備也。

〔一〕「自」，原本、四庫本皆作「目」，據文意改。

以肝從。

不言其人，微者也。

酌，獻佐食。佐食北面拜受角。

佐食必非異姓，其徵不一。記云「宗人獻與旅，齒於衆賓，佐食於旅，齒於兄弟」，其明著者也。見於經者，北面受獻而無燔，以其爲族姓子弟也。蓋薦、俎與衆兄弟同設於階下，室中無薦、俎而設從獻，則無是理，與衆兄弟同薦而獨加肝燔，又無是情也。長兄弟爲加爵，致祝而不及佐食，非以其爲同姓，則義無所處矣。

主婦洗爵于房。

此篇無房中設洗置篚之文，而曰「主婦洗爵于房」，何也？少牢饋食禮「司宫摡豆、籩、勺、爵、觚、觶、几、洗、篚於東堂下，勺、爵、觚、觶實於篚。卒摡，饌豆、籩與篚於房中」，是房中別設篚，有篚則有洗，士禮宜同。觀此則知凡儀物宜具而經無其文者，皆以別見而略也。

宗婦執兩籩，户外坐。

執籩以宗婦，燔從以兄弟長而不使衆子婦者，支子不祭，所以示正體之重耳。其致恍惚以交於神明，則與主人、主婦同。

佐食授祭。主婦左執爵，右撫祭，祭酒，啐酒，入，卒爵，如主人儀。

主人、主婦之薦、俎皆設於致爵時，而佐食授祭不言取於尸俎，已見於尸俎之實祭肺三也。婦人受爵祭啐宜於房中，卒爵宜在尸前，惟士妻各於其所。内子則受祭祭之，並在尸前，以儐尸別舉獻薦於房中也。然則不儐尸，受祭卒爵何以與儐尸同？别於士妻也，與士妻之撫而不祭以自別於内子同義。

獻祝，籩、燔從，如初儀。

不言易爵洗獻者，贊者易爵以授主婦於房中，主婦洗爵獻祝，已具於少牢。

及佐食，如初。

祝之俎、豆獻於室中，燔亦從焉。佐食雖受獻於室中，其薦與衆兄弟同陳於階下。且無燔而云「如初」者，惟拜獻相答之儀同耳。

賓三獻，如初。

主人、主婦之後不繼以長兄弟，而以三獻屬賓長，何也？蓋以義言之，祭得嘉賓乃可以爲親榮，兄弟之長者未必其皆賢也。即以情言之，其爲執友，則厲學輔仁，吾親德誼所賴以成也；其爲僚友，則當官共事，吾親職業所資以盡也，其義有過於同生而情有親於同姓者矣。與之共襄祀事，以致祖考之歡心，繫族姻之觀聽最爲重大，況佐食取於兄弟，既與主人、主婦同初獻、再獻矣。於同姓則取其情之親，於異姓則取其德誼之著，此禮之所以義盡而仁至也。

主婦洗爵，酌，致爵于主人。

獻祝、佐食，拜其相助之勤也。夫婦自致爵，是亦不可以已乎？此緣祖考存日之心，凡有嘉慶燕賜，必與子婦俱，然後其心暢然，亦祭義所謂「思其志意，思其所樂」之切近者也。嗣子少長即使舉奠，亦此義也。凡事宜夫倡而婦隨，致爵則婦先而夫從，何也？承獻祝、佐食之爵，又飲乃致養之事，不宜夫先於婦也。

主婦答拜，受爵，酌，醋。

敖氏謂「婦人承男子後，多不易爵」，非也。按：祭統：「夫人薦豆執校，執醴授之執鐙。尸酢夫人執柄，夫人授尸執足。夫婦相授受，不相襲處。」可以婦人而承男子口澤之餘乎？見於經者，惟尸酢主婦，主婦受之卒爵，無易爵洗爵之文。蓋以義言之，則尸，神象也，婦餕舅姑之餘，則受尸之賜，何必更洗，況易爵乎？以分言之，則尸，子行也，世母、叔母乃大親，仍其爵，何嫌乎？惟主婦受主人之卒爵而自酢無易爵洗爵之文，蓋婦承其夫，無所嫌。且更爵，易以敬也，尸以神惠酢主婦，主人以卒爵授主婦自酢，何爲易爵以致敬乎？洗爵以致潔也，尸及主人之爵，主婦以爲不潔而新之，可乎？及主人致爵於主婦，然後降洗，以示男女之不相瀆，雖夫之於婦，猶以敬彰別，此聖人因事制宜以盡精微，而各不可易者也。○有獻有酢，而後禮成。夫婦一體，異於尸、賓、祝、侑。故主人卒爵，主婦受爵，示不敢煩主人之酌。主婦卒爵，主人亦如其禮以答之，主於質以見情，簡其儀以便事也。

主婦拜受爵。主人西面答拜。

或稱「拜送爵」，或稱「答拜」，義例不一，吉祭稱「拜送爵」，喪祭則曰「答拜」，哀痛方殷，不忍循獻酢之常儀也。特牲禮主人獻祝、佐食稱「送爵」，獻賓則曰「答拜」。祝、佐食主事神，故用獻尸之辭。賓與衆賓、兄弟同助祭，故與衆賓、兄弟同辭也。少牢獻祝、佐食及侑皆曰「答拜」，大夫尊，於祝、佐食及侑有相臨長之義也。主婦致爵於主人稱「拜送爵」，主人於主婦則曰「答拜」，婦宜自卑，不得用敵體之辭，其餘皆可以是類之，惟卒爵皆曰「答拜」，舍「答拜」無以爲辭也。

主人更爵，酌，醋。

主婦自酢，所受於夫之爵不宜復洗，主人自酢，所致於婦之爵不可不更，義正相發。

賓三獻，爵止，乃尸止而奠之，俾主婦與主人交致爵，故至是賓請尸舉所奠之爵，而尸卒爵以酢賓也。○尸止爵時，祝、佐食已再得獻，原主人之意，必急欲致敬於賓，而夫婦之相致爵乃先焉，何也？原祖考之意，惠之所加莫先於主人、主婦也。賓作止爵，又不即獻賓，以主人初獻，主婦亞獻，尸隨酢焉，而三獻尚未酢，則主人之獻自不得先於尸之酢也。爵既授於賓，則賓又不可遺祝、佐食之獻矣，以初獻、亞獻，禮行於尸，必繼及於祝、佐食也。既獻祝、佐食，則主人、主婦又不可遺。蓋不於此時致爵而更端以起事，則禮煩而時費。若於主人獻後答禮，則無由及於主婦。故先並致爵，而主人獻賓轉退於賓酢主人後耳。○「酢」下疑脱「賓受爵」三字。

三獻作止爵。尸卒爵，酢。

洗爵，酌，致于主人、主婦。

賓有酌致於主人、主婦之禮，何也？：賓長非祖考之至交即鄉里之耆德也。嘉姻親故舊得良子婦以守宗祏，故於正獻之終特酌以致薦焉，所以作主人、主婦之孝恭而爲兄弟、子姓、宗婦、女賓所觀聽也。其或廢事而失儀，或素行之不類，則受禮於稠人廣衆中，必有愧生於中而大懼人有後言者矣。此先王制禮，所以陰感乎人心而漸積爲風教也。賓長必主人之尊行，故不曰「酌獻」而曰「酌致」。

更爵，酢于主人。

主人、主婦獻尸後即獻祝、佐食，拜其勤也。賓亦獻祝、佐食，體主人之意也。致爵於主人、主婦，慶孝子之能追養也。洗爵而後致於主人，示易以敬，又以此爵將傳致於主婦也。更爵以酢主人，以主婦所飲之爵不可不易而遂自酢也。致爵雖兼主婦，而所酢惟主人，禮統於尊者，又尸於主婦，子行也，故有酢，而賓異姓，故不酢以自别也。主婦獻祝而不獻賓，祝爲公有司，地遠而無嫌也，義與賓異矣。○凡獻之後必有酢，以賓於主人、主婦不可以言獻，故易名「致爵」，其實獻也，故因而酢焉。

執祭以降，西面奠于其位，位如初。薦、俎從設。

主人受尸酢，旋寫嗇。主婦受尸酢，旋獻祝、佐食。賓受獻後無他事，宜反其位，故自執其祭以降，義當然也。凡祭，禮終則埽而埋之，周官守祧「既祭則藏其隋」是也。祭委於地，故曰「隋」。

主人洗觶，酌于西方之尊，西階前北面酬賓。

尸於祝、佐食無加禮，而所酢惟賓，主人於祝、佐食無酬，而所酬惟賓，何也？祝、佐食，三獻皆繼尸而受爵，而賓惟一受尸之酢，故主人之獻繼以酬，則賓亦三受爵矣。況佐食相主人以養尸而未嘗親獻爵，則尸無因而與酬酢，主人、主婦既各有獻，又無暇更爲酬酢也。○尊四壺於兩階下，本爲衆賓、衆兄弟、弟子，皆酌於堂上而酬於階下，則禮繁而時費耳。然長賓、長兄弟亦酬於階下，宗、祝亦與衆賓齒，佐食亦與衆兄弟齒，又以見尊於堂下乃簡節以便事，而非於衆賓、衆兄弟有慢心也。

賓坐，取觶。

鄉飲酒之賓，學士也，鄉大夫以國政興賢能，故賓於酬爵必辭而後取。特牲饋食之賓，鄉黨中齒德並尊者也，主人以私祭求助，故賓於酬爵不辭而取之。

揖，復位。

獻畢而復位，無揖法，酬則揖，何也？獻尸則以卑而飲尊者，獻祝、佐食則以尊而飲卑者，惟旅酬則同等者用以爲歡，故揖復位也。至尸與主人、主婦亦平等，而致爵所承者則尸酢賓之爵，以廣神惠，故亦無揖法。

主人洗爵，獻長兄弟于阼階上，如賓儀。

獻用爵，酬用觶，於酬言酌於階下西方之尊，於獻言酢於阼階上，則酌於上尊不待言矣。「如賓儀」，則主人亦自酢也。使長賓、長兄弟酢，則似主人專與爲禮。惟主人自酢，則禮意達於衆賓、衆兄弟矣。至内賓則不便親致爵於主人，故主人自酢以達其意。〇禮有經而等者，器位儀法，尊卑略同，則彼此互見，特牲、少牢或詳或缺者是也。禮有推而進者，則於士禮道其常，大夫之禮詳其變。士獻長賓、長兄弟之禮與衆賓、衆兄弟異，而大夫則同，或以示少不得並於長，禮之經也，或以示貴尤當下於賤，義之權也。

洗，獻内兄弟于房中。

不言内兄弟之位，已見少牢。

主人西面答拜，更爵酢。

獻賓長而自酢，所以該衆賓而達其意也。獻長兄弟而自酢，所以該衆兄弟而達其意也。賓、兄弟酢於其始，内兄弟則於其終，以兼姑、姊妹與宗婦。酢於其始則不可以相統，必皆獻而後酢可該也。賓獻祝、佐食、主人、主婦而後自酢，亦此義也。

入，復位。

酬賓「揖復位」，乃復阼階下位，以旋獻長兄弟、衆兄弟也。獻内兄弟「入復位」，則主人獻事已畢，復室中西面之位也。以是見主婦、長賓有事於室中，主人皆不離其位，至旅酬，則室中侍尸者惟主人，故尸將謖，然後主人出。

長兄弟洗觚，爲加爵，如初儀，不及佐食。

賓獻佐食而長兄弟之獻不及焉，以佐食取諸子弟，不敢受長者之禮，非祝比也。

衆賓長爲加爵，如初。

敖氏謂「此加爵宜用觶」，似未安。此承長兄弟之加爵，宜用觚，後此旅酬，乃承用主人酬賓之觶耳。

嗣舉奠，盥，入，北面再拜稽首。

尸未入，祝酌，奠於鉶南，以獻神也。故尸入，執奠，祭啐告旨，而仍奠之，不敢專神惠，留以待嗣舉也。至是親執以授之，俾知「自義率祖」之重。○陰厭，主人再拜稽首者再，而尸入則止於拜。嗣飲神奠，再拜稽首者再，及爲上養，受主人之酳及酢主人，則止於拜。義有大小長短，於此類見之。

舉奠洗，酌，入。尸拜受。

嗣子並無獻賓事。疏云獻賓，賓皆酢之，「賓」當作「尸」。

尸祭酒，啐酒，奠之。

嗣酌進，尸啐而奠之。利獻尸，不再言啐、奠，與嗣獻同，可知也。自主人酳尸至衆賓長加爵，尸卒爵者五矣。嗣與利分卑，雖啐而不飲可也。

舉奠出，復位。

復子姓、兄弟堂下東方之位。

兄弟弟子洗，酌于東方之尊，阼階前北面舉觶于長兄弟，如主人酬賓儀。

張爾岐曰：「此下言旅酬，前主人酬賓已舉西階一觶，此弟子復舉東階一觶，皆爲旅酬啓端，因於此時告祭設羞。蓋旅西階一觶，加爵者即作止爵，次旅東階一觶，次並旅東西二觶，而神惠均於在庭矣。○酬者，主賓導飲之禮。兄弟非賓，故主人不酬，使弟子舉觶而用酬賓之儀。又賓長、衆賓、長兄弟、衆兄弟已備受獻，而賓子弟、兄弟之子自質明待事以至旅酬，故使各舉觶於其長而先自卒爵以習禮，亦以均惠也。周官大司徒：『以本俗六安萬民：三曰聯兄弟，五曰聯朋友。』春、秋時祭，族姓姻賓，衆會數聚而交致其敬，各盡其懽，則所以聯之而作其親睦齒讓之心者，周浹而深固矣。」

宗人告祭脀。

使衆賓、衆兄弟、内賓各於其獻時祭胥，則日不暇給矣，必獻時各設薦、俎於其位而總告祭胥，然後禮成而時不費。

賓坐取觶，阼階前北面酬長兄弟。

兄弟弟子既舉觶於長，胡不使長兄弟就酬賓而轉使賓酬長兄弟也？主人已親酬賓長矣，無爲又使兄弟酬。蓋以賓雖異姓，而繼主人、主婦而爲三獻，則亦獻主也。祝、佐食已受賓獻，而致爵且及主人、主婦矣。故使先酬長兄弟，以終其爲獻主之事，而兄弟報其酬，於禮義乃安。〇祭之末，俾賓長、兄弟長、衆賓、衆兄弟相勸酬，交錯以徧，而子弟與執事焉。又有無算爵，使親交相屬，各引其曹，自公、卿、大夫以及庶士比次而行之，相厲以禮儀，相尚以敦睦，則孝、友、睦、婣、任、恤之風成，而怨、懟、忿、争、鬬、辨之端息，皆由於此，所以達孝子敬宗收族之心而又以助流政教也。

爲加爵者作止爵，如長兄弟之儀。

前此賓與長兄弟相酬而交錯以辯，此衆賓長又作止爵，與長兄弟相酬而交錯以辯，然後衆賓長、衆賓、衆兄弟皆各受三爵。

賓弟子及兄弟弟子洗。

使弟子觀禮於廟中，舉觶於其長，耳濡目染，以至於成人，則禮儀之度、和敬之德，習與性成矣。

長皆執以興。舉觶者皆復位答拜。長皆奠觶于其所，皆揖其弟子。弟子皆復其位。爵皆無算。

旅酬之爵，前既以次而徧矣，如再以次行酬，則不勝杯棬者不能强，而善飲者不得盡其歡，且拜受、拜送之節，衆煩而難舉，故無算爵。長賓、長兄弟各執其觶，不相授受而奠於所欲致者之所。所致者既卒觶，其弟子爲之酌，又執以奠於所欲致者之所，而盡去彼此拜興之節。兩觶並行，不依其人之次，不計其爵之數，故總之曰「無算爵」也。○通經之例，未有奠爵而不目其地者。此獨爲無定之辭，而曰「奠於其所」，謂其人所立之位不可以指定也。論語「居其所而衆星共之」，易大傳「井，居其所而遷」。○卑者不可以揖尊，而尊者可以揖卑，天子揖諸侯，諸侯揖群臣是也。酬終奠觶必揖，故長亦揖其弟子。○兄弟之子以同姓而來觀禮，宜也。賓亦率其子弟而至，何也？不命之士及農、工、商、賈，有寢而無廟，有薦而無祭，無由習禮，而其子弟固有學於黨庠、州序者，故使爲主人之姻婭及公有司、私有司者，各率其子弟而至，以觀祭祀、賓客之儀，又使爲人子孫者知必得廟祀，然後可以盡追養之心，將父勉其子，兄勉其弟，而衆厲於德行、道藝矣。非僅爲代長者舉觶，宜與主黨之弟子相匹也。○祝、佐食、賓長、長兄弟獻酬已多，而衆賓、衆兄弟僅一受獻，故旅酬之後又爲無算爵，使既醉者可節，飲少者可充。聖人制禮，本末兼該，而一以貫之如此。

利洗散，獻于尸，酢，及祝。

獻尸時，祝已酌，長賓有獻，長兄弟、衆賓長有加爵。故佐食終事，亦獻於尸，又因獻尸而與祝相酢，以佐食爲同姓，於祝又有主道也。

祝命嘗食。餕者、舉奠許諾。

敖氏云：當爲「祝命餕者嘗食，舉奠許諾」。是也。嗣子爲上餕，先於長兄弟者，異日當承祀爲主人也。

主人西面再拜。祝曰：「餕有以也。」

此戒專爲嗣子設也。若德之不類，則宗廟之犧將變而爲畎畝之禽矣，所爲申戒以至於三也。「酳有與也」，其意略同，而不可强爲之解。○或曰：主戒嗣子而並及長兄弟，謂今日得有田禄以將祀事，皆以先人之德，賓者不可忘所自也。不易「以」爲「似」，義亦可通。

上賓洗爵，升，酌，酢主人。

嗣子獨酢，異日將代父承祀，故因登餕受酳而獻爵，以昭敬養也，是以下賓有酳而無酢。少牢賓者不酢，非嗣子故也。

主人拜受爵。

受嗣子之爵，而卒爵又拜，神惠之餘，不可以子將之而有異也。

其服皆朝服，玄冠、緇帶、緇韠。記

主人冠端玄以致陰幽之思，内心乃合漠之本也〔一〕。賓、兄弟、有司朝服，私有司且假大夫之臣之緇韠，以外心見儀物之盛，所謂「致其濟濟漆漆」也。尸、祝、佐食宜與主人同心，故服亦同。

〔一〕「漠」，原本作「漢」，據四庫本改。

覆兩壺焉，蓋在南。明日卒奠，冪用綌，即位而徹之。

張爾岐曰：「覆壺，謂倒置其壺，口下腹上，以漉滌濯之水。至明日，尊於户東，始注酒焉。蓋即綌冪，未奠不冪，卒奠乃設之。奠，祝洗酌奠鉶南也。即位，尸即席位。」

賓與長兄弟之薦自東房，其餘在東堂。

長賓、長兄弟薦於階上，則陳於東房爲便。其餘設階下，則陳於東堂爲便。不言祝、主人、主婦者，階上之薦尚出自東房，況薦於室中者乎？

佐食于旅，齒于兄弟。

士祭其祖，諸父皆與焉。大夫祭曾祖，從祖皆與焉。而經但言「兄弟」，蓋各於其輩行齒序，非於主人爲兄弟也。長兄弟，蓋屬尊而年長者。佐食若取諸伯叔兄弟、子姓，則各於其輩行齒。

尊兩壺于房中西墉下，南上。内賓立于其北，東面南上。宗婦北堂，東面北上。

北堂宜在東夾之北，而户於西墉之北以達於房，或南上，或北上，皆以嚮明者爲上也。宗婦亦東面，以受主婦之酬又兼有賓道也。

主婦及内賓、宗婦亦旅，西面。

時祭各有祖禰，而女兄弟、宗婦得群聚於祭者之家，何也？惟命士立廟，然後召延族姻祭於寢者，禮必甚略。即同爲命士，筮日各以其吉，筮前祭後皆可以相助也。其長者於是毖禮儀，其少者於是觀奠贊。尊卑序列，獻酬相屬。女教因以明彰，睦婣由此深固矣。

賓從尸。

主人無送尸之義，故尸之出，使祝先而賓從。賓非主人，雖以示送之意，而不交辭，不爲禮，與主人宿尸再拜稽首而尸遂入意同。蓋彼時尸於主人，此時賓於尸，無辭之可致，無儀之可展，即以無辭與儀爲禮之節。而上大夫儐尸，則拜送於門外，又別有義。此記所謂「深而通」也。

衆賓及衆兄弟、内賓、宗婦，若有公有司、私臣，皆殽脀。

先王制禮，皆因人情之實以爲事物之節，故精粗畢貫而性命之理順焉。如祭祀之有獻酬，緣祖考之心，必浹於子姓親賓，下逮私臣，而後慊。而使與祭者，習動作威儀之節以礪德隅，作敬讓親睦之風以遠鬬辯，此固制作之精意也。即以粗迹而言，雞鳴而起，質明行事，以至於昏。若無獻酬飲食之節，則雖有强力之容、肅敬之心，亦不免倦怠而跛踦以即事矣。祭之事，惟祝、佐食、主人、主婦甚殷，故初獻、再獻，即並受爵焉。其次則賓長、長兄弟，其次則衆賓、衆兄弟。至於旅酬，則子弟、私臣、宗婦、内賓徧有殽胥。蓋不如此，則禮意之徬徨周浹者未能盡達，而人情之饑渴疲勞者不能自支也。天子、諸侯，祭末畀煇、胞、翟、閽，義亦如此。

儀禮析疑卷之十六

少牢饋食

日用丁、己。

有事於宗廟，據尚書武成、召誥、畢命及春秋所書魯事，無非柔日，惟洛誥烝祭歲，日用戊辰，豈事屬創舉則禮從而變與？

筮旬有一日。

特牲筮日無期，以旬有一日，上下所同也。天子、諸侯惟致齊乃不貳事，散齊於外，以國事不可廢也。卿、大夫、士私祭散齊，宜朝而聽事，事畢反齊於家。古者祭必於仲月。國君之祭，卿、大夫皆宿齊宮。若私祭常散齊於家，則是月之中王事、國事皆廢矣。

主人曰：「孝孫某，來日丁亥，用薦歲事于皇祖伯某。」

士之祭稱「某子」，以該其祖之爲大夫者。大射禮於大夫曰「某子」。大夫之祭稱「伯某」，以該其祖之爲士者。大夫祭三廟，皇祖即其曾祖也。凡遠祖皆可稱「皇」。詩曰「周公皇祖」，春秋傳曰「皇祖伯父昆吾」。○張爾岐曰：「注『某伯，且字也』，謂其字無可指，且言某以擬之。且者，聊解經言某之意也，非謂人之字爲且字也，疏大失注意。士喪禮筮宅注：『某甫，且字也，若言山甫、孔父。』彼處疏云『孔甫是實字，以某甫擬之，是且字』，却甚分明，可證此疏之失。又注云『大夫或因字爲謚』，顧炎武云『乃氏字之訛』。」

以某妃配某氏。

古者諸侯不再娶，以媵攝内事，則配享者可定於一。宗子雖七十無無主婦，則卿、大夫以下娶有再三者矣，而配止一人，故加以某妃配於某氏之上，以别其爲元妃、繼妃也。若元妃見出而承祀者繼妃之子，則以生母配無疑矣。若婦德無虧，殁於中道，而子孫不以配，是私其所生而黜先妣於殁後也。經、傳無明文，故朱子不從伊川以生母配之説，而以顔真卿家祭並配爲宜。後聖有作，不可易也矣。○士二廟，尸必二，大夫三廟，尸必三，而惟曰「皇祖」，何也？所筮之日同，命筮之辭同，舉尊者則餘可知矣。尸有尊有卑，入廟而相見必有儀，儐尸而旅酬必有法，經、記無見焉，何也？蓋諸侯五廟，天子七廟，卜尸、延尸之禮必前見且不一見矣，故於大夫、士略焉。

左執筮，右兼執韇，以擊筮。

韇不可舉以擊筮，蓋以蓍觸韇而振動之，文義與李牧「銜劍徵之於柱以自刺」同。

乃官戒。宗人命滌，宰命爲酒。

「命滌」注兼宗廟之埽除，非也。若黝堊丹漆，則非前期十日所能辦。埽除事輕易舉，當包於官戒中。宗人所命，惟滌濯祭器耳。前期十日始爲酒，故初成尤濁，滓汁相將。記曰「縮酌用茅，明酌也」，又曰「醆酒涚於清，汁獻涚於醆酒」，以初成之酒濁，故用舊醳而清者以明之。

前宿一日，宿戒尸。

士前期二日宿尸，以助祭者少，按曾子問喪奠至士，乃有「不足，則取之大功以下；不足，則反之」之文，義可類推。比時具物，必躬親之。於前夕視濯視牲，故宿尸以前二日。大夫之祭，官宿其職，則祭之朝視濯可矣。特牲「祝命爾敦」，而少牢不命，義與此同，皆因事之情而爲之節耳。

明日，朝服筮尸〔一〕。

士筮尸於三日之前，而大夫以祭前一日，何也？卿、大夫數少，若早筮尸，或諸侯來朝，王使及貴國之賓當以祭之日至，不易期則國事不能供，易期則諸事皆宜重戒，故僅爲一夕之期，然後事可必耳。士則數多，僚屬相攝，國事不廢，故期可早定。若遭變事宜廢祭，如曾子問所列，則士與卿、大夫略同，無爲筮尸之期有異。

吉，則乃遂宿尸。

特牲主人親宿賓，祭之日，賓即位，主人再拜。少牢不宿賓，並無接賓之儀位，何也？宿賓之儀已具於特牲，故此篇直至盥匕，而後賓見於經，猶戒賓之儀已見於冠與飲、射，故特牲惟見宿賓之節而戒則無文也。

尸送，揖，不拜。

大夫能亢其宗，故雖尸之尊，猶揖以送。

〔一〕「朝」下，原本脱「服」字，據儀禮注疏經文補。

若不吉，則遂改筮尸。

祭日既定，不容更緩也。

既宿尸，反，爲期于廟門之外。

注謂「大夫尊，宿尸而已，餘使人宿之」，非也。筮尸乃祭前一日事也，樂器既陳，以待展聲，祭器既陳，以待滌濯，則賓及執事者皆在列矣，何事又使人宿哉？惟宜卜爲尸者，反於家以待卜耳。士之筮尸，前期三日，故不得不宿賓，而以祭日並祭前一日視濯視牲之時告耳。○劉捷曰：「不舉接賓以下儀節，以賓及子姓、兄弟之位，拜送之節，視濯、告具、視牲、告充之儀，壹與特牲同，故不言，而惟舉其異者。蓋祭之晨，雍人、廩人、司宮但言摡器，則前夕已陳而濯之，不必言矣。司馬刲羊，司士擊豕，則前夕已視之，而告充、告備不必言矣。」

主人門東，南面。

特牲主人東面，此南面，以賓即公士，卿、大夫亦有相臨長之道也。視殺特著有司北面，則爲期賓及衆賓壹如特牲之東面，可知矣。

司宫摡豆、籩、勺、爵、觚、觶、几、洗、篚。

特牲兩敦、几、席並陳於西堂以待設。此篇不言所陳之地，以大夫四敦陳於房中，與特牲異，故總於主婦之薦設見之。几、席則陳於西堂，與特牲同，可互見，故文略耳。

卒摡，饌豆、籩與篚于房中，放於西方。設洗于阼階東南，當東榮。

於房中舉「篚」，則洗並設可知。文略者，以下篇主婦洗於房中見之也。几不言所陳之地，已見特牲。

司宫筵于奥。祝設几于筵上，右之。

特牲祝筵几，以神席與器物異，不可以私臣設也。大夫官具，故二人共之，又於所共别差等焉。公食大夫則司宫設几，輕重之權衡具見矣。

主人出迎鼎，除鼏。士盥，舉鼎。主人先入。

士禮以舉鼎屬賓長、佐食及執事之人，故主人以身先之。大夫不親舉鼎，又除鼏而先入，非以尊而怠於事也。官宿其事，則主人專致其内心以與神明交，而僾見愾聞、君蒿悽愴之精愈著矣。喪禮「百官具，百物備，不言而事行者，扶而起；言而後事行者，杖而起」，亦此義也。又大夫則年非壯盛，或不能以筋力爲禮。

陳鼎于東方，當序，南于洗西。

庭中地廣，故特揭「序南」，則知在庭之北而邇於階，不惟鼎之位著，洗之位亦愈明矣。東方即特牲所云「阼階」，洗西即特牲所云「阼階西」。序南洗西，位次詳於少牢，故特牲文略。

宗人遣賓就主人，皆盥于洗，長枇。

卒脀而後主人盥，則此時尚未盥也。曰賓皆盥於洗可矣，而曰「遣賓就主人，皆盥於洗」，何也？無此文，則似賓、祝、主人各以其時就盥而事不相聯。於升牢之初，言「就主人」，與後卒脀相應，則升牢時主人就洗以臨視，並見矣。特牲不著主人與祝及賓之盥，以此篇既詳具也。前此並無宿賓之文，已見特牲也。曰「賓就主人」，則除鼏後，主人先入，立於洗北，並見矣。卿、大夫之祭賓宜與士異。魯語：「天子祀上帝，諸侯會之受命焉。諸侯祀先王、先公，卿、大夫佐之受事焉。不聞諸侯之相會祀也。」則卿、大夫之祭，同列不得爲賓。且祭必於仲月，三卿、五大夫俟君祭事畢，各擇日以祀其祖禰，亦無暇助同官之祭。其正賓，必於命士二十七人擇其有德譽者。鄉射禮：「大夫與，則公士爲賓。」其次賓，必取諸執友、姻黨能自修飭者。若有道有德隱居不仕之君子，則射、鄉國政，亦不敢屈爲三賓。卿、大夫私祭，必無相助之義。○注謂「長朼，長賓先，次賓後」，是也。敖氏乃云賓即二佐食及司士，蓋以下文未見賓之事耳。不知匕之外，賓別無事，而升載之儀數實繁，賓以匕出之於鼎，佐食以手承，心、舌之下上本末，牲體之或縮或横，魚、腊之宜進宜順，必以手治，非匕所能爲。升而載之於俎，其事本分。特牲禮亦主人、長賓匕，佐食升載，至儐尸之俎，即用朼者升載，殺其儀以示辨，特揭於下篇，則此爲賓朼而佐食及司士升載，的然無疑矣。○特牲注以佐食爲賓，群儒遵信。但佐食於尸最切近，每事必助焉，宜以夙所親愛之子弟爲之。宗人之獻與旅齒於衆賓，佐食於旅齒於兄弟，則非異姓，明矣。又主人舉鼎，與佐食俱。尸酢主婦，佐食授主婦祭。少牢以上佐食爲上餕，下佐食爲次餕，長賓、次賓爲兩下，正爲餕本子姓族人之事。故賓後於佐食，猶嗣爲上餕，長兄弟轉爲下餕耳。

佐食上利升牢心、舌，載于肵俎。

心、舌不登於神俎，何也？古者物各有象，尸爲祖考之心之所寄而代傳嘏辭，故並載於肵俎。若享神，則貴氣味。肺爲氣主，周人尚之。齊酒、牲體、羹燔、黍稷、菹醢，皆用氣味也。

心皆安下切上。

按特牲「載，心立」，謂立而載於俎也。必下平，立之始安，故曰「安下」。

肩、臂、臑、膊、骼在兩端，脊、脅、肺、肩在上。

疑「肩、臂」「肩」字衍。蓋臂、臑居左端，膊骼居右端〔一〕，而置脊、脅、肺、肩於四體之上也。

卒脅，祝盥于洗，升自西階。主人盥，升自阼階。

以此知祝設几後即降立於洗旁，與主人同視匕載也。主人立洗旁，以「宗人命賓就主人，皆盥於洗」見之，祝則以不言自某所進盥於洗見之。

婦贊者執敦稷，以授主婦。

不曰「宗婦」而曰「婦贊者」，何也？士卑，凡宗人之婦嫺於禮者皆可贊。大夫尊，贊者必士之妻，然後可攝盛而錫衣侈袂，與主婦之服同也。贊者再反房中，取三敦以授主婦，而惟一人，

〔一〕「膊」，原本、四庫本作「膞」，據經文改。

以必士之妻而後可贊耳。觀尸盥事至簡，而用二宗人，則知婦贊者不能多人之故矣。

佐食啓會蓋，二以重。

蓋二以重，以黍稷二敦，南北相次，會之啓不得各從其敦，故重之而並設於下敦之南，兼明所謂會者即蓋也。

祝延尸。尸升自西階，入。祝從。

如注、疏，則經文當云「尸升自西階，祝由後延之，升，入，祝從」，其義始明。其揭「祝延」於「尸升」之上，綴「祝從」於「尸入」之下，正以明升階則祝前，而入户則祝後耳。蓋承上文「祝出迎尸於廟門之外」、「祝先入門右，尸入門左」，正以當前尸而導之也。故及階則延尸以登，即「主人先登，客從之」之義也。惟自中庭及階，尸行宜導，升階宜延，至入户則位定筵設，無所用其導矣，故及户則退從尸後耳。

主人升自阼階。祝先入，主人從。

貴者多儀，疑主人將入，祝復出户以導之。經無文，猶特牲主人先祝而升，「祝先入，主人從」，不言主人俟於堂以待祝至而讓之先也。如敖氏說，則上云尸入祝從，此第云主人升自阼階入，其入之先後本明，無爲覆舉「祝先入」以明其人在主人之先也。

祝、主人皆拜妥尸。尸不言。

大夫之祝，必專立之祝官，如都宗人、家宗人之類。即或用官中屬士，平時涉公事，相臨長舊矣，故與主人同拜妥尸。於少牢乃曰「尸不言」，以禮辭視特牲每詳也。

尸答拜，遂坐。祝反南面。

注謂「不啐奠，不嘗鉶，不告旨，以大夫之尸尊」，又云「初不饗，爲曲而殺」，疏推其義，以爲「不敢與人君同」，皆非也。不饗，乃事之節與特牲異也。饗者薦神之辭，特牲陰厭時未饗，故至尸挼祭而舉之。少牢既饗於陰厭時，則挼祭何爲而覆饗哉？士始得田禄，具牲鼎，故以致味徵追養之誠。大夫禄厚官具，備盛禮以致享，則酒與羹之旨，不足言矣，故嘗鉶而不告旨，至儐尸始用賓禮啐酒告旨，則正祭不告旨可知也。但尸祭豆、敦、俎實，未有不祭酒者，祭酒，未有不啐奠者，而經無文，豈簡殘而文闕耶？抑以祭酒、啐、奠已見於特牲，而不告旨之義又於儐尸見之，故文略耶？○大夫之尸尊，惟祝不敢命挼，而尸自取之，不命爾敦，而佐食自爾之，則禮體宜然。又挼乃禮之大節，祝不命挼，肺兼羊、豕。二事與特牲異，故舉其大略，而細節則不具焉。

上佐食取黍稷于四敦。下佐食取牢一切肺于俎以授上佐食。上佐食兼與黍以授尸。尸受，同祭于豆祭〔一〕。

承上經「取黍稷於四敦」，而曰「兼與黍以授尸」，則兼稷無疑也。下經曰「爾上敦黍」，則不兼稷無疑也。所以然者，緣尸之意，已所飯，不敢同於神祭也。尸酢主人，上佐食取四敦黍稷以授祭，則主人所受，兼黍稷無疑也。下經曰「二佐食各取黍於一敦」，則不兼稷無疑也。所以然者，緣主人之心，受神惠以祭先炊，不敢用其半，而致嘏於已，則不敢受其全也。○張爾岐曰：「『豆祭，即韭菹之祭於豆間者。』」

上佐食舉尸牢肺、正脊以授尸。

上經「舉一切肺」，此曰「舉尸牢肺、正脊」，明上所取肺以墮祭，此肺、脊乃尸所食也。其餘牢

〔一〕「受，同」，原本、四庫本皆作「同受」，據儀禮注疏經文改。

幹、骼、肩、魚、腊皆曰「尸」，以舉肺、脊，牲體皆入肵俎，而牢幹、骼、肩、魚、腊，則有入肵俎者，有留神俎者，故並言「尸」以别之。然則特牲之肺、脊、幹、骼、肩、魚、腊亦加於肵俎，而不言「尸」，何也？少牢物備俎多，故徧言「尸」以見其禮之盛，特牲之俎無多，其儀法已詳於少牢，而一一言「尸」，則義無所處。胾用兩豆，羹用兩鉶，則幹、骼、肩，羊、豕並舉可知也。

上佐食羞兩鉶，取一羊鉶于房中，坐，設于韭菹之南。下佐食又取一豕鉶于房中以從。

但言取鉶於房中而不言實之之人、初設之地，以「實豆、籩、鉶陳於房中」已見於特牲，則雍人實之於雍爨而升設於陳鼎時可知，與不言几陳於堂西同。

三飯。

特牲每三飯，祝侑，主人拜，尸答拜。少牢則祝惟八飯時一侑而不拜，主人惟九飯時一拜侑，何也？牲牢、鼎俎倍加，則儀節益繁；公士、私臣益衆，則獻酬難徧。使掌鉶、侑食壹與特牲同，賓、侑、主人交拜，則日不暇給矣。豕鉶祭而不嘗，與二佐食卒爵而不拜，養者不拜受爵，皆職此之由。

上佐食羞胾，兩瓦豆。有醢，亦用瓦豆。

亦與特牲互見。於鉶言「房中」，故於豆不復言。天子、諸侯有籩人、醢人，卿、大夫無考，但據少牢有房中之羞，則似内子所共，惟糗餌、粉餈、酏食、糝食，豆籩亦有司共之，以各有定職，故不言實之之人，以雍人例之可知也。

尸又食，食胾。上佐食舉尸一魚。

特牲舉幹、骼、肩，皆以獸、魚從，以合九飯之節也。少牢分魚、腊爲二，又以魚附於胾，以成十一飯之數也。

上佐食受尸牢肺、正脊，加于肵。

張爾岐曰：「牢肺、正脊，即上文所謂食舉。以特牲禮約之，方尸三飯，佐食舉牢幹時，尸蓋置舉於菹豆。至此十一飯畢，乃取於菹豆以授上佐食也。」

卒爵，主人拜，祝受尸爵。

特牲祝相爵而少牢無之，少牢尸嘏主人有辭而特牲無之，皆互見也。蓋賓禮既爵有拜，尸則不拜既爵而主人先拜，故祝詔之。士禮既詳，則大夫不待言矣。嘏辭既詳於少牢，而特牲曰「聽嘏」，則其辭無庸覆述矣。

尸醋主人。主人拜受爵，尸答拜。主人西面奠爵，又拜。

受爵而俠拜，視特牲禮有加，與下經出門拜送尸同義，位彌高，禮彌卑也。凡俠拜不復答，故尸於主人受嘏後奠爵之拜答，此又拜則不答也。○特牲尸酢主人，主人拜受角，尸拜送，少牢則曰「答拜」。大夫尊，而尸以祖考臨之，轉用尊長答卑幼之辭，與士與下大夫不送尸而上大夫儐尸出門拜送同義，皆使人不敢以富貴加於父兄宗族也。

上佐食以綏祭。

惟此宜從敖氏爲授祭。蓋尸之墮祭，神食也，故既祭而藏之。尸酢主人，主人以祭始爲飲者，則與常時飲食之祭同耳，安得爲墮祭乎？尸酢主婦，上佐食綏祭亦然。

皇尸命工祝，承致多福無疆于女孝孫。來女孝孫，使女受禄于天，宜稼于田，眉壽萬年，勿替引之。

方舟曰：周官「不耕者祭無盛」，士無田，則從庶人之禮，薦而不祭。故雖卿、大夫之尊，祝嘏所謂「受禄於天」者，不過「宜稼於田」而已。其他福祥，不敢妄求也。雅有楚茨、大田，頌有載芟、良耜，自天子以至於庶人，但能知稼穡之艱難，則百行有本，所以爲萬福之原也。古者祭有嘏辭，所以大警主人敬懼之心也。使不能受禄于天，則宗廟之犧爲畎畝之禽矣，稼不宜於田，則祭用下牲而不敢備物矣。於其身，則願其眉壽而承多福於勿替。於其子孫，則願其萬年而引多福於無疆。當致誠致慤以交於神明之際，而探祖考之志意，諄諄然命之，其心有不怵然者乎？上養之嘏曰「胡壽建保室家」，辭意尤明顯，而後儒或以爲無益之虚文，誤矣。

主人獻祝。設席南面。祝拜于席上，坐受。主人西面答拜。

祝即公有司，其爵等亦與大夫懸隔，故主人獻祝不拜，俟祝拜而後答也。〇注謂「室中迫狹」，疏推論大夫、士廟制，合室堂五架，中棟以北二架，最北一架爲室，似不可通。即以官師之廟言之，昭穆二筵，各陳俎、敦、籩、鉶、登、豆，一架中何以容？況東房又隔一架之半以爲北堂乎？君子將營宫室，宗廟爲先。意者雖五架，而廣輪之度與七架等，中棟以北，取三之二以爲室、房，空其一以陳尊布席耶？

佐食設俎，牢髀、横脊一、短脅一、腸一、胃一、膚三，魚一横之，腊兩髀屬于尻。

特牲祝祭肺，然後以肝從，少牢祝俎無轉無肺之理，疑「髀」乃「肺」字之譌也。經、記每連舉「肺脊」，髀賤，不宜序脊上。以特牲「取肺，坐祭」有明文，故少牢獨云「祭俎」。敖氏求其説而不得，遂謂祭膚，未知所據。○不言右體，所升皆下體，則用神薦之餘可知矣。

卒爵，興。

祝不拜既爵，不敢煩主人之答也。祝且然，則佐食可知矣。其曰「卒爵拜」，「拜」衍也。

上佐食户内牖東，北面拜。

佐食受獻於户内，則筵祝於室中，不待言矣。佐食北面，則祝南面而負北墉可知矣。佐食俎設於階間，則祝俎設於筵前可知矣。

佐食祭酒，卒爵。

祝不嚌膚，不拜既爵，佐食不啐，與賓獻祝而不及佐食同義。以將儐尸，日不足也。注皆以爲賤，似失之。

俎設于兩階之間，其俎：折、一膚。

敖氏謂：「下篇獻衆賓以至私人，皆有薦有脀，佐食不宜反有脀而無薦。」是也。疑經文本「薦設於兩階之間」，而「薦」譌「俎」也。觀獻下佐食，其脀亦設於階閒，正與「薦設於兩階之間」相應。且薦以豆，曰「薦設」，乃與「其俎」相應。若上句爲「俎設」，則下句復言「其俎」，義無所處，而於文爲贅矣。

尸祭酒，卒爵。主婦拜。

特牲豆、俎、敦、鉶並饌於陰厭，尸食，羞肵俎，故留籩、燔，於主婦亞獻薦之。少牢則別有堂上之亞獻，籩、豆、鉶、俎，加以匕湇、脀、燔，故主婦於室中有獻而無薦。蓋專薦籩、燔則不宜鉶、俎，湇、脀未薦而先燔，兼薦牲物，則更無以爲儐尸之薦。必有獻而無薦，義乃曲當。故不儐尸，則亞獻薦籩、燔，與特牲同。

上佐食綏祭。主婦西面，于主人之北受祭，祭之。

特牲、少牢尸酢主婦，佐食授祭，皆不言所授何物。敖氏謂亦黍稷、肺祭，蓋以少牢尸酢主人，上佐食取黍稷，下佐食取切肺以授祭，而類之也。所異者，士妻適房，則佐食亦於房中相授耳，位於室中，及受祭祭之，與士妻異，皆所以優命婦。

主婦以爵出。贊者受，易爵于篚，以授主婦于房中。

司宫饌篚於房中，爵、觶實於篚。士禮略，主婦獻尸、祝、佐食，並用内篚之爵而更洗之。内子則室中、堂上，皆使有司取爵於下篚，宗婦傳致，而内篚之爵專以酬内賓、宗婦於房中，以著威儀之盛耳。

主婦洗，酌獻祝〔二〕。祝拜，坐受爵。

特牲主婦獻祝，籩、燔從，而少牢無之，以增儐尸禮，不能更備薦籩、羞燔之儀於祝也。故不儐尸，則籩、燔與特牲同，而儀法皆詳於此。

賓長洗爵，獻于尸。尸拜受爵。

特牲三獻有燔從，而少牢無之，以增儐尸禮，主婦之獻無籩、燔而賓獻以燔從，則頗其類矣。

〔二〕「酌」，原本、四庫本皆作「爵」，據儀禮注疏經文改。

然則不儐尸，主婦之獻仍薦籩、燔，而賓獻亦無燔，何也？士牲體少，故再獻、三獻各以從薦爲儀。少牢二牲，骨體加骼、肩，肉加胾，饌已盛矣。主婦亞獻，已兼薦羊、豕之燔，故三獻無薦，用別於上大夫，以示抑損也。

祝酌，授尸。賓拜受爵。尸拜送爵。賓坐奠爵，遂拜。

主人受酢俠拜，故賓體其意而與之同。尸酢主人、主婦，始受爵時皆曰「尸答拜」，於賓則曰「拜送爵」，當名辨物，各有義法，於此益顯著矣。賓獻、尸酢，始受爵時皆曰「拜送」，卒爵皆曰「答拜」，以所卒者即拜送之爵也。

祝祭酒，啐酒，奠爵于其筵前。

祝不卒爵，賓獻不及佐食，以儐尸儀節有所益，則不得不有所損也。

上佐食盥，升，下佐食對之。賓長二人備。

養，親者之事也。嗣不舉奠，則以二佐食爲上養。若皆異姓，則佐食不得先於賓。敖氏之誤，皆起於謂宗人所遣之賓即佐食、司士耳。

資黍于羊俎兩端。

義與孝經「資於事父以事母」、「資於事父以事君」同。蓋資取所進於佐食二敦之黍，置於羊俎之兩端，以食長賓、次賓也。

皆不拜受爵。

特牲祝嚢，主人再拜者三，酳上下嚢，答拜者二；祝酳拜者一，兩嚢卒爵答拜者二。少牢前後旅拜者再。主人授爵不拜，而嚢者亦不拜受爵，以勞主人之答。四人卒爵皆拜，而主人總答一拜，非爲大夫位尊也，其齒必長，筋力難自竭耳。

上嚢親嘏。

特牲祝再戒嚢者而少牢無之，少牢嚢嘏主人而特牲無之，何也？特牲之嚢，嗣子及長兄弟也，故主人與祝原祖考之意以戒之。少牢之嚢，族子弟也，且有異姓之賓，何爲申戒於族子弟及異姓之賓哉？若祭之終有嘏，乃原祖考之心，欲子孫常保天禄。族子弟爲佐食，故可以傳嘏辭。若特牲之上嚢，則嗣子也，本非事神佐尸之人，安得傳神語以致嘏哉？○特牲饋食，廟祭之節備矣，故少牢獨著其禮之異者，而同者則缺焉。如祭之前夕陳鼎於門外，主人、子姓、兄弟、宗、祝、衆賓之位，視濯、告充之儀，詳於特牲。蓋其義通乎上下，故於士舉之，而知上焉者之略同也。鼎實之名數，器具之設張，牲體之差等，割制升載之儀法，則詳於少牢。蓋其事備於尊者，故於大夫舉之，而知下焉者之差減也。至於視殺之節，迎尸之儀，命尸、告神、祝嘏之辭，主婦不嘏之義，亦通於上下。然於特牲舉之，或疑大夫之有異也，於少牢舉之，則知士之無以易此矣。又有禮之節會，不得不二篇並見者，則各以小節之微異者相間，故不厭其複。制禮之由，紀事之法，無微不達，是謂聖人之文。

儀禮析疑卷之十七

有司徹

牲俎皆同，何以至上大夫而有儐尸於堂之禮也？蓋不儐尸，主人齊立室中，直至禮終而後出送賓，雖强力者難支。位至國卿，則年過艾者必矣，故減損室中之禮事而儐尸於堂，中間徹饌、埽室、攝酒、燅俎、陳鼎之時，主人得少休息於其次。周官掌次：「王大旅，則張氈案，設皇邸。祭祀，張旅幕[一]，設尸次。」則卿、大夫有事於祖廟，主人亦宜有次。上篇室事之終，主人送賓而退，不著其還立之位，正爲此也。

乃議侑于賓，以異姓。

就賓長而謀之也。衆賓長以齒，賓長必以賢，故與之議。或云主人自擇於衆賓，非也。曰

[一]「幕」，原本、四庫本皆作「幂」，據周禮注疏經文改。

「議」，則非自擇之，明矣。

司宫筵于户西，南面。又筵于西序，東面。

惟著尸侑席位，乃上大夫儐尸所獨也。其他席位已見於特牲者不復載，以皆禮之大節，必不可缺，又不容有異，故舉下可該上。

主人出迎尸。

未祭，尸像神，故宿尸，主人再拜稽首者再，而尸答以揖。儐則祭終，而兼賓客之禮，尸可答拜，則主人宜出迎，故禮終，主人亦送於大門之外，而尸不顧也。

主人先升自阼階。尸、侑升自西階。

曲禮：「主人入門而右，客入門而左。主人先升，客從之。」蓋壹用主賓之禮。

司士合執二俎以從。司士贊者亦合執二俎以從。

上篇載鼎升俎者惟正祭之牲體，而儐尸則侑與主人、主婦之俎並升，是卒錟時，諸俎之牲體已與祭俎、肵俎更𤋮者並升於三鼎矣。體既割制，共升於一鼎而不患其無辨，何也？凡升於阼階上之俎，皆骨體也。尸及祝、佐食之俎，皆用右體。祝、佐食之俎既不再升，則尸俎之外皆左體也。體分左右，有骨有名，又各有俎實之數，何患雍人之不能辨哉？但俎之升有先後，若骨體没於湆中，則左右先後難辨。按下經惟尸與主人有湆，而獻尸，司馬執桃匕挹湆以注於疏匕者三〔二〕，則湆之入鼎者甚少。加湆以爲禮，非充飲也，無取於多。故牲體皆不掩，而可次第以出之耳。

雍人合執二俎，陳于羊俎西，並，皆西縮。覆二疏匕于其上。

主人有羊匕湆、羊肉湆、豕匕湆、豕脀湆、魚一，與尸同。使十俎並陳，並反空俎於其所，則紛擾而非所以爲儀。故但陳二俎，更番而用之。知然者，以益送之俎實既載於羊俎，皆執俎以降也。但俎中餘湆不可以反於鼎，必注於別器，而更挹新湆以進。經、記無文，必已別見耳。○疏謂肉從湆出，俎中實無湆，非也。經以匕湆、肉湆相對，則匕湆中無肉，肉湆有湆，所以得名者顯然矣。○上列尸侑主人、主婦之羊俎，次著匕湆通用二俎，次列司馬、司士之匕載，附

〔二〕「桃」，原本、四庫本皆作「挑」，據儀禮注疏改。

以俎數及俎實之數，而總之曰「卒升」，則豕、魚之俎同時並載，而燔出自爨，升入自門，亦具見矣。

尸與侑皆北面答拜。

爲尸設几而侑亦答拜，何也？立侑以侑尸也。拜至時，主人已拜侑，特致其敬矣。使尸降而侑不降，尸升而侑不升，尸拜而侑不拜，則似與尸抗行以待主人之特禮。惟正獻時尸拜，侑不與之俱，以當特受主人之獻耳。

司士杋豕，亦司士載，亦右體。

上篇特言「祝命佐食徹肵俎，設於堂下阼階」，此篇首言「餕尸俎」，此復言「亦右體」，明儐尸所用惟祭俎、肵俎之實，及右體原存鑊内者。室中之饋雖徹而仍設於西北隅，祝、佐食之俎則降設於堂下之本位而未嘗餕也。右體專用於薦神、儐尸之俎，而祝、佐食之俎少分焉，故骨體皆備。左體用於侑主人、主婦，又分之以實賓及長兄弟、内賓之俎，故骨體多不備。理宜然也。

侑俎。

再見，衍文。

胙俎，羊肺一、祭肺一，載于一俎。羊肉湇，臂一、脊一、脅一、腸一、胃一、嚌肺一，載于一俎。

侑俎無羊肉湇，而胙俎則有之，何也？儐尸卿禮也，主人之年長矣，故於胙俎獨設湇，以優老也。○注謂「不言左臂，大夫尊，空其文」，非也。侑尚用左體，則主人不待言矣。

卒升。

注專言「載尸羊俎」，疏謂「主婦薦籩豆後，升尸羊俎，因歷舉十一俎之事」，餘俎皆將薦始升。皆非事理之實也。卒𤎩後所升惟三鼎，别無貯湇之器，則湇與牲體並在鼎中，明矣。即湇少不没牲體，必諸俎同時盡升，其體乃易辨而事不紛。至卒升以後，自宜首設尸之羊俎，安得以羊俎之設謂所升惟羊俎乎？

長賓設羊俎于豆西。

主人之牲俎，特牲設於主婦致爵時，少牢則於尸酢主人時，何也？特牲事簡時暇，主人、主婦、賓長之獻、酢皆畢，然後夫婦互致爵，陳其薦、俎，宜也。少牢正祭畢，别爲儐尸之禮，故退於正祭之後，薦於儐尸尸酢時。豆、籩、羊俎既薦於尸酢時，故二鉶及豕俎、内羞薦於主婦致爵時。

尸升筵，自西方。

特牲、少牢正祭，尸、賓、祝、佐食、主人、主婦升筵降筵，皆不著所自之方，必已見於孤卿之禮而上下同之也。儐尸而立侑，惟上大夫有之，故尸、侑、主人之升降獨詳。

二手執桃匕枋以挹湆[一]，注于疏匕，若是者三。

曰「疏匕」，示有雕刻，以别於升牲之匕也。曰「桃匕」，著其用，而形制之别亦可見矣。

司馬羞羊肉湆，縮執俎。尸坐奠爵，興取肺，坐絶祭，嚌之。

正祭尸飯黍時已食舉食胾告飽，故羞肉湆與燔，惟嚌之而已。至主婦亞獻，乃嘗羊鉶。

[一]「桃」，原本、四庫本皆作「挑」，據儀禮注疏經文改。

司馬縮奠俎于羊湆俎南，乃載于羊俎。

正祭已嘗鉶羹，此又進湆者，羹有和，湆無和也。既進匕湆，又進羊肉湆者，九飯時所加於肵，惟牲體之祭嚌者，其衆體皆宜併歸於羊俎而於是乎載也。〇次賓所薦匕俎既執以降，此時堂上惟有羊俎，宜作「縮奠湆俎於羊俎南」，傳寫誤衍「湆」。

尸左執爵，受燔，挳于鹽，坐，振祭，嚌之，興，加于羊俎。賓縮執俎以降。

湆中羊肉宜載於羊俎，故司馬奠湆俎於羊俎南而載之。縮俎之燔，則一而已，尸祭嚌即以加於羊俎，故羞燔者執俎以降，别無事也。

司馬横執羊俎以升，設于豆東。

尸酢主人，設俎以長賓；主人獻侑，設俎以有司，何也？以侑之助尸而加敬焉。其實則主人之屬士耳，而使長賓羞焉，可乎？若主人，則國卿也，五官之士皆屬焉，長賓不與執事，則義不協，而中心亦有違矣。

祭酒，興。

尸啐酒，以告旨也。主人啐酒，以受尸之酢，禮當同於尸也。侑不敢自同於尸，故減去此節。

尸受侑爵，降洗。

特牲、少牢尸酢主人，祝酌以授，而尸不離其位，以祖考之道臨之，主人宜進受爵也。儐尸則尸受侑爵降洗，而主人不固辭，賓主之禮然也。

長賓設羊俎于豆西。

主人之俎實一與尸同，何也？祖考或士、庶人，而得用少牢，皆由君賜，故主人之俎不可加損，而薦俎之人亦不可異同也。用此知卿、大夫之賓取諸公士，若以僚友、執友爲賓，則第宜設尸俎，而不得並設主人之俎矣。士之賓，或以朋友及婣黨之有德望者爲之，故惟主人酳尸以肝從，而尸酢主人則不與也。

主人北面于東楹東，再拜崇酒。尸、侑皆答再拜。

觀此，益可徵崇酒非拜飲者之充滿矣。如以酒薄拜飲滿，則宜拜於獻尸尸卒爵時，不當於尸酢主人，主人卒爵時。且侑於是時，非受主人之獻，非已酢主人，而與尸同拜，正爲益酒以獻酬，乃所以廣尸與侑之惠耳。侑前此降立於西階西，俾尸專與主人爲禮也。而此時乃升，正爲主人之拜崇酒，非專爲尸，而已實同之。鄉飲酒之禮，賓與介皆酢主人，主人皆拜崇酒，蓋專習飲酒之儀，别無二事，其時寬也。祭而儐尸，則時迫而儀不能備，故侑不復酢主人，而主人惟於受尸酢時一拜崇酒。

次賓羞豕燔。

主人獻侑，次賓羞羊燔，侑不得儕於尸也。主婦獻尸，次賓羞豕燔，主婦不得儕於主人也。正祭，尸所嘗惟羊鉶，所食惟舉與胾，湆、燔不設，故儐尸，於主人之獻薦之。所薦惟羊湆、羊燔，故豕之湆與燔於主婦之獻薦之。豕有脀，與主人獻之羊俎相當也。加羊、豕二鉶，備物以致敬，其義與正祭已薦豆、籩而儐尸復設之同。

酌，獻侑。侑拜受爵。主婦主人之北西面答拜。

於尸曰「拜送爵」，於侑曰「答拜」，所以别於尸也。

主婦答拜，受爵，酌以致于主人。

特牲禮，賓獻尸畢，主婦即致爵於主人，而退祝、佐食之獻於後。少牢則正祭時祝、佐食已受獻，主人、主婦已受尸酢。至儐尸，則賓再獻尸，尸再酢主婦，皆可緩，故主婦先致爵於主人，而退二節於後也。於主人省酢主婦及致爵之節，於賓省致爵於主婦之節，不惟儐尸禮殺，亦事增而時弗逮耳。○儐尸主人不致爵於主婦，不儐尸亦然。大夫之祭，儀節繁多，惟夫之於妻可無報禮耳。

主婦北面于阼階上答拜。

主婦獻尸、侑，皆拜送爵於主人之席北，婦人與男子爲禮，必依其夫也。致爵於主人而就主人之席，則以狎近爲嫌，故特著阼階之位。○特牲主婦致爵於主人曰「拜送爵」，此曰「答拜」，必傳寫有誤。婦之於夫，不宜貴賤異辭，至親不文，當以少牢爲正。

主婦設二鉶與糗、脩，如尸禮。

惟舉「二鉶」，阼俎之牲體已前見也。惟舉「糗、脩」，豕湆、豕脀、豕燔、羊俎、羊湆、羊燔已設於尸酢也。

尸降筵，受主婦爵以降。主人降。侑降。

特牲、少牢正祭，尸酢主婦儀皆略，而獨於儐尸之酢詳之，何也？參用主賓之禮，其儀節多正祭所未有也。○此主婦致主人之爵也，而尸受之，又不用以酢主婦，何也？雖承獻侑以致主人，而本獻尸之爵，故主人及侑雖與尸同降而不敢受爵，尸獨受之以終前禮，而後易爵以彰其別，所以別嫌而明微也。

主婦入于房。

尸之降，爲洗爵以致主婦也。主婦若辭洗，則宜降階。婦人祭禮，事止於堂階，故入於房以辟之。

主人揖尸、侑。

主人從降，代主婦以禮於尸也。辭洗禮宜親之，主人不得代辭，故待洗畢，揖尸、侑以升。

尸酌。主婦出于房，西面拜受爵。尸北面于侑東答拜。主婦入于房。

會尸之酌則自出，男女相爲禮，不親相與言，亦不可使人致辭，按節以赴而已，即不辭洗而入於房以辟之義也。○特牲主人受角後曰「主人退」，則進就尸位以受角可知。主婦執爵以出於房，立卒爵，執爵拜，則復執以入於房可知。其爵亦贊者受之，反於篚。

婦人贊者執爵、蕡以授婦贊者。

觀此，則婦贊者與主婦同服，必有爵者之妻，益明矣。不然，則贊者再反房中，取三敦以授主婦，胡不使婦人贊者與遞代乎？

司馬設羊俎于豆南。

主人、主婦之薦俎、羞燔者，特牲不目其人，必隸子弟、私人也。少牢之佐食、次賓，以司馬、司士類之，必族人、姻黨之有爵位者。

主婦執爵，以出于房，西面于主人席北，立卒爵，執爵拜。尸西楹西北面答拜。主婦入，立于房。

酢爵於房内惟啐之，及卒爵必對尸而拜，昭神惠也。特牲尸酢主婦於房中，以室事未畢也。儐尸，室事既終，不宜復入以擾室神，故出於房以受爵，入於房以祭薦，復出而對尸以卒爵。

○少牢正祭與儐尸禮互有詳略，鼎俎、牲體之數，陳器、設饌之方，舉鼎、奠尊、執匕、設俎、割制、升載之法，具詳於祝神之初，以祭本爲神而設也。儐尸則略舉陳設於尸前者，餘無庸覆舉矣。正祭主人獻尸，惟舉尸祭、尸食，饋以食爲本，酳以安食，非爲飲酒也。儐尸則薦豆、籩，備湇、燔，進飲進羞，凡所以致養之道無不備焉。正祭尸酢主人，主於命嘏，所取敦黍、切肺二者而已。儐尸既備養於尸，故主人之籩實、豆實、俎實、肉湇、羞燔，皆於是具焉。主婦獻尸，尸酢主婦，與主人略同，獻侑與祝略同，而佐食則殺焉，彼此互見，義各有當也。

上賓洗爵以升，酌獻尸。

主人獻而尸酢焉，常節也。然侑自質明待事以至祭終，則獻不可以更緩，故退尸酢主人於後也。主婦獻而尸酢焉，常節也。然特牲之禮，主人、主婦並獻祝及佐食，故尸各因其獻而酢焉，使得更事，禮節乃不煩。侑一而已，故主婦繼主人以獻，而退尸酢主婦並長賓獻尸於後。蓋正祭長賓已獻尸矣，則儐尸之獻雖暫緩焉可也。〇特牲賓三獻燔從，而少牢無燔，何也？特牲體少，故以獻，皆有從爲敬。少牢牲體多，故正祭、亞獻、三獻皆無燔，至儐尸，初獻羊燔從，亞獻豕燔從，三獻更以燔從，則義無所取矣。

侑不升。

特牲、少牢，酬皆不及祝、佐食，侑之禮不得過於祝、佐食也。酬不及而同升，以視主人之酬，則尸與主人轉不能自安。故俟尸受酬畢，而後與尸及主人同升筵，以受房中之羞。

乃羞。宰夫羞房中之羞于尸、侑、主人、主婦，皆右之。司士羞庶羞于尸、侑、主人、主婦，皆左之。

特牲自尸以下至私人羞同時，與此異，何也？士禮至祭膋，獻、酢、酬、加爵、舉奠之禮俱畢矣，則同時而羞，宜也。大夫之禮至尸奠酬，賓、兄弟之獻、酢及酬未舉，内兄弟、私人未獻，薦、俎未陳，無先庶羞之理。又尸、侑、主人、主婦加内羞，而賓、兄弟無之，異時而進，乃理得而情安也。

主人降，南面拜衆賓于門東。

敖氏謂：「未獻，衆賓位在門東，亦大夫之禮異於士者。」據疏，士禮，衆賓未受獻，位本在門東。

獻賓于西階上。長賓升，拜受爵。主人在其右。

主人就西階而獻酢，致敬以禮賓，亦殺儀以便事也。蓋衆賓相繼而升，辯受爵。若一一反阼階而拜，不勝其煩。宰夫贊酌，衆賓不拜既爵，皆此義也。

其薦脯醢與脅，設于其位。

敖氏謂「此薦脅，亦每獻設之」，異於士，亦無以見其然。

乃升長賓。主人酌，酢于長賓，西階上北面。賓在左。

主人酢長賓，乃先於尸酢長賓，何也？必終賓之酢、酬，而後可以獻兄弟，故退尸之酢於後以便事也。賓在左，主人在右，以賓北面，若主人東面以酢之，則嫌於相臨，故向與之並。○凡自酢，義非一端。有尊其人不敢使酢己者，主婦致爵於主人而自酢是也；有如其禮以答之而不宜有異同者，主人致爵於主婦是也；有與衆人同得獻，一人不敢專酢獻者，探其意而自酢，特牲賓獻祝、佐食，致爵於主人、主婦而自酢，此經主人偏獻衆賓，升長賓而自酢是也。蓋特牲賓承致爵於主婦之後，主婦不得酢賓，使主人專酢，是自侈大而不讓於祝、佐食也；使祝專酢，是自侈大而不讓於佐食與主人也。一一親酢，則禮煩而力倦。惟賓自酢，則於祝、佐食、主人、主婦意皆達矣，猶主人於衆賓之有旅拜也。少牢儐尸，主人偏獻衆賓，與長賓之禮同。

使長賓專酢，則似獨受主人之禮。惟自酢而升，長賓以視之，則於次賓、衆賓意皆達矣。此記所謂「深而通」也。

宰夫洗觶以升。主人受，酌，降，酬長賓于西階南。

衆賓、兄弟之酬，皆飲於階上，惟私人升受下飲，正賓乃升酌而降酬，何也？就其位以酬之，不敢如衆賓、兄弟升之使受爵也。特牲「尊兩壺於阼階東」，少牢則皆升酌，何也？士禮質，故設尊於階下以取便；大夫禮文，故升酌於堂上以爲榮也。且天子之禮，獻尊外別有罍，爲諸臣之所酢，諸侯亦宜然，故大夫不敢與之同。士則無嫌。〇賓、兄弟交錯其酬，偏於子弟、私人，惟庭中地廣可行，故自長賓即降酬，示非殺禮於衆賓、衆兄弟也。

皆若是以辯。辯受爵。

特牲獻長兄弟如賓儀，獻衆兄弟如衆賓，少牢則衆賓與長賓同，衆兄弟與長兄弟同。位愈高，禮愈下，皆所以厚人倫，美風俗也。

主人降，洗，升，獻私人于阼階上。

特著「私人」，明有司執事者不在衆賓之列也。國卿之尊，於私人乃降洗以獻之，而答其長以拜，所謂「治家者不敢忽於臣妾」也。故平時能「得人之懽心以事其親」，而臨難則「死其長」。先王「以祀禮教敬，則民不苟」，此其切著者。

宰夫贊主人酌。

敖氏謂「自獻衆賓至此凡四節，惟前後兩言『宰夫贊』，見其間二獻不言贊爲省文」，非也。酬長賓，宰夫洗觶，主人受酌，卒爵後，主人洗升酌，則宰夫所贊惟降洗觶，而酌皆主人親之，明矣。獻兄弟曰「主人洗，升酌」，獻内賓亦曰「主人洗，獻」，則二獻並中間無宰夫之贊，至私人乃贊酌耳。且主人降洗升獻，則私人之長所答拜者，未必非親酌。宰夫贊酌者惟衆私人，故其文係於「若是以徧」之下也。衆賓數多，私人分尤卑，主人終日拜獻，禮將終，不能一一自酌，故使宰代。若酬，則不過賓及衆賓長二人。兄弟以族爲限，數亦無多，雖有遠近，不宜異同。内賓更無使宰夫代酌之義。

尸作三獻之爵。

賓長獻而尸酢焉，常節也。繼獻侑，正禮也。乃退此二大節於獻私人之後，何也？蓋衆賓、兄弟、内賓、私人，自質明待事，終正祭獻、薦、酢、餕，以及儐尸獻、酢、致爵之節，雖强力者亦困憊矣。而主人之酬尸，尸侑主人、主婦之薦羞，又一節中事相聯而不可以俟更舉者，故轉退二大節於後。先王制禮，體察物情，運用天理，曲得其次序如此。故記曰「廟中，境内之象」，又曰：「聖人能以天下爲一家，中國爲一人」，用此道爾。

尸降筵，受三獻爵，酌以酢之。

特牲賓獻祝、佐食，致爵於主人、主婦，自酢。此不自酢而尸酢之，何也？特牲尸已酢賓，故祝、佐食、主人、主婦不敢專酢，而賓因自酢以達其意。此則尸卒爵後，尚未酢賓，故俟賓獻侑致於主人而後酢焉。祝、佐食、主人，義不得相統，尸酢則義足以統主人與侑矣。蓋正祭尸已酢賓，儐尸再酢，所以禮於賓者備矣，故可退卒爵後之酢於後，以統侑與主人也。

尸升筵，南面答拜。

主人初奠俎，以至尸酢主人，尸皆北面答拜。今賓授爵，尸乃南面答拜，何也？尸，主人子行也，侑，屬士也，正祭畢，自宜用主賓之禮。若尸之酢賓，則正祭時之秩節雖退於後，而禮本像神，自宜南面，賓助主人以養尸，自宜北面拜受爵耳。

尸遂執觶以興，北面于阼階上酬主人。

獻、酢皆畢而尸酬主人，則益自卑抑，故北面於阼階上卒爵，而酌後即就酬於阼階，以達其意也。

主人拜受爵，尸拜送。

正祭及儐皆曰「尸答拜」，至酬則曰「尸拜送」，蓋禮將終，壹用賓主之辭也。

主人送于廟門之外，拜。尸不顧。

下大夫及士無送尸之禮，以出廟門則尸子行也。上大夫則拜送於門外，又以示爵禄愈盛，則於父兄、宗族，不惟宜相親，倍宜自下以教民厚也。不儐尸，從獻之棗、糗，有司薦之，儐尸，則侑之從獻，主婦親薦，皆「三命益恭」之義。

卒爵，主人拜。祝受尸爵。尸答拜。以下不儐尸禮。

此亦與儐禮同。上下文皆曰「如儐」，而畫此四語於外，何也？此節次之決不可略者，故覆舉以爲前後之分界，經之通例然也。

主婦反，取籩于房中，執棗、糗，坐設之，棗在稷南，糗在棗南。婦贊者執栗、脯，主婦不興，受設之，栗在糗東，脯在棗東。主婦興，反位。

敖繼公謂「此從獻之禮，儐尸則闕之，詳於堂上，故略於室中」，得其義而未盡也。籩爲從獻，義主於生人。特牲、少牢，正祭酳尸以前，有豆、鉶、敦而無籩。及主婦亞獻，雖祝、佐食，皆有籩。則義主於生人，審矣。既儐尸，則尸、侑、主人、主婦之籩，自不得於正祭薦之。不儐尸而事尸於室中，安得無從獻乎？祝、佐食，有司也，故有正獻之豆而無從獻之籩。侑，賓之選也，主人、主婦皆有從獻之籩，則於侑不可闕矣。儐尸之侑，則從獻之籩及糗，主婦親薦之。不儐尸之祝、佐食，則雖有棗、糗，而有司薦之。皆情理之宜也。○特牲獻尸，宗婦以籩授主婦。此自反取籩，以正祭主婦自取羊鉶，則不儐尸，薦籩亦宜自取也。

卒爵。主婦拜。

較儐尸禮無羊鉶、匕湆、豕脀，牲同而薦不備，蓋尸已實於正飯，儐尸加鉶羹、脀、湆，以示欲尸之饜飫，而尸不過嚌嘗，故可增損以别隆殺耳。

主婦反位，又拜。

儐尸禮無此拜。敖氏謂：「夾爵拜，内子正禮。儐則略之。」儐宜詳，不宜反略也。蓋儐禮，主婦拜受爵以入於房，於尸前重拜，則義無所處，於房中又拜，則似與薦豆、設俎者爲禮，故直至出房卒爵而後拜。不儐尸，則進受爵與反位皆在尸前。故義當夾拜，而别爲卒爵之拜耳。

上佐食綏祭，如儐。

特著上佐食之綏祭如儐者，儐尸，則主婦之俎實、籩、豆皆於尸酢薦之，不儐尸，則於賓長之致爵薦之，皆主婦自取菹、醢、肺以祭。惟正祭主婦獻尸，尸酢主婦，上佐食挼祭，而主婦受之以祭，其禮則同，故特著之。

次賓羞燔，如尸禮。卒爵。主婦受爵，酌獻二佐食，亦如儐。

正祭，祝之豆、俎、牢肝皆於主人之獻設之，故主婦之獻，所設惟籩、燔。佐食之薦、脅皆於主人之獻具之。主婦惟獻爵，故一與儐同。

賓長洗爵，獻于尸。尸拜受。賓户西北面答拜。爵止。

儐尸禮止爵在主婦致爵、尸酢主婦之後，此在主婦致爵之前，何也？主婦致爵、尸酢主婦二節，雖以儐尸而行於堂上，本正祭室中之事也，故先舉之，而後酬尸，薦羞及一切獻、酬之事繼焉。不儐尸，則次第畢室中之事，而後舉堂上、庭中之事，是以在主婦致爵之後也。尸酢主婦，則已於主婦獻後舉之矣。

佐食設俎，臂、脊、脅、肺皆牢，膚三，魚一，腊臂。

主人之薦、俎至是始設，何也？尸酢主人時，佐食酌酢，授祭，主人受而祭啐，尸親執黍以命嘏，主人受而卒角，懷黍，自不得雜進主人之薦、俎以混之。過此，則惟主婦之致爵可設，故壹與特牲同。惟儐尸則特設於堂上，以尸酢主人並無他事也。

獻祝及二佐食。

特牲長兄弟、衆賓長於尸有加爵，而儐尸則無之。不儐尸，則次賓長獻尸，以當加爵，而長兄弟無獻，長賓於佐食補獻，而主人於主婦不致爵。皆量時度事，以權其輕重而損益之也。

賓答拜，受爵，酌，致爵于主婦。主婦北堂。司宮設席，東面。

正祭，主人、主婦雖受尸之酢，而其薦、俎、從獻不於是焉設。蓋方致其誠慤以與神明交，不可以是間之也。不儐尸，主婦之薦、俎乃於賓致爵設之，何也？大夫禮，主人不致爵於主婦，舍賓致爵無可設也。主婦位在房中，故席設於北堂。祝有本位而薦設於室中，何也？尸在室，惟主人與祝不可須臾離，主人出獻則祝侍，祝出盥則主人侍。至佐食，則當事户外南面，無事庭中北面。故受爵於室，而俎設於兩階之間。〇儐尸，尸在堂，則設薦於房，主婦出房以受爵，祭薦畢，出房以卒爵於尸前，可也。不儐尸，尸在室中以象神，而忽虚其位以授爵於北堂，不可也，况降階而洗爵乎？賓則自獻尸而外，本無位於室中，則入北堂以授爵，而主婦即於是卒爵焉，事便而禮亦宜之。

卒，乃羞于賓、兄弟、内賓及私人，辯。

儐尸羞於旅酬後，此獻畢即羞，何也？儐尸之旅酬者再，故俟尸與侑舉旅之後薦羞。此無尸、侑舉旅之節，則獻畢即羞可矣。

賓長獻于尸。

儐尸禮，上賓獻侑，衆賓之長惟獻尸而不及侑。不儐尸，衆賓長並獻祝而致爵於主人、主婦，蓋事簡時暇，禮節可伸。

賓、兄弟交錯其酬，無筭爵。

儐尸禮，二人舉酬於尸、侑，賓一人舉爵於尸，然後行爵無算。敖氏及李寶之疑無此二節爲文脱，非也。乃辟上大夫之禮，而下比於士耳。○注不別白，疏謂「闕旅酬，獨行無算爵」，非也。旅酬之禮，自天子達於士，祭之大節也。上大夫併儐尸於祭之日，事充而時蹙矣，猶不廢旅酬。下大夫不儐尸，而反闕焉，何義乎？蓋其禮既見於特牲饋食，又見於少牢儐尸，故文略耳。且經既曰「賓、兄弟交錯其酬」，又曰「無算爵」，辭意甚顯，而曰「獨行無算爵」可乎？況無算爵，因旅酬而旁推之禮也，廢旅酬而行無算爵，則無其本矣。李氏寶之、敖氏繼公皆知注、疏之誤，而獨以經文不曰「如儐」爲疑，不知儐尸之禮乃上大夫所權制，而旅酬及無算爵則上下通行之經禮也，安得曰「如儐禮」乎？○「賓、兄弟交錯其酬」，則衆子弟必各爲長舉觶，亦文略也。

利洗爵，獻于尸。

特牲長兄弟有加爵，而佐食復有獻，所以與賓長之獻、衆賓長之加爵相疇，同姓、異姓皆再進爵也。少牢則無長兄弟之加爵，而次賓有加爵，與特牲同，終於利獻尸、祝。蓋利即佐食，佐食必兄弟之賢者也。如舊説佐食爲異姓，則賓長、衆賓長獻尸之後復使異姓獻，而長兄弟、衆兄弟竟無事尸之禮，惟與賓相酬，義必不然。然則儐尸之禮，長兄弟何以竟不獻尸也？時不逮也。於主人之致爵於主婦、賓之獻祝、致爵於主婦，三大節皆減去，則無暇受長兄弟之加爵，可知矣。

卒餕，有司官徹饋，饌于室中西北隅，南面，如饋之設。

既餕而復以饋饌於神側，何也？黍稷四敦，尸所食惟上敦之黍及牲體之加於肵者。餕增進一敦，其二敦未動也。餕所食惟舉膚、鉶羹、豆湆，牲俎亦未動也。故可重陳，并納一尊，以爲陽厭而不爲褻。乃孝子之心，不欲神之遽離於室，而非欲其更饗之也。〇豆與敦，始設者主婦、宗婦，而終則有司徹之。以祭既畢，尸、祝、主人皆出而有司尚有事於室中，婦人不宜入室也。故衆賓、有司皆退，然後婦人徹室中改設之饌。

喪禮或問

劉斌　整理

整理説明

喪禮或問一卷，包括戴記喪禮或問和儀禮喪服或問。據劉捷序，喪禮或問爲方苞因南山集案而身陷牢獄時所撰。方道希跋亦云「是編乃在獄論次以爲教於家者，間以正於劉先生古塘（即劉捷）」。據方望溪先生年譜，喪禮或問撰成於康熙五十一年，時方苞四十五歲。據周官辨顧琮序，方苞於獄中尚撰有禮記析疑，則方苞於獄中撰禮記析疑時連帶撰成戴記喪禮或問，皆爲治禮記之成果。方苞出獄後以喪禮或問爲後生講喪服，則方苞在獄中所撰除了戴記喪禮或問外還有儀禮喪服或問。

方苞十分重視喪禮，方望溪先生年譜載方苞語沈廷芳曰：「喪、祭二禮，事親根本。」方望溪先生年譜載：「三禮中於喪禮尤研究精微，所著喪禮或問，學者以爲粹然同於七十子之文。」方苞於三禮之中，最先成禮記析疑和喪禮或問，足見其對喪禮之重視。

方苞對喪禮、喪服用力亦深，不宗主一家，多有發明。然而亦如儀禮析疑一樣，「頗勇於自信」。如戴記喪禮或問所附喪服尊同則不降辨、儀禮析疑卷十一喪服以及書考定儀禮喪服後，皆以喪服傳「尊同則不降」爲王莽、劉歆所增竄，言之鑿鑿，然而亦宜以一家之言視之。

方苞文集中亦有文章講論喪禮、喪服，如喪服或問補是對喪禮或問的補充，可參看。

喪禮或問有一卷本與二卷本之别，一卷本有清康熙嘉慶間桐城方氏抗希堂刻抗希堂十六種本、清乾隆間方觀承刻方望溪先生經説四種本，經説四種本收入抗希堂本；二卷本有龍眠叢書本，乃將一卷本析爲上下二卷。本次整理，以抗希堂本爲底本。底本各條之間無隔行，爲求閲讀方便，將各條之間加以隔行。疏漏之處，敬請指正。

劉　斌

二〇一八年端午

目録

喪禮或問序……（五〇九）
戴記喪禮或問……（五一一）
儀禮喪服或問……（五二〇）
跋……（五三九）

喪禮或問序

逸巢先生之喪，吾友望溪以母夫人老疾，酌禮經，築室宅之西偏以奉事焉，而不入中門期年。族媚稱説，邦人或慕而效之。而望溪告余曰："不孝子以内熱，今肉食矣。食而不知其味，猶可説也；而今甘焉，是不孝子陷溺其心，而天先付以禽獸之口腹也。子若我何？"及近大祥，復告余，兼致書彝歎、剛主曰："不孝子非人也。在禮，『非時見乎母，不入門』，恐數與内人接耳。今吾母居外，内人出見有時，而自期有七月之後，男女之思忽發於幽獨，雖悔痛内慚，重自懲艾，而時若欲萌，故不敢自匿，使家人、友黨具知。其不可復置人數中嗜欲之性，或可以羞惡奪之。"免喪逾年，而南山集獄起，望溪掛焉。又三年，余送其妻子入旗，相視唏嘘。望溪蹙然有慚懼之色，曰："曩者剛主寬我，謂：『此身，血肉也，男女者，血肉之所由生，故氣之壹或以動志。子能時察而自懲艾，可末減矣。』比吾在獄，亦期有八月，室家之思，雖欲其動而不能，是我哀親之心百不敵畏死之心也。愛我者必大暴吾惡；不然，豈惟人禍，天刑必無遁焉。"久之，出其喪服或問質余，則獄中所著也。其於先王制禮之意，有灼知曲盡而非傳、注所能及者。余欲廣其傳，固止之曰："無其行而有其言，可增吾恥與！"余退而思之，古聖賢人之論喪，可謂切至矣，而世鮮能行，以未知禮之所由制，故不能反求諸身以自省察耳。使觀是編者，亦如望溪之自訟而懼，且慚不猶，可無悖於喪之疏節與？況嘉德足以合禮，而能彷徨周浹者與？故刊而布之，並載其言，以俟後之君子。

雍正四年同學劉捷古塘氏撰。

戴記喪禮或問

在堊室之中，非時見乎母，不入門，何也？喪禮莫嚴於御内。「既葬，君食之則食之，大夫、父之友食之則食之，不避粱、肉。」祥、禫而後，未吉祭，不得復寢。蓋食粱、肉而淒然念所親者有之矣，御内而不忘哀，未之有也。禮以防德，非徒外之文。既練居堊室，悲憂則既殺矣，使以見母而時接其内人，哀敬之心移焉，雖强居於外，猶之乎作僞於其親也。故見其母有時，其入也有時，其出也有時，而母以外不得見，所以示人心之危而俾自循省也。

期終喪不御於内者，父在爲母爲妻。先王制禮，非重妻而輕諸父、兄弟也。世父母、叔父母、兄弟、姑、姊妹、子姓、兄弟之子，一斷以終喪不御於内。設本大枝繁而死喪相繼，則人道爲之曠絶矣。故近其期，所以使中人易守也。寡伯叔父、兄弟者，必終喪不御於内。妻一而已，媵姪具於初婚，内事以次攝。非宗子，娶不必再，故其義可得而伸也。何以言母、妻而不言祖父母？母與妻疑爲父在而屈者也，祖父母之伸則不以父在爲疑者也。

婦人喪父母，既練而歸；期、九月者，既葬而歸。何也？爲人夫者，無爲哀其妻之親屬。至於久而不怠也，使歸而入室焉，則喪之道息矣。用此見古者士、大夫必具姪娣，以攝内事奉舅姑，然後婦人得成禮於所親。「禮不下庶人」，此類是也。妻妾之喪食異於子姓，何也？子姓之哀，惟恐其不及也，妻妾則或慮其過。一以自嫌，一爲其夫嫌也。古者閨門有禮，故妻有娠，居側室，夫不自見而使人日一問之，妻不自言而使姆對。及其終也，「男子不絶於婦人之手，婦人不絶於男子之手」，所以彰羞惡之原，以立人之道也。公父文伯死，其母戒其妾曰：「二三婦之辱共先祀者，請無瘠色，無憂容，從禮而静，是昭吾子也。」穆伯之喪，敬姜晝哭而帷殯，達此義也夫。

爲父母喪，未練而出則三年，既練而出則已；未練而反則期，既練而反則遂之。既練而出，服之既除者，不可以再始也。然反父，婦順矣，其義之重，比於孫之喪其祖，不可謂非隆矣。「虞杖不入於室，祔杖不升於堂」，謂可以舍杖而仍焉，是作僞於其親也。婦爲舅姑，後世易以斬衰三年，將責以誠乎？抑任其僞乎？此以知禮非聖人不能作也。

妾爲君之黨服，得與女君同。

妾爲女君、君之長子三年，何也？婦人之性，惟猜妒爲難化也，故以禮明彰其義而潛移易焉。一人有子，三人緩帶，所以同其喜；服爲女君、君之長子三年，所以同其憂。如此則女教明，家和理，而下型於兄弟矣。婦爲舅姑期，其情適至是而止。妾爲女君、君之長子三年，將責以誠乎？責以誠也。舅姑以考終，常也。長子死，家之大變也。先祖之正體摧，君及女君痛如斬，而不與同其憂，非事人之道也。其曰「女君、君之長子」，何也？無適，雖庶長不敢殺也。

繼母嫁，從爲之服期，何也？此以權制，使背死而棄孤者無所逃其罪也。夫無大功之親相養以生，守死義也，而孤則無與立矣，嫁而以從，於死者猶有説焉，故母子之恩不可絶也。古者同財相養，何以不及小功之兄弟？聖人不以衆人之所難者望人，蓋專其責於所親也。因母嫁而從者無文，何也？其服同也。何以知其同？無可加也。

繼父同居者服期，何也？所以存孤而使人不獨子其子也。鳧之喪其故雄者，常護其子，而卒莫能容，非其族也。能卵而翼之，有父道焉，故正其名，重報以教民厚也。不同居而齊衰三月者，猶仍其父之名，亦此義焉爾。古者大宗收族，而禮文復具此，何也？人事或有所窮也。如單微轉徙之類。

爲妻齊衰期，何也？古之爲夫婦者嚴於始而厚於終，故三月而後反馬。微不當於舅姑，而遂出焉。其能成婦順，則父母得其養，兄弟、姑、姊妹得其親，三黨得其和，子姓得其式。夫苟亡常，以死責之，其擔負至死而後弛。故於其喪，服以期而非過也。然則一同於母乎？妻則期之外，寢可復，樂可作矣，母則居處、飲食猶三年也。漢戴德喪服變除：「天子諸侯庶昆弟、大夫庶子爲其母，哭泣、飲食、居處、思慕猶三年也。」何以知其然也？諸侯絶期，而公族有死罪，素服居外，不舉不聽樂，如其倫之喪，況所生之痛如斬者乎？大夫之適子何以不降其妻也？舅姑爲之大功，則去期近矣，祭之宜攝，而廢也僅矣。

出妻之子爲母與父在爲母同，何也？父之匹敵，身之所自出也。雖去父之室，服不可降於期。然自是而終矣。其無別于父之存殁，何也？爲父後者無服，則祭可攝矣，義既絶於父，雖達子之哀，而不慮其相感動也。其爲外祖父母無服，何也？從服也，母出則無所從矣，轉而服繼母之黨矣。別記曰：「妾從女君而出，則不爲女君之子服。」用此見婦而不婦，不惟自絶於舅姑，且絶其子於己之父母；不惟自遠其子，且絶其子於娣姪。雖終於父母之室，而終身怍焉，所以重懲婦行之放佚而使不敢犯也。

大夫爲世父母、叔父母、子、昆弟、昆弟之子爲士者，何以降而大功也？殺其文以便事也。齊衰之重次於斬。期而杖者，雖公門不脱焉，不杖者，脱衰而仍絰焉。八者之服至衆也，不降則不可以服王事與鄰國之事矣。先王制禮，貴者恩每隆，哀每篤，是故「百官備，百物具，不言而事行者扶而起，言而後事行者杖而起」，謂以尊而降其親，非禮意也。公族死於刑，君爲之變，如其倫之喪，則骨肉之恩，雖緦、小功，天子、諸侯無絶也，而謂大夫以貴降乎？然則尊同者何以不降也？此莽、歆所僞亂，所謂「顛倒五經，使學士疑惑」者也。

附喪服尊同則不降辨

儀禮十七篇校周官、戴記爲完書，而喪服篇所謂「尊同則不降」，揆以人情，實傷恩而悖義。嗚呼！是又劉歆所增竄，用以爲莽事之徵者也。莽事世父大將軍鳳疾，竭情過禮，以得任舉，故因古有降服而竄入「尊同不降」之文，以示周公制禮，雖骨肉之恩同，而位尊者則加篤焉。莽於母喪不服不爲主，而群儒獻議。在禮，「與尊者爲體，不得顧私親」。攝皇帝承大統，奉養太皇太后，義不得爲功顯君持服而主其喪，故增竄諸侯、大夫姑、姊妹、女子子嫁於諸侯、大夫則不降之文，而公之昆弟於嫁於大夫者亦不降。且謂女子許嫁于大夫，則至親之服皆逆降。蓋曰：姑、姊妹、女子子嫁於諸侯、大夫尚爲之加隆，而況配至尊，母天下，身受命焉以承大統者乎？歆既竄此，又於戴記多爲之徵，云大夫、士異位，則父母、兄弟之服制皆從而變，子爲大夫，則父亦不得主其喪。然即經、傳與記參相證，而莽與歆之奸心益無所匿矣。嘗取是篇經、傳中「尊同則不降」語盡削去之，則義皆當於人心而辭氣亦通明無累，後之學者可考鏡焉。

大夫之子何以從而降也？爲攝祭也。「攝主不厭祭，不旅，不假，不綏祭，不配。其辭於賓曰：『宗兄、宗弟、宗子在他國，使某辭。』」以是知有出疆之政則祭必攝也。春秋傳「大夫聞君之喪，攝主而往」，雖與曾子問不合，足徵以公事出疆祭必攝。無子，然後攝以兄弟。祭禮嗣舉奠。喪服「大夫之子爲君、夫人、世子如士服」，故知無子然後攝以兄弟。大夫之祭，内喪齊衰、大功皆廢，期雖降，祭仍不可得而攝也。期降而大功，然後大功可降而小功也。匪是，則祭之得行者僅矣。殤之期再降而小功，亦此義也。大夫之庶子、公之昆弟何以降也？爲爲尸也。卿、大夫將爲尸于公，未受宿，有齊衰内喪則廢，是以降而大功也。古者尸必以孫，無親者然後以其屬。傳曰：公子厭于先君之餘尊。信乎非也。公妾、大夫之妾爲其子與父母皆不降，則服之降非以尊厭，審矣。妾得伸，以不與於祭焉爾。大夫之庶子爲適昆弟不降，父之所不降，則祭與尸皆無事焉爾。

父在爲母期，而世母、叔母亦期；母爲衆子期，而夫之昆弟之子亦期，何也？恩之所難屬也，故重其義以維之。幼失父母，舍是無依也；嫠而獨，舍是無歸也。故非其母也而母之，所以責母之義也；非其子也而子之，所以責子之義也。記曰：「叔母、世母疏衰，踊不絶地。」又曰：「叔母、世母、故主、宗子，食肉飲酒。」故知責以義爲多。

古之詳於殤服，何也？先王之制喪禮，一以哀死，一以衛生也。「悲哀志懣氣盛，故袒而踊之，所以動體安心下氣也。」水漿、糜粥，量而後納，恐其有所滯壅也。哭泣、奠告，所以致其思慕也。蓋必備其禮，達其情，而後哀可節焉。人之愛其子也，於所親爲甚，服可除，其情不可抑而絶也。故子婦之愚惷者乃過時哭泣以傷長老，其敬順者或攝隘以傷其生。用此知古之道所以達人情之實而不可易也。

適孫爲祖父母三年而報以期，何也？三年者，代其父也。原父之心，致痛於尊者之惸獨無終極也。故累而相承，雖高、曾無殺焉。適子之服既三年矣，原子之心，見父母之致哀於卑者，惟恐其或過也，故適孫以期斷。此先王所以達人情，權禮義而不可損益也。曰「適孫」而不曰「祖爲適孫」，故知祖母同。

夫承高、曾之重，則妻何服？凡祭必夫婦親之。父卒，爲祖父後者斬，則妻從服如舅姑，可知也。高、曾視此矣。然則母在宜何服？原祖之情，不忍以孫之亡而遠其婦；緣婦之義，不敢以夫之亡而遠其祖，則服如舅姑可也。然則婦、姑同服可乎？義之重均，則高、曾之服同齊衰三月；恩之輕均，則從祖父母、諸父昆弟同小功，安在婦、姑不可以同服也？

爲人後者爲所後者之祖父母、妻、妻之父母、昆弟、昆弟之子，若子。父舉正統而母黨則詳焉，何也？正統有重服，嫌或同於庶子；母黨有徒從，嫌或同於前母之子，故著之也。母之黨然，則父之黨無降殺，可知矣。

爲人後者爲其父母、昆弟、姊妹適人者之外，服不見經，何也？以親兄弟之子而相後，則三者之外，服皆同也。以是知古之立後，親者盡然後取於疏，所以則天經而定民志也。

庶子之子爲父之母服不見經，何也？大夫之庶子，父在爲母大功，父殁遂，則其子從服而每降焉可知也，不嫌於以之配祖而卑其祖與？庶子父殁爲母三年，不嫌於以之配父而卑其父也。

先王制禮，恩與義並行而不相悖。别記曰：「有從輕而重，公子之妻爲其皇姑。」則君夫人在，既以正其姑之名，而服以婦之服矣。庶子得服母之黨，庶子之子乃不得從父而服父之母乎？然則妾母不世祭，穀梁傳：「於子祭，於孫止。」何也？彼據適子而言之也。庶子不祭禰，故緣父之恩與兄弟之義，而使其母得祔食焉。易世以後，則庶子之子自立禰廟以饗其親，而上及於祖妣矣，是以於適孫則止也。周祀姜嫄，蓋斯禮之下達舊矣。

女子適人而無主者不爲父母斬，何也？父母之於女，服可加者，仁之通；女之於父母，服不可加者，義之限也。服過於期則疑於去夫之室矣。然則姪與兄弟之期何以報也？期其本服也，小功皆在他邦加一等，況適人而無主後者於其兄弟乎？故加期以報而無所嫌焉耳。

適孫婦服不見經，何也？文脱也。庶孫婦緦，則小功可知矣。或曰適婦在則孫婦不得爲適，非禮意也。凡祭必夫婦親之，孫爲祖後，其婦從焉。適婦嫠，不得主祭。準以「有適子無適孫」之義，則失之矣。

諸侯之大夫以時接見乎天子則爲天子服，世子誓於天子而不爲天子服，何也？古者繼世以象賢，故君薨，子承嗣，三年之喪畢，類見於天子，天子錫之命，而後其位定。未類見，視天子之元士，以君其國。今父在，承嗣與定位不可知，故其服不可得而制也。古者諸侯覲於天子，既事，肉袒請刑，世子不爲天子服，皆所以使自戒懼而不忘其事守也。然則無變乎？喪之通禮，「父有服，宫中子不與於樂」，則既爲之變矣。國君絶期，而爲適子之長殤、中殤大功，何也？痛先祖正體之摧也。用此見父爲長子三年，通乎上下。

「小功之親皆在他邦，加一等；不及知父母，與兄弟居，加一等」，何也？以事之變而生其恩，故不得服其常服也。别記曰：「生不及從祖父母〔一〕、諸父、昆弟，而父税喪，己則否。」記文脱「從」，辨見戴記或問。情之所不屬，不可作而致，故并其服而去之，所以責服其服者之誠也。

婦人爲子婦小功，而夫之昆弟之子婦大功，何也？報服也。姑之於婦不可以言報。夫之昆弟之子婦服不見經，何也？以婦服夫之世母、叔母知其報也。何以知其報也？大夫之子於不降期，唯子不報也。世父、叔父期，則從祖宜大功，而服小功，何也？大功之親皆屬乎祖與父者也，從祖則屬於曾祖者也，其恩不可强而同。且服止於五而窮於緦，若從祖大功，則三從之緦施於六世矣。朱子語類所載乃門人之問，非朱子之答也。

母之姊妹之服乃隆於母之兄弟，何也？女子在父之室，於姊妹爲尤暱，故親其姊妹之子常過於舅之親其甥，故稱其情而爲之服也。

〔一〕「從祖父母」，喪服小記無「從」字。

儀禮喪服或問

喪服不及高祖，何也？與曾祖同也。何以知其同？無可殺也。何以知其非無服也？未有旁服以是屬而反遺於正體者也。服之有差，所以責其誠。以義則高、曾等重，而恩亦未見其有差也。後世易曾祖爲五月，高祖三月，而例以小功、緦麻之月數，未達於先王「稱情以立文」之義也。

父在爲母齊衰期，何也？所以達父之情而便其事也。期之外，父居復寢，樂作矣，而子纍然哭泣於其旁，是使父不自克也。若父之喪，則母與子同戚憂，故不慮其相感動也。古者大夫有出疆之政則祭必攝，期之外，祭當攝而廢焉，是使父不得伸敬於祖父也。然則父殁爲母三年，何以不慮祭之廢？子以哀而不得伸敬於祖父，情也。以子之哀而使父不得伸敬於祖父，是傷父之志也。然則後世加以三年，易以斬衰，而衆安焉，何也？古之爲喪也責其實，後世之爲喪也侈其文。古者服有厭降，而居處、飲食一如其常期，是文雖屈而不害其實之伸也。若實之亡而徒以三年爲隆，是相率而爲僞也。父母何别焉？又況斬齊、苴削象於外以爲文者乎？

父殁爲母齊衰三年，何也？不貳斬者，原母之情而不敢並於父也。加以再期，原子之情而著其本不異於父也。杖之削也，絰之右本也，取諸天地陰陽以爲象焉耳，非謂恩義之有重輕也。記曰「三年之喪如斬，期之喪如剡」，不曰「斬衰之喪如斬，齊衰之喪如剡」也。然則父在爲母期，所以達父之情，而非子之情有所殺，便父之事而於子之事無所變也，決矣。

慈母如母，何也？婦人同室，志常不相得，能使視他人之子如己子乎？因其無子、無母者而命之，然後身以有所託而安，情以無所分而篤。又申之以母服，蓋重其義以生恩也，又緣其恩以起義也。

婦爲舅姑齊衰期，何也？稱情以立文，其情適至是而止也。婦之痛其舅姑信及子之半，可以稱母之室，而吉服以臨祭奠，聞兄弟之衰麻，可乎？既練而反，服之未除者，不可以無終也。然反夫之室而笄、髽、衰以侍舅姑，而疑於爲其夫，可乎？婦人持私親之服，不歸夫家，本義爲不宜入室，然亦恐疑於夫家之服，舅姑意或惡之。古者婦爲舅姑，期之外服青縑，以俟夫之終喪，出與反者皆從是以終喪，而居處、飲食則自致焉可也。

「爲君母後者，君母卒，則不爲君母之黨服」，何也？從服也，君母卒，則無所從矣。父再娶，從後母而服其黨。父歿，自服其母之黨。父未歿，不再娶，則其不服君母之黨，何也？不可以徒從而紊於屬從也。用此知古者妾有子，則女君免於出。先王制禮，以立人道之防。始婚具媵姪，少者以次需，所以禁男子之色過也。妾有子，女君免於出，所以化婦人之嫉心也。

從服者，所從亡則已。屬從者，所從雖没也服。

徒從者四，惟妾爲女君之黨一同於屬從，何也？婦人之妒者恒視其妾如讎仇，而先王制禮乃一同於天屬，使幼而見焉，長而思焉。其哀吾子也不異於所生，妾爲女君之子與女君同。其哀吾父母也不異於所生，其哀吾親戚也不異於同生，而義之重，恩之深，至於雖没而無變焉。非甚無良，必且潛移其忍心而大怵於公義矣。此禮之所以起教於微眇而絶惡於未萌也。

「公子爲其母，練冠，麻，麻衣，縓緣」，而其妻期，何也？子於所生，服雖厭降，中情不可得而奪也。婦服其姑而異於嫡，將有慢心焉，故斷以期，而正之曰「皇姑」，間傳〔一〕：「有從輕而重，公子之妻爲其皇姑。」所以示妾母之尊有獨伸而致其嚴也。

父卒，然後爲祖父後者服斬。

父没未成服而祖又殁，如之何？服以斬，成服以卒之先後，其他如父母之喪偕。父在祖殁，未成服而父又殁，如之何？服以斬，其成服不以殁之先後。是何也？父卒，然後爲祖後，父之服未成，則於祖無承也。祖殁於父後，而曾祖尚存，如之何？子爲父斬，不以祖之存殁異也，則

〔一〕「間傳」，當爲「服問」。

承父之重而爲祖斬，不以曾祖之存歿異，可知矣。父、祖歿，母在而祖母歿，如之何？父卒爲祖斬，不以母之存歿異也，則祖卒而爲祖母三年，不以母之存歿異，可知矣。繼祖母如因高、曾，視祖，妻從夫，適孫之母同婦，其他皆以是類焉可也。

祖父卒，而後爲祖母後者三年〔一〕。

祖母歿，未終喪而祖父歿，如之何？禮如父母之喪偕。然則衰可更制乎？女爲父母，未練而出則三年，胡爲不可以更制也？

既葬，若君食之則食之，大夫、父之友食之則食之矣。不避粱肉，若有酒醴則辭。

父母、大父母、諸父至尊親，而不得食之，何也？君、大夫、父之友之食不常也。「有服，人召之食，不往。大功以下既葬適人，非其黨不食。」斬衰之喪，非有大事，不之君所。大夫、父之友可知。家人而姑息之愛行焉，則喪紀爲之廢矣。

喪三年不祭，何也？謂主孤不親即事也。故曰：「惟祭天地社稷，爲越紼而行事。」蓋宗廟之

〔一〕「後」，原作「后」，據喪服小記改。

祭，則宰、宗人攝之，商書：「伊尹祀于先王。」周官量人職：「凡宰祭，與鬱人受斝歷。」宗伯職：「王不與祭，則攝位。」曾子問：「天子崩，諸侯薨，祝取群廟之主，藏之祖廟，卒哭成事，而後主各反其廟。」未卒哭，藏群廟之主，爲不祭也。主既反廟，則時祭不可廢矣。既殯，五祀行於宮中，況五廟、七廟之祭而可廢至三年之久乎？五祀則祝、史薦之，詳見曾子問。山川、百祀則有司舉之，主孤不親莅焉爾。大夫、士之禮所以異者，何也？尊者統遠，卑者統近。士、大夫之祭止於曾祖，亡者之祖若父也，其情戚矣。推生知死，將見羶薌而不忍御焉，雖廢祭可也。諸侯之祭達於太祖，豈惟家之承，國體係焉。天子之祭極於祖之所自出，所承益遠矣。其不親即事，所以達孝子之情，而祭不廢，所以重先王、先公之統也。天地、社稷越紼而行事，則將脱衰而以嘉服乎？天子者，天地之宗子也，以天地臨之，私親可暫屈也。諸侯之社稷，天子之命祀也，以天子臨之，私親可暫屈也。弁葛絰而葬，與神交之道也，而況天地、社稷之重乎？成王崩，康王冕服以受顧命，臨諸侯，其去武王之喪未遠也，必周公之所嘗行也。然則越紼而行事，終事而反喪服，胡爲其不可乎？

天地、社稷可越紼而行事，宗廟之祭何以必使人攝也？古者父爲繼祖之子斬，祖爲適孫齊，統之上承彌重，則憂之下逮彌遠。故君始喪，祝取五廟、七廟之主而藏於寢廟，蓋謂雖祭而不忍歆也。既卒哭，主各反其廟，則時祭不可廢。然緣祖考之心，近者服猶未終，遠者憂猶未弭，不忍見喪容之纍纍而易其服，故使宰、宗人攝焉，所以達嗣子之哀而又以申其敬也。

「君子不奪人之親」，而有君喪服於身，雖父母之喪不敢私服，何也？使父母生而存，固將斬齊而苴絰焉。服有變除，緣死者之心，不敢以己之服而變除君之服也；緣生者之義，不敢以君之服而同於私服之有包有特也。「君之喪服除，而後殷祭」，亦此義焉耳。曰「殷祭」，包二祥也。有君喪服，而可私舉虞、祔，何也？葬有定期，虞、祔必連舉。且以私服計之，卒哭後有受而無變，祥則變而即吉矣，故不敢。

緦不祭，何也？以同宮爲斷也。爲父後者爲出母無服，於母之恩尚以承祭絶之，設大夫之子爲士，士之所以異者，緦不祭。乃以四世兄弟之服而廢皇考、王考之祭，不亦舛乎？「曾子問曰：『大夫之祭，鼎俎既陳，籩豆既設，不得成禮，廢者幾？』孔子曰：『天子崩，后之喪，君薨，夫人之喪，君之太廟火，日食，三年之喪，齊衰，大功，皆廢。外喪自齊衰以下，行也。』」諸侯之大夫爲夫人期，爲天子七月，祭皆廢，然則外喪齊衰，爲世父母、叔父母、兄弟不同宮者可知也。以同宮爲斷，則祭之廢者寡矣。吉凶異道，不得相干，故同宮雖臣、妾，葬而後祭，況親屬乎？

大功者主人之喪，有三年者，則必爲之再祭，朋友虞、祔而已。

無三年者，何以不爲之練、祥也？無後者從祖祔食，他日之主祭者即夫人也。大功而主喪，必同祖之適長。大功之服，不及練、祥，則以時而祔食於祖可矣。「民不祀非族」，朋友何以得虞、祔也？天子、諸侯祭因國之在其地而無主後者，學者祭先聖、先師，皆以義屬耳，而況兼以朋友之恩乎？亡者無族，既爲之葬，則迎精而反，不可無以安之也，魂魄無依，不可不爲之祔也。然則何以不並主其練、祥也？朋友虞、祔而退，衆賓皆在焉，故主其事而不爲嫌。練、祥之祭，嫠也，自致其哀，而以朋友參焉，則瀆矣。然則妻可練、祥而不得虞、祔，何也？虞有禮於賓，祔以告其祖，而以婦人專之，則瀆矣。

姑、姊妹，其夫死而夫黨無兄弟，使夫之族人主喪，妻之黨雖親弗主。夫若無族矣，則前後家、東西家。無有，則里尹主之。

婦人出而不反，然後私親主其喪，匪是而主之，是儕嫠者於出婦也。朋友死，無所歸，孔子曰：「於我殯。」奉使而死於異國，從行者非無親屬，觀祭筮尸可見。而君、大夫之弔，介主之，義各有所當也。前後家、東西家而曰「無有」者，求其夫之朋友而不得也。古者男女始生，必書於閭史。二十五家之長，在鄉爲閭胥，遂爲里宰，里尹即宰也。二十五家豈能別置史，非里胥自爲之，則取於比長之知書者。朋友之道窮，然後里尹可屬焉。周官黨正掌五族之喪紀。無子而服加以期，恩以窮而益篤也；不敢主其喪，義以變而益嚴也。禮粗則偏，是以非聖人不能制爾。

「居君之母與妻之喪，居處、飲食衎爾」，何也？義不得致其哀也。未亡人考終以從先君於地下，是國之福、夫人之幸也。古者禮莫嚴於男女，故「嫂叔不通問」，「姑、姊妹、女子子已嫁而反，兄弟不與同席而坐、同器而食」。小君之喪而群下致其哀，君子以爲傎矣。「視君之母與君之妻，比之兄弟」，何謂也？凡小功者謂之兄弟。孔子曰：「居君之母與妻之喪，居處、飲食衎爾。」兄弟之期，其痛如刲，胡可比也？小功比葬，食肉飲酒。此曰「發諸顏色者，亦不飲食」，國體存焉爾。

嫂叔之無服，何也？先王制禮，使人知自别於禽獸，故常以禽獸之道閑之。「嫂叔不通問」，「姑、姊妹、女子子已嫁而反，兄弟不與同席而坐、同器而食」，大爲之防，而亂之生比由於此。此以知聖人憂世之深也。

諸侯有父母之喪而天子崩，則如之何？記曰：君薨未殯，臣有父母之喪，歸殯，反於君所。親未殯，則子之情不可奪也；親既殯，則臣之義不可違也。春秋傳曰：「周人有喪，魯人有喪，周人弔，魯人不弔。周人曰：『固吾臣也，使人可也。』魯人曰：『吾君也，親之者也。』」未殯，雖有天子之命猶不敢，則既殯而往，可知矣。

夫人弔於大夫、士，何也？君之懿親也，服可除，喪紀不可得而廢。五廟之孫，祖廟未毁，雖爲庶人，死必赴，練、祥則告，況大夫、士乎？然則君與夫人之弔禮何以止於大夫、士？自庶人以下，尊卑之體懸，其力不足以周其事，親與之爲禮則受者以爲難，故聞其喪，爲之變，正其賵、賻、承、含，而弔弗親焉爾。

大夫之適子爲君、夫人、大子如士服，何義也？古者孤、卿、大夫、元士之適子並入於成均，舍不帥教而屏之遠方，鮮不爲士者。故雖未仕，而掌於諸子，董以師氏，令於宮伯，國之休戚壹與有位者同之，諸子職：「國有大事，師國子而致于大子，惟所用之。若有甲兵之事，以軍法治之。會同、賓客，作以從王。」宮伯：「掌王宮之士庶子凡在版者。有大事，作宮衆，則令之。」而況君、夫人、大子之大故乎？然則士之子何以異也？古之服喪者必舍於公宮。邑宰之士猶既練而歸。孤、卿、大夫有室老、私有司以承家事，故其子可持服於公宮。若士之子亦如之，則室家之計，天屬、族媚疾病、死喪、嘉好之事，孰代承之？此先王制禮所以稱物緣情而盡人之性也。非元士之適子不入於成均，非貴游子弟不學於虎門，皆勢有不行。然則與國民奚別焉？「父有服，宮中子不與于樂」，則與國同憂之日遠矣。

「生不及祖父母、諸父、昆弟，而父税喪，已則否」，何謂也？文脱而傳者承其誤也。降而在緦、小功者猶税之，而況正體至親之期乎？從祖父母及所出之諸父昆弟於父爲期，爲大功而已，皆小功也，「小功不税」，謂此焉爾。

師之服不見於禮經，何也？古者自閭以達於國皆有師，以課術業，稽勤惰。曰師曰弟子者，乃有司之事守爾。其時有久近，業有大小，教有精粗，誼有疏密，故其服不可得而制。雖曰人生在三，事之如一，然道之足以稱此者鮮矣。「孔子之喪，門人疑所服」，蓋前此未之聞也。記曰「服勤至死，心喪三年」，蓋以孔氏之門人若喪父而無服耳。周官調人之職曰「師長之讎視兄弟」，或嚴如父，或儕於長，而比之兄弟，以義爲衡可以自擇矣。

「大夫、士既葬，公政入于家」，而庶人三年不從政，何也？非獨遂其哀心，亦寬其財力，俾得自營，以更喪之所費爾。

「禫而從御，吉祭而復寢」，何謂也？喪、祭言「寢」者三：「既練，舍外寢」，謂堊室也；又「期而大祥，居復寢」，平日之外寢，齊與小喪之所次也；惟「吉祭而復寢」，乃燕私之寢耳。廬堊室之中，不與人坐焉。大祥復外寢，則婦人可從而與執事矣，而未吉祭，不忍復其燕私之居。「孟獻子禫，比御而不入」，未吉祭故也。寢則未復，而使婦人與執事，何也？哀心必以久而平，常道必以漸而復。先王知孝子之情不可使脱衰而御内，而邪惡之民欲動情勝而不能自止也，故權其節會，制以文理，而使自循省焉。「始食肉者先食乾肉，始飲酒者先飲醴酒」，亦此義焉爾。鄭氏謂「從御，御婦人」，杜預謂「從政而御職事」，皆非也。大祥居外寢，齊、喪所次，無御婦人之道。既卒哭，諸侯服王事，大夫服國事；既練，諸侯謀國政，大夫謀家事，豈待既禫始從政御職事哉？

「婦人不居廬，不寢苫」，何義也？深宮固門以自藏，復幬重衾以自蔽，雖至痛而不廬不苫，所以示守身之嚴而不可苟也。然必有次焉，班序群居，而不敢適私室。大記曰：「夫人、世婦在其次則杖，即位則使人執之。」「曾子問曰：『壻親迎，女在塗，而有齊衰、大功之喪，則如之何？』孔子曰：『男不入，改服於外次；女入，改服於内次。』」男女各有次，限之以内外，偕作並息，雖有不肖者，無由接於淫非，此禮之所以閉其塗而禁於未發也。其不及小功以下，何也？恩則輕，服則衆，盡爲之變，則勢有所不行矣。

哀至則哭，志懣則踊者，人之情也。哭踊有節，則將抑而止焉，將作而致焉，若是乎禮之不即人心也。荀子曰：「將由夫愚陋邪淫之人與？則彼朝死而夕忘之，然而縱之，則是曾鳥獸之不若也，彼安能相與群居而無亂乎？將由夫修飾之君子與？則三年之喪，二十五月而畢，若駟之過隙，然而遂之，則是無窮也。」用此推之，哭踊必有節，然後痛甚者依於禮而不敢遂，不肖者勉要其節，而中情不應，其心必有動焉，所以振其昏蒙而納之於人道也。「禮有微情者，有以故興物者」，於此焉具之矣。愴恍惚愾，其節不能以自辨，故商祝後主人而相焉。

廬不於殯宫，何也？近則習，習則哀心不可繼而微；常則安，安則敬心不可攝而散。且親方存，子之起居、飲食必異所，懼其褻也，況在殯乎？故無事不辟廟門，朝夕褰帷而哭，所以致哀而遂敬也。廬於中門之外，哭無時，所以便事而達情也。

始喪，自君至於士，哭以人代無停聲，何義也？所以使衆著於親上死長之義而不敢愬也，所以使主人哀情時觸而不敢忘也。「禮有以故興物者」，此其凡也。

期、九月之喪皆三月不御於内，大功之正服何以上比於期也？此禮之所謂推而進也。從父兄弟視同生有間矣，而吾父視之猶子也，泝之大父母則與吾一身也，故緣祖若父之心而不忍遂離異焉。兄弟之子婦疏矣，而子猶吾子也，故因服之有報而喪之如適婦，重其義以明恩，所以厚人倫而正家則也。

居喪之禮，小功、緦麻無别焉，何也？服不容無差而哀不能更有差也。其復寢之制無聞，何也？以期、大功之三月推之，則終月而復焉，爲已促矣。義之輕，莫若姑、姊妹之子，然吾姑、姊妹方心絶而志摧，苟有人心者，能宴然即安於私寢乎？恩之淺，莫若妻之父母，然人喪其親，我不能旬月爲之變，而狎於婢妾，古者婦人喪父母，既練而歸。尚望其誠孝於吾親而安其屬乎？是謂察於人倫，事淺而義博矣。

齊衰期者、大功布衰九月者，皆三月不御於内，女入門遭喪而未婚者，何以必俟喪之除也？曾子問曰：「壻親迎，女未至，而有齊衰、大功之喪，則如之何？」孔子曰：「男不入，改服于外次，女入，改服於内次，然後即位而哭。」曾子問曰：「除喪不復婚禮乎？」孔子曰：「祭，過時不祭，禮也，又何反於初？」御内之期斷以三月，所以該事之變而計其所窮也。始婚則一而不再，吉凶異道，不得相干。小功既卒哭可以冠、娶妻，而下殤之小功不可，則每上者可知矣。除喪不復婚禮，何也？舅姑則既見矣，盥饋則既親矣，奠祭既與，廟見之期既逾，是以過時而不可復也。

「親喪外除，中月而禫」，則其曰「三年之喪，二十五月而畢」，何也？「祥而縞，是月禫，徙月樂。」祥以二十五月之始，禫以是月之終，是謂「中月而禫」，是謂「二十五月而畢」爾。

凡爲位，非親喪，齊衰以下皆哭盡哀，而東免、絰，即位，袒，成踊，襲，拜賓，反位，成踊，送賓，反位。相者告就次。三日五哭卒，主人出送賓，衆主人、兄弟皆出門，哭止。相者告事畢。成服，拜賓。若所爲位家遠，則成服而後往。

此聞諸父兄弟死於異國之禮也。主人者，或以親，或以長，而應主其人之喪者也。「告就次」者，聞喪不入内，雖一夕，必有次也。「若所爲位家遠，則成服而後往」，近則不忍待也。首言「非親喪」者，若親喪在外，則無遠近，聞而奔，不暇爲位以哭也。舊説此以私事出未奔者，果爾，則在他國不應有衆主人、兄弟，故復遷就其説，謂既奔喪至家，則喪家之主人爲之拜賓送賓，衆主人亦謂在喪家者，文義情事俱不可通。

記曰：「相趨也，出宫而退。相揖也，哀次而退。相問也，既封而退。相見也，反哭而退。朋友，虞、祔而退。」又曰：「知死而不知生，傷而不弔。」何也？一以語其常，一以語其變也。或相知於異國，或同事於異時，其子未之或知而往弔，則嫌於以父之行自居，而使主人心愕焉，故傷之而遂已焉爾。

「所識，其兄弟不同居者皆弔」，何謂也？死者，所識之兄弟也。弔者，弔其所識也。伯高死於衛，孔子使子貢爲之主，而曰：「爲爾哭也來者，拜之。」朋友得爲主而受弔，則兄弟可知矣。弔所以哀生也。「知死而不知生，傷而不弔。」子且不弔，況其兄弟不同居者乎？「大夫哭諸侯，不敢拜賓」，何謂也？君薨於異國，子出迎，諸臣在國者朝夕哭臨於朝，國賓有入唁者，則哭以答之，而不敢拜也。曾子問：君出疆而薨，其入也，子皆從柩。故知聞訃必出迎也。知在國卿、大夫哭臨者，君雖未知喪，臣先服，則哭臨不待子之歸，明矣。

聘禮，使者在他國，君薨，赴未至，則哭於巷，衰於館；赴者至，則衰而出。諸臣在他國，無受弔之禮，而曰「不敢拜賓」者，主國君臣及他國同時而爲聘，使者必相唁也。

「與諸侯爲兄弟，爲位而哭」，不曰「不敢拜賓」，何也？在禮，非爲後者不敢拜賓，子姓且然，況兄弟乎？諸臣在他國，及君之喪未至，子未反，而賓臨焉，疑可以拜，故著之也。

「天子、諸侯之喪，斬衰者奠」，皆異姓也，同姓不與焉，衆主人是也。「大夫，齊衰者奠」，其臣斬衰者不足，然後取焉。下文「天子、諸侯之喪奠，不斬衰者不與；大夫，齊衰者與」，故知其臣斬衰者不足，然後取焉。「士則朋友奠，不足取於兄弟大功以下者」，不使親者執事以間其哀，上下所同也。士取於疏者，而大夫則取於親者，何也？執事者皆斬衰，而以輕服間焉，不稱也。取於兄弟大功以下者，明父之行不與也。

「絶族無移服」，故出妻之子於外祖父母無服，況異父之兄弟乎？公叔木〔二〕、狄儀之問，游、夏二子之答，記者之失其傳爾。

「樂正子春之母死，五日不食」，而自悔其不情，何也？不及乎禮，不可不自強也。過禮而強之，則本心爲之變易矣。「曾子執親之喪，水漿不入於口者七日」，而不聞有悔者，順其自然而無容心焉爾。

「有殯，聞遠兄弟之喪，雖緦必往；非兄弟，雖鄰不往。」「子張死，曾子有母之喪，齊衰而往哭之」，何也？孔子之喪，門人祥、禫，而後歸德之成，義足以並所生，道之合可以當同氣，故曰：「禮雖先王未之有，可以義起也。」

古者過期而不葬，則主喪者服不除，故葬必服其初服也。後世葬無期，釋服而從吉久矣，而葬乃返其初服，非即遠而輕之義也。周官之法，「不樹者無槨，不績者不衰」，所以使内痛於心而外怍於人也。免喪而後葬者著之，令無改於常服。有故焉，使得從改葬之服可也。

重喪未除而遭輕喪，其服之有兼也，兼其輕者，不兼其重者，蓋輕者可包而重者不可二也。「斬衰之喪，既虞卒哭，遭齊衰之喪，輕者包，重者特。」易其輕者不易其重者，可易者以其痛之新，不易者以

〔二〕「木」，原本作「朮」，據禮記檀弓改。

其義之重也。如前喪既虞卒哭，受麻以葛，以後喪之麻帶易前喪之葛帶，而首仍前喪之葛絰。麻有可以變葛者，其恩本重也；大功以上之麻。有不可以變葛者，其恩本輕也。小功以下之麻。麻以易葛，而麻終仍反前喪之葛，期、大功卒哭以後，則絰期、大功之絰，仍反練之故葛帶。皆所以衡時義而達人情之實也。

「卒哭曰成事，是日也，以吉祭易喪祭」，何謂也？三虞卒哭，祝辭曰「哀薦成事」，明日而祔，虞之後不聞更有卒哭之祭也。「以吉祭易喪祭」，謂以末虞之吉祭易初虞、再虞之喪祭爾。鄭氏據雜記「上大夫虞以少牢，卒哭成事、祔皆太牢」，謂三虞後更有卒哭之祭，非也。禮於虞、祔多連舉，以卒哭爲虞之一，舉虞可包卒哭也。間有虞、卒哭並舉者，亦不害末虞爲卒哭也。即以雜記之文言之，安見非以末虞爲卒哭而易牲以祭，如士遣奠之以少牢哉？

「如三年之喪，則既顈，其練、祥皆同」〔一〕，何謂也？前後喪皆三年，然後祭可補也。餘喪有主者，則彼自及時而行，練、祥即此人爲主，既顈後亦不得追舉。知然者，上言除服，兼諸父、昆弟，而此獨舉「三年之喪」以別之也。祭與除服事聯而義不相蒙，小記曰「期而祭，禮也；期而除喪，道也。祭不爲除喪也」，故合行者，其常也，遭變則廢舉，各以義起。有君喪服，則私服不得除，而練、祥可追舉，「君之喪服除，而後殷祭」是也。詳見曾子問。並私服則服皆得除，而祭惟重喪可追舉，此記是也。

〔一〕「同」，原本作「行」，據禮記雜記改。

祥，主人之除也，於夕爲期，朝服祥，因其故服，是祭之前夕已除前服，故知除服與祭各爲一事也。注既潁、虞後，山陰陸氏以爲禫後，皆未安。禫則後喪大祥俱畢，然後補前喪練祭，則過緩。虞後則後喪甫三月餘，而飲福，衣朝服，可乎？禮文殘缺，未知以潁代葛何據，然以義揆之，當爲練後。蓋既練則後喪大祥亦近矣，雖暫服前喪大祥之服，無害也。

大功之末，可以冠子，可以嫁子。父小功之末，可以冠子，可以嫁子，可以娶婦。己雖小功，既卒哭，可以冠、取妻，下殤之小功則不可。

此就父言父，就子言子也。大功、小功之服有無輕重，父與子不可得而同。父可冠子、取婦，而子不可冠、取妻，不得冠、取也。己可冠、取妻，而父不可冠子、取婦，不得冠、取也。「以喪冠者，雖三年之喪可也」，而小功乃以卒哭爲期，何也？用此知喪冠之禮不及於小功也。大功以上，其情戚而爲期遠，故因喪服而冠。小功、緦麻則俟焉，而用吉可矣。此人情之實也。與曾子問不合，此所傳或異代之禮。

妾視叔父母，姑、姊妹視兄弟，長、中、下殤視成人。

姑、姊妹之服輕於兄弟，殤服降於成人，而哀情則一也。世叔父母之哀情有間矣，而況妻乎？謂宜一視者，爲厚於妻子而薄於世叔父母者言之爾。

大夫、士父母之喪，既練而歸。朔日、忌日，則歸哭於宗室。君之喪，邑宰之士既練而歸，朝廷之士與大夫同次公館以終喪，況子之於父母而可以適庶別乎？女子已嫁，喪父母，既練而歸，子於父母而同於女子之已嫁乎？既練，居堊室，非時見乎母，不入門，況反其私室與？

大夫、士將與祭於公，既視濯而父母死，則猶是與祭也，次於異宮。既祭，釋服，出宮門外，哭而歸。其他如奔喪之禮。如未視濯，則使人告。告者反，而後哭。祭必齋。「齋者，齊不齊以致其齊者也。」父母死，使次於異宮而禁其哭踊，哀痛中迫，尚能齊一以交於神明乎？周官凡禮事大宗伯掌之，小宗伯佐之，肆師又佐之，所以代匱而備喪疾也，況百執事所共無常而不可攝乎？下以拂人之情而上以瀆神之祀，先王之典禮必無是也。

士、大夫不得祔於諸侯，祔於諸祖父之爲士、大夫者。祔廟者，告新主之將入也。祔而各立廟於其家，則安用告？若奉主以入諸祖父之廟，是無故而祧人之祖也，其孫之當祔者又將安祔乎？

公子祔於公子。

公子有宗道，以收族爾。群公子死，其子各立廟而祭之，以爲小宗，謂宜祔於祖之兄弟，妄也。

大夫爲其父母、兄弟之未爲大夫者之喪，服如士服。士爲其父母、兄弟之爲大夫者之喪，服如士服。大夫之適子服大夫之服。大夫之庶子爲大夫，則爲其父母、兄弟服大夫服，其位與未爲大夫者齒。

在禮，「端衰、喪車無等」，「齊疏之服，自天子至於庶人，三代共之」。此莽、歆所增竄也。

士之子爲大夫，則其父母弗能主也，使其子主之，無子則爲之置後。

莽、歆所增竄也。

跋

三叔父之喪，叔父以故缺於禮，常自恨。先君子殁，過期不復寢，大父曰：「親親有殺，與父在爲母無别矣。」叔父自是殫心於所以制禮之義，有得則以教希兄弟，而未嘗筆之書。是編乃在獄論次以爲教於家者，間以正於劉先生古塘。先生欲廣其傳，叔父不可。先生將鋟版，叔父諭希必固止之。先生曰：「撥人心之昏蔽而起其善端，莫近於是書，我專之以示朋友、生徒而不播於坊肆可也。」希始以爲疑，既而思孔子論刑罰之原，以爲不孝生於不仁，不仁生於喪祭之無禮。祭，喪之終事也。先王制禮，使人知自别於禽獸，莫切於喪。人不能執喪則罔而生，家不守禮則逆氣成象，而衆鮮能行，由未知禮之所以制耳。人性皆善，苟知之，則違之而不忍矣。叔父執喪時，里中有感而相仿效者，族祖姑之子王君慎齋、姑之夫馮丈綏萬。是編出，江介士友服行者漸多，故敬記之。他日叔父聞此，宜以先生所見爲然。康熙五十五年道希跋。